Arena-Taschenbuch
Band 1238

Hanns-Wolf Rackl

Mit Atemgerät und Kamera auf Schatzsuche

Das große Abenteuer der Altertumsforschung auf dem Meeresgrund

Arena

1. Auflage als Arena-Taschenbuch 1974
Mit Genehmigung des Autors Hanns-Wolf Rackl

Abbildungen: Mit Genehmigung des Uberreuter Verlags, Wien:
S. 70, 77, 115, 118, 140, 175, 194, 219, 222, 225;
alle übrigen: Archiv des Verfassers
Karten: Dieter C. Schubert: S. 20, 83, 132
Umschlaggestaltung: Dia von dpa
Gesamtherstellung: Richterdruck Würzburg
ISBN 3 401 01238 X

Inhalt

Tauchfahrt in die Vergangenheit

»Der Fischer musterte das Ufer und trieb dann das Boot mit kräftigen Ruderschlägen einige Längen weiter. Wir schnallten die Atemgeräte an und stiegen ins Wasser.

Das Boot lag an der Ostseite der italienischen Insel Giglio – südöstlich von Elba –, längsseits der Secca Scuola, eines zerklüfteten Granitfelsens, der vor der Steilküste aus dem Meer aufragte. Seewärts neben der Secca fiel der Meeresgrund fünfzig bis achtzig Meter tief ab. Und hier sollte das Wrack eines Schiffes liegen, dessen Schatten der Fischer Angelo gesehen haben wollte.

Wir tauchten ab und durchstießen die dunkle Wasserschicht, die sich zwischen fünfzehn und fünfunddreißig Meter wie eine düstere Wolkenbank erstreckte. Als noch etwa fünfzehn Meter unter uns lagen, sahen wir das Wrack. Aus dem Grund ragten die Hälse antiker Amphoren auf, großer tönerner Krüge, der Deckslast eines untergegangenen Schiffes aus der Römerzeit. Wir schwammen den schiffsförmigen Hügel ab. Gut sechzehn Meter maß er in der Länge, an sechs Meter in der Breite. Rund zweihundert Tongefäße staken in regelmäßigen Reihen im Grund.

An Bord von Angelos Boot beschlossen wir, das Wrack zu fotografieren und dann ein oder zwei Amphoren zu heben. Mit der Kamera ging ich wieder in die Tiefe.

Wie eine blühende Oase lag das Wrack in der Sandwüste in fünfzig Meter Tiefe. Schwämme prangten an den Hälsen der Krüge, manche waren fast zugewachsen von Hornkorallen und Getier.

Unter großer Mühe zogen wir schließlich eine Amphora aus dem Grund. Zwei Jahrtausende lang waren Sand, Schlick und Muschelschalen durch die schmale Öffnung gerieselt. Wir leerten den Krug, hielten ihn mit dem spitzen Boden nach oben und ließen Preßluft einströmen. Die Amphora erhielt gewaltig Auftrieb. Einer meiner Freunde faßte sie bei den Henkeln und schwebte mit ihr nach oben. Der Wasserdruck nahm ab, die Luft im Krug dehnte sich aus, strömte ab wie aus einer Rakete – und mein Freund sauste immer schneller nach oben. Er schoß mit der Amphora über die Wasseroberfläche hinaus. Schon zwei Minuten später krümmte er sich unter Schmerzen im Boot. Zuerst hatte es noch in seinem ganzen Körper gekribbelt, dann bekam er Schüttelfrost. Eine Lähmung breitete sich über die rechte Körperhälfte aus. Er konnte nicht sprechen, er schrie nur noch. Ein Anfall von Caissonkrankheit! Rasch legten wir ihm ein Reservegerät an, brachten ihn auf sechs Meter Tiefe, und der Überdruck ließ den Anfall allmählich abklingen. Nach diesem Unfall banden wir einige Amphoren an Luftballons, die wir mit Atemluft füllten und allein nach oben schweben ließen.

Etwa 100 v. Chr. hatten italienische Töpfer die Krüge geformt. In einer Amphora fand sich sogar noch Weinharz, wie man es in der Antike zur Konservierung des Weins verwendet hatte.«

Dieses Erlebnis des Münchners Sigi Köster ist für Fachleute nichts Besonderes, denn sie wissen, daß sich ähnliche Geschichten an allen Küsten des Mittelmeeres und des Schwarzen Meeres ereignen. Urlaubsreisen werden zu Tauchfahrten in die Vergangenheit, zu versunkenen Schiffen und untergegangenen Städten aus der Römerzeit, dem Goldenen Zeitalter Griechenlands, der Zeit des Trojanischen Krieges, dem frühen Mittelalter. Zerstört geglaubte Kunstwerke, kostbare Statuen aus der Antike, kommen wieder ans Licht. Für die Archäologie birgt die Unterwasserwelt Schatzkammern voller Geheimnisse und Überraschungen. Zusammen mit Sport- und Berufstauchern haben die Wissenschaftler begonnen, die Tiefe zu erobern. Freilich, der Weg zu den versunkenen Schätzen der Vergangenheit war lang, und er birgt heute noch viele Gefahren. – Begonnen hat die Archäologie unter Wasser mit zwei aufsehenerregenden Entdeckungen.

Götter aus der Meerestiefe

»Zum Teufel – das ist doch ...« Mit offenem Mund blieb Alfred Merlin auf dem arabischen Basar von Tunis stehen und starrte auf die kleinen Figuren, die der alte

Händler Ibrahim zwischen Kupferkrügen, Kamelsätteln und anderem Kram aufgestellt hatte.

Dann trat der Gelehrte langsam näher. Diese verkrusteten und zum Teil zerbrochenen kleinen Bronzefiguren waren seltene griechische Kunstwerke. Ein geschickter Restaurator konnte in wenigen Tagen den Schmutz beseitigen, die Bruchstellen ausbessern und die Statuetten wieder in ihrer alten Schönheit herstellen.

»Hellenistisch – aus der Zeit um 200 v. Chr.«, murmelte Merlin. Er war sich seiner Sache sicher, wenn er sich auch noch nicht erklären konnte, wie die Figuren in Ibrahims Laden gelangt sein konnten. Alfred Merlin wußte nämlich, daß der Louvre in Paris ähnliche Figuren besaß. Die Beamten des Louvre bewachten diese kleinen Statuen strenger als Goldschätze, denn bronzene Kunstwerke antiker Meister sind kostbar und unersetzlich. Nur wenige davon haben die Jahrtausende überdauert. Von den meisten Plastiken der griechischen Künstler finden die Archäologen nur schlechte Marmorkopien aus späterer Zeit.

Der alte Ibrahim musterte den Fremden mißtrauisch. Er war schon vor mehr als einem Vierteljahrhundert auf dem Basar von Tunis gesessen, als die Franzosen 1881 das Land besetzt hatten. Er konnte mittlerweile schon von ferne die französischen Kolonialbeamten von den reichen Touristen unterscheiden, die in den letzten Jahren immer häufiger durch den Basar streiften und nach Souvenirs suchten. Für diese Reisenden hatte er die Figuren aufgestellt. Einem Kolonialbeamten gegenüber fühlte er sich etwas unsicher. Der Bey von Tunis hatte nämlich auf den Rat der Franzosen hin ein Gesetz erlassen, das befahl, jeden Fund antiker Kunstwerke auf tunesischem Boden sofort den Behörden zu melden. Ibrahim wußte von diesem Gesetz zum Schutz der antiken Kulturdenkmäler. Fielen seine Bronzefiguren darunter?

Eigentlich waren sie gar nicht in der Erde Tunesiens gefunden worden, sondern hatten eine eigenartige Geschichte. Aber ganz sicher war sich der Händler seiner Sache trotzdem nicht. Es ärgerte ihn, daß er diesen Fremden, der wahrscheinlich von einer der französischen Behörden kam, nicht rechtzeitig entdeckt hatte. Jetzt war es bereits zu spät, um rasch und unauffällig einen bunten Teppich über die kleinen Statuen zu breiten. Der Alte sog deshalb weiter an seiner langen Wasserpfeife und machte eine gleichgültige Miene.

Ibrahim hatte sich nicht getäuscht. Der Fremde war kein Tourist, sondern der Direktor des Tunesischen Nationalmuseums und Chef der tunesischen Altertumsforschung.

Der alte Händler mußte mit der Geschichte der Statuen herausrücken. Er habe sie von griechischen Schwammtauchern gekauft, erzählte er. Die Griechen hätten die Figuren bei ihren Tauchunternehmungen während der Schwammernte in den Gewässern von Mahdia gefunden. Mehr wußte Ibrahim auch nicht.

Das Aussehen der Statuen bestätigte Merlin, daß der Trödler nicht geflunkert hatte. Sie waren mit einer Kruste von Kalk und anderen Meeresablagerungen überzogen.

Der Gelehrte sicherte die Kunstwerke für das Museum von Tunis und entschloß sich, Ibrahims Bericht rasch nachzugehen. Vielleicht lagen bei Mahdia noch mehr Schätze im Meer verborgen? Mahdia war zwar jetzt ein kleines und unbedeutendes Städtchen, doch es hatte eine jahrtausendelange Geschichte. Die Karthager, die Rom erbitterte Kriege geliefert hatten – die drei Punischen Kriege, 264 bis 146 v. Chr. –, hatten Mahdias kleinen Hafen den Felsklippen abgerungen. Später war das heutige Bauern- und Fischernest eine blühende römische Provinzstadt gewesen. Nach den Römern hatten in Mahdia Piraten geherrscht, und im elften Jahrhundert hatte sich dort ein Gefolgsmann des normannischen Königs von Sizilien, Roger II., festgesetzt.

War bei Mahdia ein punisches oder römisches Schiff gesunken oder ein mit Beute beladener Piratensegler gescheitert?

Noch am selben Tag bestieg Alfred Merlin sein Pferd und ritt durch die glühende Hitze über die nordöstlichen Ketten des Atlasgebirges in Richtung Mahdia. Merlin hatte Glück. Die Schwammernte war noch nicht beendet. Die griechischen Taucherboote wurden gerade für einen neuen Arbeitstag bereit gemacht, als er das zwischen Susa und Sfax liegende Städtchen erreichte.

Bald war das Boot der Entdecker der Kunstwerke gefunden.

Die Griechen erschraken, als der vom Staub der Piste bedeckte Beamte an Bord ihres kleinen Schiffes kam. Keiner der Männer wollte antike Plastiken vom Meeresgrund gehoben haben. Bronzestatuen? Nein, davon wüßten sie nichts. Die Schwammtaucher fürchteten, nicht mehr in den tunesischen Gewässern, am Kap von Afrika, tauchen zu dürfen. Diese Gewässer aber gaben ihrem Dorf seit zweitausend Jahren Arbeit und Brot. Seit zweitausend Jahren waren ihre Vorfahren jeden Sommer aus Griechenland an diese flache Küste gekommen, auf deren schlammigem Grund die Schwämme üppig wuchern.

Erst als Merlin den Griechen Straffreiheit zusicherte und ihnen vorschlug, sie sollten ihm gegen guten Lohn helfen, weitere Kunstwerke zu finden, erzählten sie von ihrer Entdeckung.

»Da unten sind Kanonenrohre, große Kanonenrohre, halb im Schlamm vergraben!« hatte einer der Schwammfischer nach einem Tauchabstieg berichtet. Es hatte große Aufregung an Bord gegeben, denn in der Gegend erzählte man sich eine uralte Sage: Vor Mahdia liege eine große versunkene Stadt auf dem Meeresgrund. In der Mitte der Stadt sei ein weiter Platz, mit Marmorsäulen und einer mächtigen Reiterstatue.

Der Kapitän des Schwammtaucherbootes hatte sofort einen zweiten Mann auf den Meeresgrund geschickt. Der Taucher war lange unten geblieben und dann mit antiken Bronzeplastiken im Arm wieder heraufgekommen. Die »Kanonenrohre« waren schlammbedeckte Marmorsäulen. Um die Säulen hatten die Taucher, im Schlamm und Sand verstreut, Statuen aus Bronze und Bruchstücke von Plastiken und Tonscherben gefunden.

»Und was habt ihr außer den Säulen und den von euch gehobenen Gegenständen noch entdeckt?« drang Merlin in die Griechen.

Sie zuckten mit den Achseln. Zu sehen sei sonst nichts gewesen, meinten sie. Sie hätten alle umherliegenden Kunstwerke geborgen. Einer der Griechen schätzte die Länge des Säulenhaufens auf etwa dreißig Meter, die Breite auf kaum zehn.

Der Gelehrte überlegte fieberhaft. Er erkannte, daß er einer großen Entdeckung auf der Spur war. Dreißig Meter Länge und zehn Meter Breite? Das könnte eine Schiffsladung sein. Und vielleicht lagen darunter im Schlamm begraben weitere Kunstwerke? Doch um sie zu finden, war eine gut ausgerüstete Expedition nötig.

Alfred Merlin ritt zurück nach Tunis und schrieb ausführliche Berichte an die Regierungen in Tunis und Paris und an Wissenschaftliche Gesellschaften, denn eine Expedition war leichter beschlossen als ausgeführt. Man brauchte dazu Schiffe, einen Kran und vor allem Geld zur Entlohnung der Mannschaften und Taucher. Aber schon nach wenigen Tagen versammelte sich eine kleine Expeditionsflotte im Felshafen von Mahdia. Die französische Kriegsmarine hatte für den Gelehrten den mit einem Kran bestückten Hafenschlepper *Cyclope* ausgeliehen, und das Hafenamt von Tunis hatte das Dampfboot *Eugène Resal* nach Mahdia beordert.

Auf ihren schlanken Segelschiffen bereiteten sich die griechischen Schwammtaucher auf den Abstieg vor. Die Tauchanzüge und Luftpumpen mußten überprüft werden, während die Boote langsam in den Golf von Gabès hinaussegelten und die beiden Dampfer hinterdrein stampften.

Ein frischer Wind kam auf, Mahdia verschwand hinter einer Landspitze, und bald war die Küste Afrikas nur mehr ein dünner Strich im Südwesten.

Nach einer guten Stunde warfen die Griechen ihre Anker aus.

»Hier war es!« bedeutete ihr Kapitän Alfred Merlin.

Der erste der Taucher verschwand unter der Meeresoberfläche. Schon nach wenigen Minuten ruckte die Signalleine. Der Taucher wurde wieder hochgezogen und kam nach oben – mit leeren Händen. Er schüttelte den Kopf. »Nichts«, sagte er. »Da unten liegen keine Säulen.« Der Kapitän machte ein betretenes Gesicht. Er hatte sich die Stelle nur ungefähr gemerkt. Sie lag auf der Höhe eines zerstörten Kastells am fernen Strand. Das war alles, was er wußte.

Alfred Merlin war wütend. Er hatte sämtliche Ministerien und Behörden Frankreichs und Tunesiens in Bewegung gesetzt, um die Expedition zustande zu bringen. Und jetzt wußte der Grieche nicht mehr, wo seine Leute das Wrack gesichtet hatten!

Es war zum Verzweifeln. Die Aussichten, das Wrack

zu finden, waren gering, denn es gab damals noch keine Froschmänner und Unterwasserfahrzeuge. Die Taucher stiegen hinunter in eine feindliche Welt, in der sie sich, mit wuchtigen Bleischuhen an den Füßen, mühsam gegen die Strömungen vorwärtsschleppten. In der Tiefe, in der sie die Marmorsäulen gefunden hatten, mußte ein Taucher nach einer knappen halben Stunde abgelöst werden. In dieser Zeit konnte er nur eine winzige Fläche absuchen, denn unter Wasser reicht die Sicht nicht weit.

Aber Alfred Merlin gab nicht auf. Ein Taucher nach dem anderen mußte auf den Meeresgrund hinabsteigen, acht Tage lang. Immer wieder kamen die Männer kopfschüttelnd zurück. Bis schließlich am achten Tag seine Ausdauer belohnt wurde. Die Säulen waren wiedergefunden! Die Ausgrabung unter Wasser konnte beginnen.

Doch die Griechen hatten recht gehabt, als sie Merlin berichteten, rings um die Säulen gäbe es keine Kunstschätze mehr. Nur marmorne Kapitelle lagen dort verstreut.

Alfred Merlin ließ sich von den Griechen eine Lageskizze der Säulen auf dem Meeresgrund anfertigen. Danach hatte die Hauptmasse der Säulen eine Anordnung, die den Umrissen eines großen, schweren Schiffes entsprach. Sie lagen zweifellos noch so, wie sie einst auf dem Deck des Frachtseglers gestapelt worden waren. Um das Wrack gab es nur kleinere Marmorteile. Das Schiff schien also ohne umzukippen auf den Grund gesunken zu sein. Vielleicht hatten die antiken Seefahrer unter die Säulen, in den Bauch des Schiffes, weitere Kunstwerke geladen? Alfred Merlin beschloß, die Schwammtaucher in das Schiffsinnere vordringen zu lassen.

Nun begann ein mörderischer Kampf gegen die Tükken der Tiefe des Meeres der Syrten. Mit bloßen Händen wühlten sich die Griechen zwischen den Säulen durch den Schlamm, denn unter Wasser kann man keine Schaufel schwingen. Der dichte, seit Jahrtausenden vom Meer abgesetzte Schlamm aber stieg auf, wirbelte durchs Wasser und verdunkelte es zu schwarzem Nebel. Die Taucher konnten kaum ihre Hände vor den Augen sehen und wurden immer wieder von den Strömungen davongetrieben. Währenddessen saßen die griechischen Signalmänner an den Luftpumpen und wachten darüber, daß keiner der Luftschläuche abknickte, an denen das Leben der Männer auf dem Meeresgrund hing. Während der Mensch an einen Luftdruck von einer Atmosphäre gewöhnt ist, lasten in vierzig Meter Tiefe weitere vier Atmosphären Wasserdruck auf seinem Körper und würden seinen Brustkorb fast zerquetschen, bekäme er nicht von den Pumpen an Bord der Taucherschiffe ständig Luft in seine Lungen gepreßt.

Dann stießen die Taucher auf mächtige Holzbohlen. Sie zogen ihre schweren Dolche und bohrten sie in die splitternden Balken. Das Holz war im Lauf der Jahrtausende weich geworden und gab bald nach. Doch die Säulen lagen noch zu eng beieinander; die Männer konnten sich nicht dazwischen zwängen. Sie lagen auf den Knien, oft auch auf dem Bauch, und unterhöhlten die Säulen mit bloßen Händen und scharfen Dolchen. Durch die Schächte wurden Schiffstaue geschoben, um die Säulen gezogen und verknotet. Der Schlepper *Cyclope* hob mit seinem Dampfkran mehrere der größten Marmorstücke und schleppte sie ins freie Meer.

Die Griechen wühlten sich immer tiefer durch Schlamm und Sand. Aber sosehr Taucher und Archäologen über den Schlamm fluchten, mußten sie doch glücklich darüber sein. Der Schlamm hatte nämlich Kunstwerke von zeitloser Schönheit vor den Bohrmuscheln geschützt, so wie der Wüstensand Ägyptens die Kultur der Pharaonenzeit vor der Zerstörung bewahrt hatte. Die Schwammtaucher fanden prunkvolle Weinmischbecken aus Marmor, in denen man in der Antike zu Sirup eingedickten Wein mit Wasser vermengt hatte, wuchtige Kerzenleuchter, kunstvolle Gesimse mit Reliefs und zahllose Büsten und Statuen aus Marmor und Bronze. Nur an manchen Stellen war der Marmor von Bohrmuscheln, die langsam selbst in den härtesten Stein eindringen, zu schwammigen Gebilden zerfressen. Die meisten der Kunstwerke aber hatten unter Sand und Schlamm begraben ihre seidenweiße Reinheit und edle Form bewahrt. Matrosen schrubbten sie an Bord ab, und der Marmor kam aus seiner Schmutzhülle, als hätte er erst gestern die Werkstatt eines antiken Bildhauers verlassen.

Sechs Sommer lang fuhr die kleine Bergungsflotte jeden Morgen von Mahdia aus am Kap Afrika vorbei hinaus zu dem versunkenen Schiff. Oft wurde schon nach einer halben Stunde Taucharbeit die See rauh. Das Meer der Syrten ist stürmisch und unberechenbar, und die kleinen, mit einem einzigen Segel und zwanzig Rudern ausgerüsteten Boote kämpften sich schwer heimwärts in den Felshafen von Mahdia.

Die Stürme rissen die Markierungsbojen aus, die der Expedition die Lage des Wracks bezeichneten, und die mühsame Suche begann von neuem. Doch alle Mühen lohnten sich. Die Taucher fischten immer neue Funde aus dem Meer, Plastiken von Tierköpfen und zahllose Tonscherben.

Eine ganze Galerie antiker Götter tauchte in Marmor- und Bronzebildern auf. Die Männer fanden den Weingott Dionysos und nicht weit davon seine Begleiterinnen und Begleiter, Satyren und Mänaden, sie fanden Aphrodite, die Göttin der Schönheit, die Jagd- und Mondgöttin Artemis, Athene, den Zeussohn und Götterboten Hermes und den Gott der Heilkunde, Asklepios, mit seiner Tochter Hygiea.

Eine Bronzestatue trug eine gewichtige Signatur. In das Metall war eingeritzt: »Werk des Boethos von Chalkedon«. Boethos von Chalkedon zählt zu den bedeutendsten Meistern der hellenistischen Zeit.

Manche der Bronzestatuen waren zertrümmert. Tief im Schiffsbauch gruben die Taucher bronzene Beine und Flügel aus; sie hatten beinahe Lebensgröße. Gespannt warteten Merlin und seine Helfer, was die Taucher noch entdecken würden. Immer weitere Bruchstücke schickten sie mit dem Aufzug nach oben, und dann schließlich den von der schweren Marmorlast zerdrückten Rest des Körpers. Der Gelehrte überprüfte die Stücke und war begeistert. Er wußte, daß die Restauratoren des Museums die Bronzescherben in kurzer Zeit von Muscheln befreien und zusammenfügen würden, und so das Kunstwerk wieder zum Leben erwecken konnten. Und wirklich ließen sie aus den Bruchstücken einen Gott erstehen. Es war die Kopie eines Werkes, das Praxiteles oder Lypsippos, in jedem Fall einer der größten Bildhauer Griechenlands, im vierten Jh. v. Chr. geschaffen hatte.

Manchmal aber breitete sich Entsetzen auf den Expeditionsschiffen aus. Taucher kamen mit gräßlich verkrümmten Gliedern aus der Tiefe und stöhnten unter qualvollen Schmerzen. Die Taucherkrankheit hatte sie erfaßt. Sie ging wie ein Gespenst unter den Griechen um, dem die Männer um so häufiger begegneten, je länger ihre Arbeit in der Tiefe dauerte. Noch kannte man die Ursachen dieser Krankheit nicht und konnte sie weder verhindern noch heilen. Einige der Taucher blieben für immer von ihr besessen und durften nie wieder auf den Meeresgrund.

Während noch die Griechen dem Meer der Syrten weitere Kostbarkeiten abrangen, konnten Alfred Merlin und andere Gelehrte bereits die Geschichte des unglücklichen versunkenen Schiffes schreiben; die Fundstücke erzählten sie wie ein offenes Buch. Unter den geborgenen Geräten war Merlin sofort eine kleine Lampe aus Ton aufgefallen, ein einfaches Öllämpchen, in dem noch der angebrannte Docht steckte. Die Form der Lampe war Ende des zweiten Jh. v. Chr. gebräuchlich gewesen. Nach der ersten Jahrhundertwende aber war diese Lampenform nicht mehr hergestellt worden. Merlin hatte damit den ersten Anhaltspunkt. Er und andere Gelehrte stellten außerdem fest, daß einige der Götterbilder für Athen typische Verzierungen aufwiesen. War das Schiff also in Athen beladen worden?

Bald brachten die Taucher weitere Beweise an die Oberfläche, Stelen – große Steinplatten – mit Inschriften, die auf den Piräus, den Hafen von Athen, hinwiesen. Im Jahr 86 v. Chr. hatte der römische Feldherr und spätere Diktator Roms, Lucius Cornelius Sulla, den König von Pontus am Schwarzen Meer und Bedroher des Römerreiches, Mithradates, geschlagen, die aufständischen Griechen niedergeworfen und Athen barbarisch plündern lassen. War das Wrack von Mahdia eines der Schiffe, die Sulla schwer beladen mit Beute nach Rom gesandt hatte? Diese Erklärung schien den Wissenschaftlern für die bunt gemischte Ladung des Frachters wahrscheinlich zu sein. Sullas Leute hatten eine ganze Marmorvilla abgetragen und die Säulen, Kapitelle und Gesimse an Bord geschafft und in bunter Folge prächtige Möbel, oft nur halbfertige Vasen und Kerzenleuchter, rohbehauene Marmorbrocken und Kunstwerke von unschätzbarem Wert dazugeladen.

Vielleicht trug der bei Mahdia gescheiterte Segler sogar Sullas persönliche Kriegsbeute. Alfred Merlins Taucher fanden nämlich eine Gruppe grotesker kleiner Bronzestatuetten – zwerghafte Musikanten, Tänzer und Schauspieler –, Abbilder der Gaukler, die in der hellenistischen, der Spätzeit Griechenlands, bei den Gastmählern zur Unterhaltung der Gäste aufgetreten waren. Wir wissen von antiken Schriftstellern, daß der Diktator Sulla eine besondere Vorliebe für diese Gaukler gehabt hatte. Die kleinen Bronzefiguren waren wohl für seine eigene Prunkvilla bestimmt gewesen. Während seine Familie in Rom auf die Ankunft der Kostbarkeiten wartete, war das Schiff in einen wütenden Grecale, einen der berüchtigten Nordoststürme des Mittelmeeres, geraten. Dieser hatte es fünfhundert Meilen vom Kurs an die Küste Nordafrikas abgetrieben, wo es scheiterte.

Das Schiff war buchstäblich mit Mann und Maus versunken. Die Schwammtaucher fanden im Bauch des Schiffes, zweitausend Jahre später, noch Knochen von Hasen, Schafen, Schweinen und menschliche Skelettreste.

Als die Ausgrabungen auf dem Meeresgrund bei Mahdia im Jahr 1913 beendet waren, konnten fünf Säle des Museums El Alaoui (Bardo) in Tunis die geborgenen Kunstwerke kaum fassen.

Bald aber kamen einigen Gelehrten Zweifel an der These, das Schiff habe einen Teil der Kriegsbeute Sullas getragen. Viele der Skulpturen waren nämlich Kopien von Originalen aus Marmor und Bronze. Die Archäologen entdeckten daran Spuren der »Punktiermethode«, einer verbreiteten antiken Kopiertechnik. Vielleicht trug der Segler doch eine Handelsfracht für den Kunstmarkt von Rom? Viele antike Schriften erzählen von der schwärmerischen Begeisterung der reichen Senatoren und Ritter der römischen Republik für die Kunst Griechenlands, die darin weitteiferten, ihre Villen damit auszuschmücken.

Alfred Merlin vermutete deshalb, daß die Hersteller solcher Kopien nicht, wie man immer angenommen hatte, nach Italien ausgewandert waren, sondern in Griechenland oder direkt in Athen geblieben waren; und daß von dort aus bis in das letzte Jahrhundert der römischen Republik Tausende von Schiffsladungen voll Statuen, Säulen, reich verziertem Mobiliar und erlesenem Schmuck nach Italien exportiert wurden.

Alfred Merlins Expedition zählt zu den aufsehenerregendsten Unternehmungen der archäologischen Forschung. Und viele Gelehrte ahnten nun bereits, daß der Grund des Meeres noch weitere, größere Schätze birgt.

Die bei Mahdia versunkene Schiffsladung war nämlich nicht der erste Schatz, der auf dem Meeresgrund gefunden worden war. Die Archäologen erinnerten sich an eine Geschichte, die sich nur wenige Jahre zuvor ereignet hatte. Im Herbst des Jahres 1900 hatte in der Ägäis auf einige griechische Schwammtaucher ein ähnliches Abenteuer gewartet.

Ein Fischer meint zu träumen

Blitze jagten im Herbst 1900 über den wolkenverhangenen Himmel; ein wütender Nordoststurm peitschte die Ägäis. Mühsam kämpften sich zwei kleine Segelschiffe durch die kurzen, scharfen Wogen ostwärts. Gischt sprühte über die Bugspriete, und Masten und Rahen bogen sich ächzend im Wind.

Kapitän Kondos stand selbst am Steuerruder der *Euterpe*, während seine Männer müde in den Riemen hingen und versuchten, das Schiff gegen das Drücken des Sturmes auf dem rechten Kurs zu halten. Der Kapitän betrachtete sorgenvoll abwechselnd das schon etwas morsche Schwesterschiff *Kalliope*, das neben der *Euterpe* durch die Wellen stampfte, und den Kompaß. Einen ganzen Tag schon tobte der Sturm und trieb Kapitän Kondos' Schiffe ab.

Auf welchen Kurs mochte er sie bereits verschlagen haben? – Dieser verdammte Sommer! dachte Demetrius Kondos.

Immer wieder hatten Sturm und Regen die Arbeit seiner Taucher an der tunesischen Küste unterbrochen. Der Ertrag der Schwammernte war noch gering, als die Tage bereits kürzer zu werden begannen. Die tapferen »sphoungarades«, die Schwammtaucher, hatten jedoch nicht aufgegeben und weitergearbeitet, bis zum Beginn der Herbststürme. Denn die Schwämme bedeuteten Brot für ihre Heimatinsel Syme. Doch nun mußten sie sich dafür mit ihren kleinen Booten durch gefährliches Herbstwetter über das Mittelmeer zur fernen Inselgruppe des Dodekanes kämpfen.

Die Schiffe hätten die Straße von Elephanescou zwischen dem Kap Malea und der Insel Kythera durchfahren wollen. Wo sie jetzt waren, wußte keiner der Männer. Hatte sie der Sturm schon bis zur Südwestspitze Kretas abgetrieben? Oder lagen sie doch näher an ihrem rechten Kurs, zwischen Kythera und den gefährlichen Riffen und kleinen Inseln um Antikythera? Kapitän Demetrius Kondos grübelte darüber nach, als sich plötzlich zwischen Meer und Wolkenwand eine schwarze Silhouette abzeichnete.

»Backbord Land in Sicht!« brüllte Kondos durch den Sturm seinen Ruderern zu. Sie legten sich mit letzter Kraft in die Riemen. Der Steuermann der *Kalliope* mußte das Land wohl ebenfalls gesichtet haben; das Boot folgte mit gleicher Geschwindigkeit. Kondos kannte diesen Höhenzug, auf den sie jetzt zuliefen. Es war das Vorgebirge Glyphadia der Insel Antikythera.

Kapitän Kondos kannte Stus Ljus, wie die Einheimischen diese Insel nennen, sogar gut. Es ist ein öder und unbewohnter Flecken, abgesehen vom winzigen Fischerhafen Potamos in einer geschützten Bucht. Aber Kondos mochte diesen Hafen mit seinen Kneipen nicht. Dort gab es stets Raufereien. Er führte deshalb seine Schiffe in südlicher Richtung um das Vorgebirge herum und ließ im Windschatten der drohend aufragenden Klippen Anker werfen. Hier, nur zwanzig Meter vom Land entfernt, waren Schiffe und Mannschaften vor dem Sturm sicher.

Der Ankerplatz war öd, auf der ausgedörrten Plattform des Vorgebirges hauste nur ein Ziegenhirt mit seinen genügsamen Tieren. Aber das Wasser sah hier nach einem guten Schwammgrund aus.

Als der Sturm nachließ, stieg Elias Stadiatis, einer von Kondos' Tauchern, in seinen Gummianzug und ließ sich seinen schweren Kupferhelm aufschrauben. Die eifrig getriebene Luftpumpe quietschte, Stadiatis sprang ins Wasser und sank in die Tiefe.

Dreißig, vierzig Meter, schätzte er. Das war zu tief für einen Schwammtaucher. Und immer noch ging es abwärts. Dann der Grund, in fünfzig Meter Tiefe etwa. Blaugrüne Dämmerung umgab ihn. Allmählich gewöhnten sich

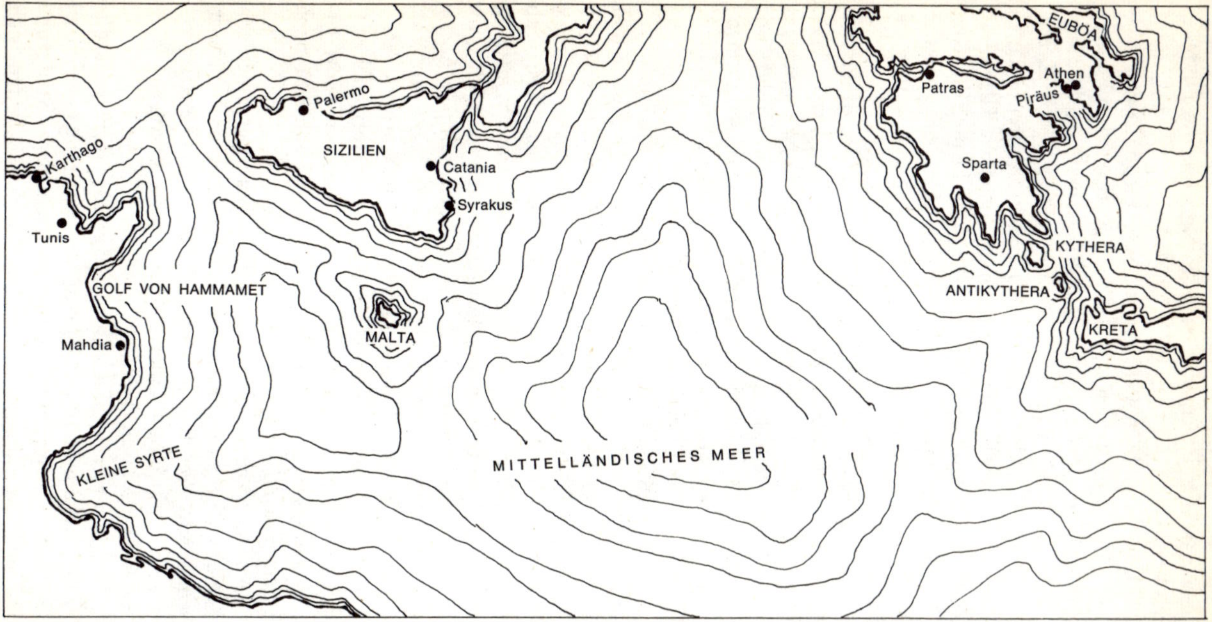
EUBÖA
Athen
Piräus
Patras
Sparta
KYTHERA
ANTIKYTHERA
KRETA
SIZILIEN
Palermo
Catania
Syrakus
MALTA
Karthago
Tunis
GOLF VON HAMMAMET
Mahdia
KLEINE SYRTE
MITTELLÄNDISCHES MEER

seine Augen an das Zwielicht. Er prallte zurück. Vor ihm kam aus der Dämmerung ein monumentaler Pferdekopf. Und plötzlich waren überall um ihn Gestalten! Manche steckten bis zu den Hüften im Schlamm. Mit starren Augen blickten sie ihn an. Aus Schlamm und Geröll ragten schwarze Arme und Beine. Elias Stadiatis tappte langsam vorwärts, auf eine schwarze Hand zu. Er ergriff sie und hielt einen ganzen Arm in der Hand.

Der Schwammtaucher riß viermal an der Signalleine, was »Hochziehen« bedeutete. Mit dem überlebensgroßen Arm schwebte er nach oben. Kapitän Kondos besah sich den Arm und stellte fest, daß er aus Bronze sei. Eine ganze Menge solcher Dinge sollte da unten auf dem Grund liegen? Er traute Elias Stadiatis' Erzählung nicht ganz. Im Tiefenrausch sähe man oft die seltsamsten Dinge, meinte er.

Trotzdem ließ er sich seinen Tauchanzug und ein Meßband geben und sprang ins Wasser. Doch da war kein Zweifel. Kondos fand einen fünfzig Meter langen Berg von Bronze- und Marmorstatuen, mancherlei Gerät und Überreste eines großen Schiffes.

Was für ein Schiff mochte wohl hier gescheitert sein? Sicherlich ein antikes. Denn solche Figuren hatte seit undenklichen Zeiten niemand mehr in Griechenland geschaffen. Aber überall gruben gelehrte Männer, Archäologen, Statuen wie diese aus der griechischen Erde, das wußte Kondos. Er verwahrte den Bronzearm gut verpackt in der Kajüte, ließ Segel setzen und Kurs auf Syme nehmen.

Während sich auf der Heimatinsel der Schwammfischer die Geschichte von dem uralten Schatzschiff auf dem Meeresgrund bei Antikythera verbreitete, beriet Kapitän Kondos mit den Ältesten der Insel. Der Bronzearm ging im Rat von Hand zu Hand und wurde von allen bestaunt. Ein Kaufmann wußte zu erzählen, daß in Paris, London und Berlin die Leute ganz verrückt seien nach antiken Figuren. Er meinte, man könne für einige Bronzeplastiken mühelos eine halbe Million Golddrachmen einlösen. Die Augen der Fischer leuchteten, als sie diese Zahl hörten. Sie rechneten sich aus, daß davon, zusammen mit den bescheidenen Erträgen ihrer Weinstöcke und Ölbäume und des Fischfangs, das ganze Volk von Syme Jahre würde leben können. Die Fischer müßten nicht mehr auf die stürmische See und hinunter ins Meer, das jedes Jahr Opfer forderte und viele der Überlebenden zu unheilbaren Krüppeln machte. Sie wollten von Kondos wissen, was man zur Bergung der Schätze an Schiffen, Tauchern und Geräten brauchte, und schmiedeten bereits Pläne, als der alte Fischer Ikonómu Einspruch erhob.

Der Fischer genoß großes Ansehen, denn sein Sohn war im fernen Athen ein gelehrter und berühmter Mann, Universitätsprofessor der Archäologie. An ihn erinnerte der alte Ikonómu jetzt. Er erklärte, daß man die antiken Kunstwerke nicht einfach als Handelsware betrachten dürfe. Sie seien wertvoller als Gold. Die Gelehrten in Athen, die ihr Leben dem Studium der Antike widmeten, hätten ein Anrecht darauf, geborgenes Gut zu sehen und zu studieren.

Diese Kunstwerke, Zeugen einer großen und ruhmreichen Vergangenheit, seien Besitz des ganzen griechischen Volkes. Alle sollten sie bewundern können, die Bauern und Ziegenhirten von Attika ebenso wie der König und seine Minister. Man dürfe sie nicht den Griechen nehmen und ins Ausland verkaufen, mahnte der alte Fischer.

Die Symioten wurden verlegen. Sie dachten eine Weile nach und mußten zugeben, daß der alte Mann recht hatte. Hatten nicht ihre eigenen Väter für die Freiheit Griechenlands gekämpft? Und sie wollten Besitztümer ihrer Nation ins Ausland verkaufen! Nein, das ging nicht, abgesehen davon, daß es verboten war und man bestraft werden konnte.

Aber der Fischer Ionómu konnte sie trösten. Von seinem Sohn wußte er, daß die königliche Regierung den Findern antiker Kunstwerke großzügige Belohnungen gewährte. Einige zehntausend Drachmen würden sie für die von Kapitän Kondos beschriebene Schiffsfracht auf dem Meeresgrund schon bekommen, schätzte er. Eine Abordnung der Insel sollte den Bronzearm zu Ikonómus Sohn nach Athen bringen, riet er dem Rat von Syme.

So wurde es auch beschlossen.

Kapitän Demetrius Kondos und der Taucher Elias Stadiatis zogen ihre besten Anzüge und Schuhe an, verwahrten den Bronzearm gut in einem Koffer und reisten nach Athen.

Sie hätten sich die Zeit ihrer Ankunft in der Hauptstadt kaum besser aussuchen können. Seit den Tagen der Eroberung Griechenlands durch die Römer waren immer mehr Kunstschätze aus dem Land geschleppt worden. Was römische Besatzung, Völkerwanderung, byzantinische und türkische Herrschaft übriggelassen hatten, hatten meist Engländer, Franzosen und Deutsche mit in ihre Museen genommen. Jetzt, um 1900, gab es jedoch die ersten bedeutenden einheimischen Archäologen. Sie sammelten und ordneten, was noch im Land war, und warteten auf eine Gelegenheit zu einer großen Ausgrabung.

Der Archäologe Ikonómu empfing die Seeleute aus dem heimatlichen Syme voll Begeisterung und führte sie noch am selben Tag zum griechischen Kultusminister Staïs.

Minister Valerios Staïs war etwas mißtrauisch. Der Arm war zweifellos echt und stammte von einem sehr alten, wertvollen Kunstwerk. Doch spannen die Fischer nicht Seemannsgarn und machten aus einer einzigen, in der Antike zufällig ins Meer gefallenen Plastik eine ganze Schiffsladung? Wenn er eine Expedition nach einem antiken Schiff ausschickte, das es nur im Tiefenrausch der Schwammtaucher gab, war er unsterblich blamiert und mußte vielleicht noch einen Tadel des Königs wegen des vergeudeten Geldes einstecken.

Staïs überlegte, aber der Archäologieprofessor ließ nicht ab, zu ihm von dieser einmaligen, großartigen Gelegenheit zu sprechen.

Vielleicht hat Ikonómu recht, dachte der Minister. Ein versunkenes Schiff voll griechischer Kunstschätze, das hatte noch kein Archäologe der Welt gefunden. Und was könnte das Wrack nicht alles bergen! Staïs dachte an die vielen Kunstwerke der größten Meister des alten Hellas, von denen man nur mehr aus Beschreibungen wußte.

Er drehte sich um. »Was brauchen Sie an technischer Hilfe, Kapitän Kondos?«

Der Kapitän verlangte ein großes Schiff mit Hebebäumen, starken Tauen und Ketten. Aus den Abmessungen der Steinlasten unter Wasser hatte er nämlich etwa ihr Gewicht berechnet – es war gewaltig. Die Lasten würden seine eigenen Schiffe in die Tiefe ziehen.

Staïs schickte sofort einen Boten zum Marineministerium und versprach den Fischern außer der gesetzlichen noch eine hohe Sonderbelohnung, wenn sie kostbare Kunstwerke aus der Tiefe brächten.

Bereits am 24. November dampfte das Versorgungsschiff *Mykale* der griechischen Kriegsflotte mit den beiden Kajiks des Kapitäns Kondos im Schlepptau in Richtung Antikythera.

Auf den Schwammfischerbooten standen sechs Taucher bereit, Symioten alle, die mutigsten und härtesten Taucher der griechischen Küsten und Inseln. Die Untergangsstelle war rasch wiedergefunden. Eine seltsame gelbe Gesteinsader in den Klippen des Vorgebirges Glyphadia markierte den Fundort.

Ein Sturm brauste um die Felsen des Kaps, wechselte unvermittelt die Richtung und drohte, die beiden vor den Klippen verankerten Boote gegen die Riffe zu schleudern. Die *Mykale* konnte den Fischern nicht helfen. Sie hatte einen zu großen Tiefgang für diesen Küstenstrich, denn der Meeresgrund stieg von der Untergangsstelle des Wracks aus schroff an.

Trotzdem brannten die Taucher darauf, abzusteigen. Der erste sprang ins Wasser. Kapitän Kondos betrachtete mit ungutem Gefühl den Luftschlauch, den die Bewegung seines Schiffes im Sturm ständig abzureißen drohte. Er sah auf die Uhr. Vier Minuten – jetzt mußte er unten sein. Weitere fünf Minuten. Das war das Äußerste, was ein Taucher in dieser Tiefe leisten konnte. Wo blieb nur das Signal? Die Signalglocke schellte. Hochziehen! Weitere dreieinhalb Minuten schlichen dahin. Dann tauchte der glänzende Kupferhelm des Mannes aus der Tiefe auf. Und im Arm hatte er einen großen, weißgrauen Gegenstand!

Der Archäologe Ikonómu, der die Expedition leitete, riß dem Taucher das Stück fast aus den Händen. Hastig wischte er den Schlamm ab. Es war das Bronzestandbild eines bärtigen Mannes mit weisem, ruhigem Blick – dem eines Philosophen. In Schlamm und Moder gehüllt, hatte es Jahrtausende auf dem Meeresgrund unbeschädigt überstanden.

Die nächsten Taucher stiegen in die Tiefe, und keiner kam mit leeren Händen wieder. Gefäße aus Ton und Bronze brachten sie mit, ein Schwert, dann Bruchstücke von Marmorstatuen.

Der Philosoph von Antikythera

Aber nun war die Enttäuschung groß. Das Weiß des Marmors hatte die Farbe eines ewig von den Meereswogen gepeitschten Felsens angenommen. Die Kunstwerke waren vom Wasser zernagt, von Salz und Muscheln zerfressen und überkrustet.

Hatte das Meer alle Kunstschätze zerstört? Der

Archäologe und die Schwammtaucher waren bitter enttäuscht. Während Ikonómu auf der für die Forschungen untauglichen *Mykale* nach dem Piräus dampfte, suchten die Schwammfischer im Hafen von Avlaemon auf der Nachbarinsel Kythera Schutz, denn der Sturm tobte immer stärker. Doch die Symioten wollten sich so schnell nicht geschlagen geben. Sie baten um ein kleineres Hilfsschiff. Minister Staïs schickte ihnen das Dampfboot *Syros* und Vyzaninos, den Aufsichtsbeamten über alle antiken griechischen Kunstschätze.

Die harte, mühevolle Arbeit ging weiter. Doch wieder kamen nur Bruchstücke an die Oberfläche. Enttäuscht kehrte auch Vyzaninos nach Athen zurück. Nur der Sekretär der archäologischen Abteilung des Ministeriums gab nicht auf und harrte bei den Schwammtauchern aus, die tapfer weiterarbeiteten.

Zweimal fünf Minuten konnte ein Taucher pro Tag in der Tiefe arbeiten. Wo das Wrack lag, fiel der Boden steil von fünfundvierzig Meter auf fast sechzig Meter Tiefe ab. Das ging über die gewohnte Tauchtiefe der Symioten hinaus. Der abschüssige Boden bot keinen Stand. Immer wieder glitt einer der Männer aus. Oft vergingen zwei bis drei Tage, bis die Taucher einen Gegenstand an Bord bringen konnten.

Doch ihr Mut und ihre Ausdauer wurden belohnt. Sie fanden die vielversprechenden Bruchstücke einer Bronzestatue. Der Sekretär sandte sofort eine Depesche nach Athen, und Minister Staïs schickte wieder die *Syros*, die kurz darauf mit den Bronzestücken Kurs zurück auf die Hauptstadt nahm. Als die Bronzeteile gereinigt und zusammengefügt waren, horchten die Gelehrten ganz Europas auf. Die Taucher hatten dem Meer ein großes Werk aus dem vierten Jahrhundert vor Christi Geburt, eine bronzene Götterstatue, entrissen. Der Gott aus dem Wrack vom Kap Antikythera ist eine Schöpfung des großen Meisters Lysippos, des Hofbildhauers Alexanders des Großen.

Lysippos war der letzte der großen, klassischen Bildhauer Griechenlands. Nach einem Bericht des Plinius soll er über fünfhundert Statuen geschaffen haben. Doch bis auf das bei Antikythera gefundene Werk ist uns keine davon erhalten geblieben, nicht einmal eine der in großer

Zahl hergestellten römischen Kopien. Wie zahlreiche andere kostbare Werke der Antike gingen sie in Kriegen und Katastrophen, vor allem in den Stürmen der Völkerwanderung unter oder wurden später zerstört: Im Mittelalter hatte man kein Verständnis für antike Kunst. Sie galt als »heidnisch«. Bronzestatuen schmolz man ein und goß Kirchenglocken, später Kanonen, daraus; marmorne Kunstwerke wurden zerschlagen und in Brennöfen zu Kalk verbrannt.

Die Seeleute und Schwammtaucher aus Syme waren plötzlich berühmt. Kultusminister Staïs eilte nun selbst mit den Schiffen *Mykale* und *Syros* und dem Minenleger *Aegialia* nach Antikythera. Die drei Fahrzeuge sollten gemeinsam den Symioten bei der Bergung weiterer großer Statuen helfen.

Die erschöpften Taucher hatten sich inzwischen nach Potamos auf Antikythera zurückgezogen und wußten nichts von der Aufregung, die ihr Fund hervorgerufen hatte. Nachdem ihnen Staïs davon erzählt und ihnen gut zugeredet hatte, gingen sie eifrig wieder an die Arbeit.

Aber die Bergungsarbeiten wurden immer schwieriger. Auf dem größten Teil der Ladung lagen mächtige Gesteinsbrocken. Die Symioten mußten sie mühsam unterhöhlen und mehr als armdicke Taue durch die Schächte ziehen, mit denen dann der Minenleger *Aegialia* die Last ein Stück hob. Weiter draußen im Meer wurden die Taue gekappt, die Steintrümmer verschwanden wieder im Meer. Die Archäologen rauften sich darüber die Haare, aber erst einige Tage nachher, als es zu spät war.

Am 17. Februar sollte ein besonders großer Gesteinsbrocken weggeschafft werden. Der Kapitän der *Aegialia* befahl volle Dampfkraft in Richtung offene See. Doch das Seil riß. Während die Taucher tief unten den Block von neuem festmachten, kam Staïs ein beunruhigender Gedanke. Könnten die Blöcke nicht Kolossalstatuen sein, die von den Symioten im Dämmerlicht für Felsen gehalten wurden?

Trotz Protestes des Kapitäns der *Aegialia* befahl der Minister, den Block an die Oberfläche zu ziehen. Die Dampfwinde lief an. Immer bedenklicher neigte sich der Minenleger. Dann erschien an der Oberfläche eine monumentale Figur – ein Herakles aus Marmor. Er war so schwer, daß ihn der Minenleger langsam ins tiefe Wasser zur *Mykale* schleppen mußte, die ihn in ihre Kranketten übernahm.

Unter den Kolossalstatuen gruben die Symioten und neu angeheuerten Taucher hölzerne Schiffsteile, Reste eines Prunkbettes aus Bronze, Glas- und Tongefäße und – menschliche Gebeine aus.

Das war wie ein böses Omen. Nach einem der nächsten Tauchabstiege wurde der mutige Kritikos ein Opfer der Taucherkrankheit. Die Griechen bereiteten ihm ein Seemannsgrab und tauchten unbeirrt weiter, bis die See ein zweites und ein drittes Opfer forderte. Zwei der Taucher erlitten Gehirn- und Rückenmarksblutungen und wurden teilweise gelähmt. Zudem war die Weiterarbeit unter Wasser schon fast unmöglich geworden. Die Symioten hätten nun harten Grund aufgraben müssen. Sie packten die letzten Funde zusammen und segelten nach Athen. Die königliche Regierung empfing sie mit großen Ehren und ließ den Männern eine fürstliche Belohnung auszahlen. Die Seeleute und Taucher durften hundertfünfzigtausend Drachmen in Gold mit nach Syme nehmen, und die Archäologische Gesellschaft überreichte aus ihrer Kasse jedem von ihnen noch einmal fünfhundert Drachmen.

Monferratos, der nächste Kultusminister, bemühte sich vergeblich, Tauchspezialisten anzuheuern, obwohl seine Aufrufe in alle Länder Europas ergingen. Die Taucher verlangten Unsummen, von denen sie von vornherein wußten, daß die griechischen Behörden sie nicht zahlen konnten, denn niemand wollte sich so weit in die Tiefe wagen, in der ein Mann den Tod gefunden und zwei andere schwere Verletzungen davongetragen hatten. Ein Teil der Kunstwerke ruht deshalb noch heute auf dem Meeresgrund bei Antikythera.

Als der französische Unterwasserforscher Cousteau vor einigen Jahren bei Antikythera tauchte, stellte er fest, daß das Schatzschiff selbst für Froschmänner zu tief liegt – wenn sie sich nicht ständiger Lebensgefahr aussetzen wollen.

Die geborgenen Kunstschätze aber füllten eine ganze Galerie des Athener Nationalmuseums. Die kostbarsten davon sind außer dem Bronzegott, dem »Athleten von Antikythera«, zwei Statuetten aus dem Perikleischen Zeitalter und eine Gruppe, von der Stadiatis' Bronzearm stammte. Die Ausbeute der Unterwasserexpedition war reicher als die bisher ergiebigste Landgrabung in Griechenland.

Nun begann der Gelehrtenstreit über Herkunft und Schicksal des Schiffes und über die prachtvolle Bronzestatue des athletischen jungen Mannes. Wer ist dieser lebensgroße junge Mann, mit Edelsteinen als Augen, in einfacher, schlichter Haltung, die sonst bei griechischen Götterstatuen selten ist? Heros oder Gott?

Svoronos, der Direktor des Athener Nationalmuseums, stellte schließlich fest, daß Münzen von Argos einen ähnlichen jungen Mann zeigen. Seine Stellung gleicht der des Jünglings aus dem Meer bei Antikythera. Er trägt in der Linken ein Schwert, in der Rechten das Haupt der Medusa. Es ist Perseus, ein Held der griechischen Sage, Sohn des Zeus, der mit Götterhilfe das schreckliche Haupt der Medusa abschlug, durch seine Tapferkeit die Königstochter Andromeda gewann und dann als König über Argos herrschte.

Viele Wissenschaftler widersprachen Svoronos' These heftig. Sie hielten den Gott für Paris, Hermes oder Apollon. Da alle Parteien mit guten Begründungen ihrer Annahmen aufwarten konnten, reihte man den namenlosen Gott schließlich als »Athlet von Antikythera« unter die größten Kunstwerke des staatlichen Nationalmuseums in Athen ein.

Das Schiff selbst gab den Wissenschaftlern eine zunächst fast unlösbar erscheinende Aufgabe auf. Während sonst bei Ausgrabungen antiker Funde meist Schriftstellen bei griechischen oder römischen Dichtern und Geschichtsschreibern oder Schriftfunde an der Ausgrabungsstätte selbst Hinweise geben, fehlte hier jeder Anhaltspunkt solcher Art. Hatte der römische Diktator Sulla auch dieses Schiff in Athen mit geplünderten Schätzen beladen lassen? Oder war es ein Fahrzeug der Seeräuberflotten, die in der Antike selbst große Städte überfallen und ausgeraubt hatten? Die Archäologen ließen sich die geborgenen Schiffsteile, Tonscherben, Bronzeklumpen und Gebeine an ihre Studiertische bringen.

Es dauerte Jahrzehnte, bis ihre Arbeit zu sichtbaren Erfolgen führte. Die amerikanische Forscherin Gladys

Davidson Weinberg von der American School in Athen setzte die vorhandenen Tonscherben aus dem Wrack wieder zusammen und verglich die nun wieder erkennbaren Formen der Gefäße mit unzähligen anderen Gefäßfunden aus der Antike. Unter Fundstücken von den Inseln Rhodos und Kos, die aus der Zeit zwischen 80 und 50 v. Chr. stammen, fand sie schließlich solche, die gleiche Formmerkmale zeigen. Damit war bewiesen, daß das Schiff um diese Zeit versunken war, denn jede Zeit und jede Landschaft, jede kleine Insel hatte im Altertum

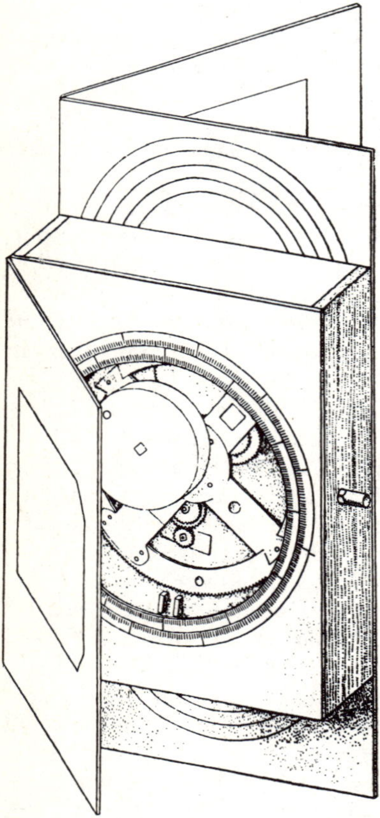

Die Sternenuhr von Antikythera. Links unten: eine Rekonstruktion. Rechts oben: ein freigelegtes Bruchstück.

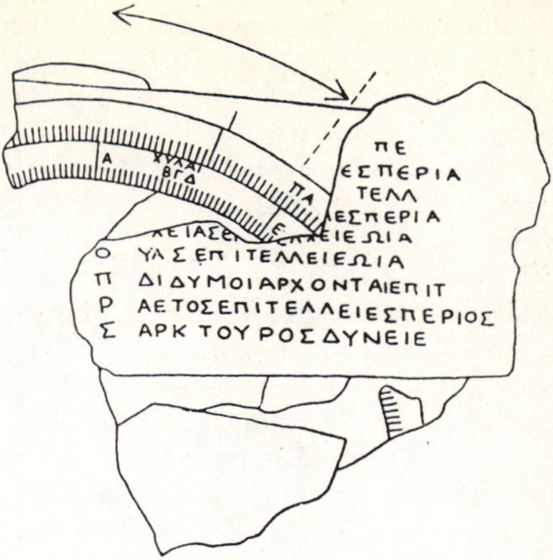

Gefäße mit einer ihr allein eigentümlichen Form geschaffen. Sicherlich war der Segler nach Athen oder Rom unterwegs gewesen, als ihn zwischen dem Ostmittelmeer und seinem Zielhafen ein tückischer Sturm ergriffen und abgetrieben hatte.

Heute wissen wir fast sicher, daß dies im Jahr 80 v. Chr. geschah. Wir kennen das Untergangsjahr dank einem geheimnisvollen Instrument, das in dem Wrack gefunden wurde. Der griechische Archäologe und Minister Staïs entdeckte es, als er im Athener Nationalmuseum einige Bronzeklumpen aus dem Schiff untersuchte. Man hatte sie nicht zum Abfall geworfen, weil man dachte, es könnten Bruchstücke von Statuen sein. Als der Minister den größten Klumpen zur Hand nahm, bröckelten Holzreste davon ab. Das Holz war an der trockenen Luft eingeschrumpft und mürb geworden. Staïs kratzte es ab und legte damit Schriftzeichen einer altgriechischen Inschrift frei. Ein Museumstechniker befreite den Klumpen von alten Meeresablagerungen, und die herbeigerufenen Wissenschaftler standen staunend vor einem komplizierten Mechanismus mit vielen kleinen und großen Zahnrädern.

Noch kannte man nur einen Teil des Instruments und wußte nicht, wozu es einst bestimmt gewesen war. Das Meerwasser hatte die Bronzeräder des Gerätes stark zerfressen und mit steinharten Meeressedimenten bedeckt, so daß die Restauratoren des Museums zuerst nur einen Teil hatten freilegen können. Einige Worte wurden entziffert. Sie ließen erkennen, daß die Inschrift eine Gebrauchsanweisung war und das Instrument mit den vielen Rädern astronomischen Zwecken gedient hatte.

War es ein »Astrolabium«, ein Gerät zur Sternenbeobachtung für die Schiffahrt, das der Kapitän des bei Antikythera gescheiterten Schiffes mit sich geführt hatte? Die Gelehrten fanden zunächst keine befriedigende Erklärung. Doch eines erkannten die Wissenschaftler sofort: Es war ein außergewöhnliches Instrument, nichts Vergleichbares ist bis heute gefunden worden, und es gibt in keiner antiken Schrift Hinweise auf ein solches Gerät. Man nahm vielmehr zunächst an, daß die Antike kein derartig kompliziertes Instrument mit so ausgeklügelten Übersetzungen hätte hervorbringen können. Das »Astrolabium«, wie die Wissenschaftler es der Einfachheit halber nannten, schien eher den feinsten astronomischen Uhren der Spätrenaissance zu ähneln. Doch sein hohes Alter gilt heute als unbestritten.

Der Inschriftenkundler Dean Meritt stellte fest, daß die Form der Buchstaben auf dem Gerät nur im ersten Jh. v. Chr. auftritt. Die Worte selbst und ihr astronomischer Sinn stützen seine Behauptungen. Das größte erhaltene Stück der Inschrift ist Teil eines astronomischen Kalenders, der dem bekannten Kalender des Geminos ähnelt. Geminos, ein großer antiker Astronom, lebte um 77 v. Chr. auf Rhodos.

Immer wieder versuchten die Techniker des Athener Nationalmuseums, dem umförmigen Bronzeklumpen weitere Geheimnisse zu entreißen. Eine ganze Reihe von Gelehrten beschäftigte sich mit dem Gerät, nachdem weitere Teile freigelegt worden waren. Doch erst im Jahr 1955 versprachen neue Studien einen entscheidenden Erfolg. Nun versuchte sich der amerikanische Forscher Derek J. de Solla Price an der Lösung des Rätsels. Einige Jahre lang beschäftigte er sich mit Mikroaufnahmen des »Astrolabiums«. Nachdem die nötigen Vorarbeiten geleistet waren, nahm er sich im Jahr 1958 in Athen, zusammen mit dem griechischen Inschriftenkundler George Stamires, das Fundstück selbst vor. Und nun fanden die beiden

Männer die Erklärung für das antike Instrument. Sie entzifferten weitere Inschriften und stellten fest, daß – entgegen bisherigen Annahmen – der Bronzeklumpen noch den größten Teil des Mechanismus in ursprünglicher Anordnung enthielt. Einige wichtige Teile des Instruments konnten zwar bis heute nicht identifiziert werden, doch sein Aufbau und seine Bestimmung sind uns klar. Eine Achse hatte ein unwahrscheinlich ausgeklügeltes System von Zahnrädern getrieben, und der Astronom konnte auf drei Zifferblättern mit Zeigern eine Fülle von Angaben ablesen. So besteht das größte, vollständig restaurierte Zifferblatt aus einer festen Skala mit den Zeichen des Tierkreises, des Zodiak. Dieses Zifferblatt liegt genau über dem Hauptrad des Mechanismus und hatte die scheinbare jährliche Bewegung der Sonne im Tierkreis angezeigt. Schlüsselzeichen auf der Tierkreisskala entsprechen Lettern auf dem astronomischen Kalender. Daraus lassen sich die wesentlichen Auf- und Untergangszeiten und Konstellationen der hellen Sterne für das ganze Jahr bestimmen. Die beiden kleineren, unteren Zifferblätter, die noch nicht vollständig restauriert werden konnten, hatten die Mondaufgangs- und Untergangszeiten sowie die Bewegungen der den Griechen bekannten Planeten Merkur, Venus, Mars, Jupiter und Saturn angegeben.

Das Instrument aus dem Wrack von Antikythera muß ein arithmetrisches Gegenstück zu den geometrischen Modellen des Sonnensystems gewesen sein, die Plato und Aristoteles bekannt waren und sich zum Planetarium weiterentwickelt hatten.

Der Stellung eines beweglichen Ringes auf dem Frontzifferblatt widmete de Solla Price besondere Aufmerksamkeit, und das Ergebnis seiner Berechnung war verblüffend. Das Instrument hatte mit dem ägyptischen Kalender gearbeitet. Dieser Kalender zählte 365 Tage pro Jahr und kein Schaltjahr zum Ausgleich der Differenz von jährlich sechs Stunden zwischen dem Kalenderjahr und der Zeit, die die Erde wirklich braucht, um die Sonne einmal zu umlaufen. Für jedes Jahr ergab sich ein bestimmter Korrekturbetrag, der durch die Stellung der Skalen zueinander berücksichtigt wurde. Der Gelehrte maß nach: Die beiden Skalen waren um 13½ Grad gegeneinander verschoben. Das ist der Korrekturwert für das Jahr 80 v. Chr.! In jenem Jahr mußte die Sternenuhr zum letztenmal benützt worden sein.

Im Jahr 80 v. Chr. hatte zum letztenmal ein antiker Astronom die Uhr zur Hand genommen. Dann war sie mit dem an der Felsküste von Antikythera gescheiterten Schiff versunken, und die Jahrtausende hatten ihre Räder keinen Zoll weiter gerückt.

Die Eroberung der Unterwasserwelt

Die Archäologen hatten dem Mittelmeer bei Antikythera und Mahdia reichere Funde an Kunstschätzen entrissen als dem Erdboden in jahrzehntelangen Ausgrabungen. Und die beiden Wracks waren nicht die ersten Funde auf dem Meeresgrund. Nur hatte man in früheren Jahren der Tatsache, daß eine Plastik aus dem Meer gefischt wurde, wenig Aufmerksamkeit geschenkt und keine weiteren Schlüsse daraus gezogen. So hatten schon im Jahr 1832 Fischer vor der Küste der Toskana, bei Piombino im Golf von Baretti, einen bronzenen Apollo gefunden.

In der Nähe des Fundortes stand einst die antike Stadt Populonium. Der Gott, der heute im Louvre in Paris steht, war im Fischernetz hängengeblieben. Bis vor einigen Jahren, als bei Baggerarbeiten am Piräus eine Gruppe großartiger Bronzestatuen entdeckt wurde, war er das einzige Bronzeoriginal aus der archaischen Periode der griechischen Kunst (vor 480 v. Chr.).

Bei den Beschreibungen eines Bronzetorsos und mehrerer Porträts, die schon im 18. Jahrhundert entdeckt worden waren – zwei von ihnen zeigen Homer und Sophokles –, stand in den Fachbüchern ebenfalls vermerkt: »Im Meer gefunden.« Sie waren bei Livorno aus den Fluten des Mittelmeeres aufgetaucht. Auch der »Zeus von Liwadhostro« war im Jahr 1899 im Golf von Korinth aus dem Meer geborgen worden.

Sicherlich haben viele der Meerestiefe abgerungene Plastiken ein trauriges Ende gefunden: Fischer verkauften die beschädigten Kunstwerke, die Fachleute hätten restaurieren können, an Altmetallhändler, die sie einschmolzen. Welche Schätze auf diese Weise verlorengegangen sind,

Bronzestatue des Apollo von Piombino

kann man nur ahnen. Es müssen viele gewesen sein, denn zahlreiche Ausgrabungsfunde haben das gleiche Schicksal erlitten, bis sich vor kaum hundert Jahren auch in entlegenen Dörfern die Kunde von der Arbeit der Archäologen und dem Wert der antiken Kunstwerke ausbreitete. Das Mittelmeer ist eine Schatzkammer. Doch wie sollten die Forscher in ihre Tiefen eindringen?

Noch war das Meer für den Menschen eine geheimnisvolle, feindselige Welt voll drohender Gefahren. Nur geübte Schwammtaucher und wenige Tauchexperten aus nördlichen Ländern wagten in sie einzudringen. Sie glichen dabei in ihrer Ausrüstung schwer gepanzerten Rittern des Mittelalters, wenn sie sich unbeholfen und schwerfällig auf dem Meeresgrund vorwärts bewegten.

Sie trugen unbequeme, wasserdichte Anzüge und große Messinghelme. Ihr Leben hing an dem dünnen Luftschlauch, der sie mit dem Taucherschiff verband. Dieser mündete in eine Handpumpe, mit der ein Mann unermüdlich Luft in die Tiefe pumpen mußte. Versagte einmal das Gerät, war es um das Leben des Tauchers in der Tiefe geschehen.

Der Beruf des Tauchers erforderte wagemutige Männer mit stählernen Nerven. Die heftigen Wellen eines rasch aufkommenden Sturmes konnten den Luftschlauch knikken, manchmal blieb er auch an den Klippen oder an Wrackteilen hängen, und der Luftstrom in dem Helm des Tauchers brach ab. War der Schlauch nur für einen Augenblick abgeknickt, konnte der Mann nach ein, zwei quälenden Minuten, sobald sich der Schlauch gelöst hatte, wieder Luft saugen. Zerfetzte freilich einmal eine scharfe Klippe den Schlauch, gab es für den Taucher keine Rettung mehr. Statt mit Luft füllten sich dann Helm und Lungen mit Wasser.

In ihren schweren Bleischuhen kämpften sich die Helmtaucher mühsam durch den Schlamm, immer darauf achtend, daß dem empfindlichen Luftschlauch nichts geschah. Ohne diese Bleischuhe hätten sie nicht gehen können: Die Schuhe preßten die Füße der Männer auf den Grund und verhinderten, daß die Taucher von Strömungen davongetragen wurden; denn unter Wasser ist der menschliche Körper leicht wie eine Flaumfeder.

Zweimal eine Viertelstunde Arbeit auf dem Meeresgrund in vierzig Meter Tiefe, das war eine recht gute Tagesleistung für einen Helmtaucher vor dem Ersten Weltkrieg. Die Arbeit in der Meerestiefe verschlang geradezu die Kräfte der Männer.

Aber was bedeutet schon eine Viertelstunde, wenn es gilt, eine Arbeit zu leisten, wie sie bei Mahdia vollbracht wurde – oder bei Antikythera, wo die noch größere Tiefe die mögliche Tauchzeit um ein Weiteres verringert hatte! Selbst im klaren Wasser des Mittelmeeres reicht der Blick des Tauchers nicht weiter als zwei, drei Dutzend Meter; darüber hinaus herrscht düsteres Blaugrün.

Die Archäologen mußten vorerst darauf verzichten, die »Schatzkammer Mittelmeer« systematisch weiter erkunden zu lassen. Es gab wohl »fundverdächtige« Gebiete wie den Golf von Korinth, wo im Jahr 375 v. Chr. die Städte Helike und Bura versunken waren oder bekannte Schauplätze antiker Seeschlachten. Doch die Wissenschaft hat selten ausreichend Geld für ihre Arbeit, und so war an einen Masseneinsatz von Tauchern nicht zu denken.

Überdies mußte jeder Erfolg unter Wasser mit schweren gesundheitlichen Opfern, manchmal sogar mit Menschenleben erkauft werden. Die geheimnisvolle Taucherkrankheit bedrohte die Männer, die mit Gummianzug und Helm in die Tiefe stiegen. Wie ein heimlich wucherndes Krebsgeschwür nahm sie langsam von den Körpern der griechischen und türkischen Schwammtaucher Besitz. Hatte einer Glück, so stellten sich erst nach zwei Jahrzehnten unermüdlicher Arbeit Schmerzen in den Gelenken und Gliedern ein. Bis dann die ersten Lähmungserscheinungen an Armen und Beinen auftraten, hatte ein Taucher bereits so viel zusammengespart, daß er von seinem kleinen Vermögen und dem Ertrag seines kargen Bodens leben konnte. Oder sein Sohn setzte die selbstmörderische Arbeit fort und unterstützte den Vater. Die Taucherkrankheit überfiel die Männer aber auch manchmal ganz plötzlich, lähmte ihre Glieder, oft den ganzen Körper, oder sie fanden auf der Stelle den Tod.

Die Mediziner nennen dieses Leiden, das auch heute noch Froschmännern zu schaffen macht, »Caissonkrankheit«, weil sie zum erstenmal an Arbeitern, die an dem Bau der New Yorker Brooklynbrücke in Caissons arbeiteten, wissenschaftlich beobachtet wurde. Die Caissons waren große Kästen, die man auf den Grund der Gewässer senkte. Von oben wurde unter hohem Druck Luft hineingepumpt. Dieser Druck war nötig, um das Wasser aus den Kästen zu treiben und sie trocken zu halten. Auch der Taucher auf dem Meeresgrund atmet Luft unter hohem Druck, der genau dem mit zunehmender Tiefe ansteigenden Wasserdruck entsprechen muß. Erhielte der Taucher die Atemluft unter einem Druck, der den normalen Druckverhältnissen an der Oberfläche entspricht, würde der Wasserdruck seinen Brustkorb zusammenquetschen, wie der Luftdruck ein Gefäß aus dünnem Glas zerdrückt, in dem ein Vakuum geschaffen wurde. Luft enthält jedoch mehr als drei Viertel Stickstoff, von dem das Blut bei der Atmung um so mehr aufnimmt, je höher der Druck ist, unter dem die Luft steht. Das Blut trägt den Stickstoff in den ganzen Körper, in die Zellen des Körpergewebes, die nun viel mehr von dem Gas aufnehmen, als dies bei normalem Luftdruck der Fall wäre.

Als die Schätze von Antikythera und Mahdia gehoben wurden, war die Medizin gerade dabei, diese Probleme zu erforschen.

Die Wissenschaftler stellten fest: Wenn ein Taucher sehr langsam an die Oberfläche zurückkehrt, hat sein Blut Zeit, den angereicherten Stickstoff allmählich wieder aus dem Körper zu schaffen. Sie schlossen daraus: Je tiefer ein Taucher im Meer war und je länger er auf dem Grund gearbeitet hat, um so länger muß er sich beim Auftauchen Zeit lassen. Es gelang schließlich sogar, genaue Tabellen für die Auftauchzeiten aufzustellen. An die Werte solcher »Dekompressionstabellen« halten sich heute die Froschmänner, soweit nicht ein Unfall rasches Auftauchen erfordert.

Die Schwammtaucher der damaligen Zeit aber wußten von den Ursachen der Taucherkrankheit nichts, und es verging noch viel Zeit, bis die wichtige Kunde in ihre Dörfer vordrang, das nötige Wissen sich verbreitete, wo oft heute noch kaum jemand lesen und schreiben kann. Die Erfahrung lehrte sie zwar, langsam aufzutauchen. Aber oft kehrten sie – vor allem, wenn sie im Arbeitseifer zu lange unten geblieben waren – doch zu schnell an die Oberfläche zurück. Dann dehnte sich der unter dem hohen Druck in der Tiefe im Übermaß aufgenommene Stick-

Der Jüngling von Marathon

stoff in den Körperzellen aus. Stickstoffblasen perlten in Gewebs- und Blutflüssigkeit und brachten sie zum Schäumen – wie die Kohlensäure den Sekt, wenn eine Flasche entkorkt wird, und der plötzlich freigewordene Überdruck entweichen kann. Verläuft die Taucherkrankheit milde, stellt sich durch den entweichenden Stickstoff nur ein Jucken der Haut ein. Gefährlich aber wirken sich

Stickstoffblasen in der Gelenksflüssigkeit und im Knochenmark aus. In schweren Fällen ist der Taucher kaum eine Stunde, nachdem er die Oberfläche erreicht hat, gelähmt, manchmal aber bereits tot.

So standen die Archäologen am Rande der »Schatzkammer Mittelmeer« und konnten einstweilen nicht mehr als hoffen, daß ihnen der Zufall weiterhelfen und sie zu Schätzen führen werde, die man nicht mehr in langwieriger Suche aufspüren mußte, sondern gleich heben konnte. Aber sie hatten gute Gründe für ihre Hoffnungen. Als die beiden wiedergefundenen Schiffe versunken waren, waren vor ihnen schon Tausende entlang der Küsten des Mittelmeeres gesegelt und gerudert, spätestens vom Beginn des dritten vorchristlichen Jahrtausends an.

Zahllose Schiffe hatten im Römerreich dem Seehandel oder als Kriegsfahrzeuge gedient. Und nach dem Untergang Westroms hatten die Goten und Vandalen, Byzanz und die Araber die Seeherrschaft im Mittelmeer an sich gerissen. Hunderte, wenn nicht Tausende von Schiffen müssen an seinen Küsten gescheitert sein. Sicherlich war nur ein geringer Teil der untergegangenen Schiffe mit Kunstschätzen beladen gewesen. Doch auch dieser kleine Teil umfaßt noch ganze Flotten. In vielen Kriegen hatten die Sieger die Kunstwerke der Besiegten fortgeschleppt. Die Römer hatten nach der Eroberung Griechenlands ganze Villen und Tempel abtragen und wegschaffen lassen. Geschäftstüchtige Händler hatten Gewinnchancen gewittert und Kunstwerke, kostbare Möbel und Bauteile in großen Mengen nach Rom exportiert.

Doch wie viele Segler mögen Ostia, den Hafen Roms, nicht erreicht haben?

Die Hoffnungen der Gelehrten und der an archäologischer Forschung und antiker Kunst interessierten Laien wurden nicht enttäuscht. Im Jahr 1923 tauchte ein weiterer bedeutender Fund auf. In der Bucht von Marathon entdeckte man einen bronzenen Jüngling, eine kostbare Statue, die zu den wenigen erhaltenen Bronzeoriginalen des fünften bis dritten Jh. v. Chr. zählt. Viele Kunsthistoriker halten den Jüngling für ein Original aus der Werkstatt des großen Praxiteles, von dessen Arbeiten sonst nur mehr Marmorkopien aus späterer Zeit erhalten geblieben sind.

Drei Jahrzehnte später wurde dem Meer wieder eine Beute abgejagt, die kostbarste, die es bis jetzt hat preisgeben müssen. Wieder waren die Finder einfache griechische Schwammtaucher. Bei seiner Arbeit auf dem Meeresgrund vor dem Kap Artemision, im Norden der Insel Euböa, sah einer von ihnen einen Bronzearm aus dem Sand ragen. Von weiteren Teilen einer Statue war nichts zu sehen. Der Fischer brachte das Bronzefragment zu Professor Georg Karo ins Deutsche Archäologische Institut von Athen. Karo erkannte, daß der Arm zu einem großen Kunstwerk gehören müsse, und setzte sich sofort für eine Expedition zum Kap Artemision ein. Dort mußten im Schlamm noch weitere Reste der Statue begraben liegen.

Professor Karo bewegte den griechischen Kunstfreund Alexander Benakis, einige tausend Drachmen für eine Expedition zu stiften, und überredete die griechische Regierung dazu, Schiffe der Kriegsmarine zur Verfügung zu stellen. Die Taucher stiegen wieder beim Kap Artemision auf den Meeresgrund und knüpften nach mehrtägiger Suche die Bergetaue um eine mächtige Götterstatue.

Diese Statue stellt den Himmelsherrscher Zeus oder Poseidon, den Gott des Meeres, dar. Der bronzene Gott steht aufrecht, überlebensgroß, und schleudert in strafendem Zorn seinen – verlorengegangenen – Donnerkeil oder Dreizack. Der Gott ist nackt und trägt keinen Schmuck; nur ein schmales Band hält sein Haupthaar. Doch seine erhabene Haltung zeigt einen sich mit elementarer Macht offenbarenden Gott, dem selbst der strafende Zorn nichts von seiner majestätisch überlegenen Haltung und Ruhe nimmt.

Der Gott vom Kap Artemision gilt als das größte Kunstwerk, das wir heute aus der Antike besitzen. Einer der bedeutendsten griechischen Bildhauer – wer, das wissen wir nicht – hat die Statue im Goldenen Zeitalter Griechenlands aus Erz geformt, als Sinnbild eines mächtigen Gottes und zugleich des freien griechischen Bürgers.

Hellas hatte das philosophische Denken geboren, und freie griechische Bürger hatten in den Perserkriegen orientalische Massenheere besiegt und die Polis, die Gemein-

Götterstatue vom Kap Artemision

schaft der Freien, soeben erfolgreich gegen den Untertanenstaat verteidigt, als der Gott vom Kap Artemision um 460 v. Chr. die Erzgießerwerkstatt verlassen hatte.

Die Plastik hat die beiden letzten Jahrtausende auf dem Meeresgrund gut überstanden. Geschickten Restauratoren bereitete es wenig Mühe, die Bronzeoberfläche von Verkrustungen zu befreien und die beiden abgebrochenen Arme wieder anzubringen.

Die Figur wurde zu den Schätzen des Griechischen Nationalmuseums nach Athen gebracht. Ein Abguß der Statue steht als Geschenk Griechenlands in der Haupthalle des UN-Gebäudes in New York und erinnert daran, was die Menschheit der griechischen Antike verdankt.

Die nächsten Jahre brachten die Entdeckung einer ganzen Schiffsladung marmorner Reliefs, die im zweiten Jh. v. Chr. mit einem brennenden Schiff im Piräus versunken waren – und das bis jetzt wohl gigantischste Unternehmen in der Geschichte der Unterwasserarchäologie.

Die Vorgeschichte der bisher wohl aufwendigsten archäologischen Unterwasserforschung reicht bis ins fünfzehnte Jahrhundert zurück. Damals war dem römischen Kardinal Colonna zu Ohren gekommen, im Nemisee, einem kleinen Kratersee in den Albanerbergen südöstlich von Rom, lägen zwei geheimnisvolle Schiffe. Es war die Zeit der Renaissance. Die gebildete Welt Europas hatte die Kultur der Antike wiederentdeckt und begeisterte sich für die Kunst der Griechen und Römer. Die »Legende« von den versunkenen Schiffen reizte das archäologische Interesse des Kardinals. 1446 beauftragte er den Architekten Leon Battista Alberti mit Nachforschungen. Alberti ließ Schwimmtaucher aus Genua kommen und fand tatsächlich zwei Schiffe, eines davon über siebzig, das andere fast achtzig Meter lang. In zwanzig Meter Tiefe ruhten sie auf dem Seegrund. Alberti ließ nun ein Floß aus leeren Fässern bauen und versuchte eine Hebung der Schiffsrümpfe mit Haken und Seilen. Vergeblich. Entweder rissen die Seile, oder es gelangten nur losgebrochene Holzplanken an die Oberfläche. Nur den Torso einer großen römischen Statue konnte Alberti erbeuten.

Immer wieder lockten die Schiffe im Nemisee Abenteuerer und Techniker an. 1535 stieg der Italiener Francesco Demarchi mit einem der ersten Tauchanzüge der Welt auf den Grund des Nemisees. Seinen Kopf schützte ein hölzerner Helm mit einer kleinen eingelassenen Glasscheibe. Und Demarchi sah die Schiffe, ihre Decks und Aufbauten, ihre wertvollen Verzierungen und riesigen Ruder. Aber Demarchi sah auch gleich, daß die technischen Mittel seiner Zeit für eine Bergung nicht ausreichten.

1827 brachte der Hydraulikingenieur Annesio Fusconi eine riesige Taucherglocke, in der acht Personen Platz hatten, über den Wracks in Stellung. Von der Arbeitsplattform aus verfolgten Wissenschaftler, Diplomaten, Adel und Vertreter des Vatikans die Forschungsarbeiten. Doch Fusconi konnte lediglich Bruchstücke heben. Sie ließen erkennen, daß die versunkenen Barken außerordentlich prunkvoll und kostbar ausgestattet waren. Die Gelehrten stöberten nun in alten Schriften und fanden Hinweise auf zwei Prunkbarken des Kaisers Caligula, der vom Jahre 37 bis 41 n. Chr. geherrscht und auf seinen Schiffen im Nemisee prächtige Feste hatte feiern lassen. Doch die Wissenschaftler mußten einsehen, daß an eine Hebung der Schiffe nicht zu denken war. Es hätte gegen Ende des letzten Jahrhunderts geübten Marinetauchern zwar keine Mühe bereitet, in zwanzig Meter Tiefe zu arbeiten, aber zweitausend Jahre alte Schiffsrümpfe kann man nicht einfach mit Seilen umwickeln und heraufziehen. Die geborgenen Holzplanken der Schiffe hatten zwar ihre ursprüngliche Form bewahrt, doch sie besaßen nur mehr einen Bruchteil ihrer früheren Festigkeit. Beim ersten Anspannen der Hebeseile wären die Rümpfe in Stücke zerbrochen. Jahrzehnte vergingen, und die Schiffe im Nemisee waren fast wieder in Vergessenheit geraten, als der italienische Diktator Benito Mussolini davon erfuhr.

Mussolini träumte davon, das Imperium Romanum wieder zu errichten, und widmete der Pflege antiker Monumente große Aufmerksamkeit. Noch hatten die Wissenschaftler nur ungefähre Vorstellungen vom Aussehen der Schiffe, auf denen römische Legionäre ausgefahren waren, um das Mittelmeer zu einem »mare nostrum« Roms zu machen. Mussolini beschloß deshalb: Die Schiffe im Nemisee müssen gehoben werden, koste es, was es wolle.

Er befahl kurzerhand, den Nemisee auszupumpen. Im Jahr 1930 war es soweit. Der Seespiegel senkte sich immer tiefer, bis schließlich das Wasser die Schiffe freigab. Auf dem Seegrund lagen zwei riesige Prunkbarken. Ihre Rümpfe waren noch gut erhalten, nur die Aufbauten hatten die Zeiten nicht überdauert. 1932 lagen die Schiffe vollkommen im Trockenen.

Die italienische Regierung ließ die Schiffe in ein eigens dafür am Ufer des Kratersees errichtetes Museum bringen, wo sich bald Archäologen aus aller Welt einfanden. Die Funde im Nemisee enthüllten zum erstenmal einige Einzelheiten der Geheimnisse römischer Schiffsbautechnik. Fachleute bewunderten besonders die Beplankung der Fahrzeuge: Ihre römischen Erbauer hatten die Planken kunstvoll miteinander verzapft. Darüber lag eine Schicht von Wollfasern, imprägniert mit Teer und überdeckt von einer dünnen Bleihaut! Imprägnierung und Bleihaut bedeuteten einen wirksamen Schutz des Holzes gegen Algen, Muscheln und Schiffswürmer. Doch eine so hochentwickelte Schiffsbautechnik hätten die Gelehrten ohne die Funde im Nemisee nicht einmal den Römern zugetraut.

Staunen erregte auch die Ausstattung der Schiffe. Ihre Decks aus Eichenbohlen waren mit Mosaiken und Marmor gepflastert, ihre Räume mit Bronze- und Marmorsäulen verziert. Es gab verschwenderisch ausgestattete Kabinen und heiße Bäder an Bord. Die Prunkbarken waren ohne Zweifel für den Kaiser errichtet worden. Auch die an Bord gefundenen Gegenstände stammten eindeutig aus der Zeit Caligulas oder seines Nachfolgers Claudius.

Aber die Wissenschaftler sollten sich nicht lange freuen. Die beiden Prunkbarken verbrannten im Zweiten Weltkrieg.

Am Nemisee sind jedoch heute wieder vierzehn Meter lange Modelle der Barken zu sehen, die Fachleute der italienischen Kriegsmarine nach geretteten Zeichnungen und Photographien gezimmert haben.

Das »Unternehmen Nemisee« hatte allerdings für den Fortschritt der Archäologie unter Wasser wenig Bedeutung. Es blieb ohne Nachfolge, denn bei aller Begeisterung für die Wissenschaft hatten sich dabei nicht einmal die Archäologen wohl gefühlt. Der finanzielle Aufwand war nämlich ungeheuer gewesen. Das konnte sich nur ein Diktator leisten, der niemand Rechenschaft über die Verwendung der Steuergelder ablegen mußte. Für Bergungen aus dem Meer konnte man das Verfahren zudem gar nicht anwenden.

Doch schon waren einige Franzosen dabei, die Waffen zu schmieden, mit denen sie die Tiefe bezwingen wollten. Zu Beginn der dreißiger Jahre konnten die Urlauber an der Côte d'Azur manchmal über einen Mann lachen, der in Flossenschuhen wie eine Ente über den Strand watschelte und damit im Meer paddelte. Louis de Corlieu hieß der Mann mit den komischen Flossen an den Füßen. Eine Kommission der französischen Kriegsmarine, der er seine Erfindung im Jahr 1933 vorführte, fand sie allerdings nicht komisch, sondern großartig. De Corlieu zeigte den Offizieren nämlich, daß ein Nackttaucher, der nur mit dem Luftvorrat, den seine Lungen fassen, auf den Grund taucht, sich mit solchen Flossen viel schneller und gewandter bewegen kann. Er kann die wenigen Minuten Tauchzeit, die sein knapper Luftvorrat erlaubt, viel besser zur Arbeit nützen und hat überdies noch die Hände frei, denn rascher Flossenschlag mit den Beinen genügt als Antrieb für den Taucher.

Etwa zur selben Zeit wurden Tauchmasken bekannt. Sie schützten die Augen der Taucher vor dem beißenden Salzwasser des Meeres und gewährten klare, unverzerrte Sicht unter Wasser. Atemrohre vervollständigten die Ausrüstung der ersten Tauchpioniere. Sie konnten nun ganze Buchten abschwimmen und von der Oberfläche aus den Grund beobachten, ohne immer wieder den Kopf zum Atemholen aus dem Wasser heben zu müssen. Der Froschmann war geboren. Einem Meerestier gleich zog er durch die Fluten, stieß blitzschnell auf den Grund, in Tiefen von zwanzig Meter und mehr – aber leider nur für zwei, drei Minuten.

Die jungen Franzosen Jacques-Yves Cousteau, Frédéric Dumas und Philippe Taillez arbeiteten deshalb fieberhaft an der Entwicklung einer »künstlichen Lunge«, eines Gerätes, das dem Menschen erlauben sollte, wenigstens eine oder eine halbe Stunde frei durch die schweigende Welt des Meeres zu schweben, unbehindert von Luftschläuchen, die ihn an ein Taucherboot banden.

Zahllose Erfinder hatten sich seit den Tagen des großen Malers und Erfinders Leonardo da Vincis (1453–1519) mit den Problemen des Tauchens beschäftigt. Die drei Männer studierten alle diese Konstruktionen: Keine davon konnte den Menschen auch nur für kurze Zeit unabhängig von der Welt über dem Wasser machen.

Cousteau versuchte es mit dem Sauerstoffatemgerät, das der Wiener Hans Hass für erfolgreiche, aufsehenerregende Vorstöße in die Meereswelt benützte und das Marinefroschmännern gute Dienste erwies. Er gab seine Experimente rasch auf, als er sich zum zweitenmal eine Sauerstoffvergiftung zuzog. Sauerstoffgeräte liefern den Lungen des Tauchers reinen Sauerstoff, den der Körper unter hohem Druck – ab zwölf Meter Tiefe etwa – nicht mehr verträgt.

Schließlich fuhr Cousteau nach Paris und suchte nach

einem Ingenieur, der ihm ein brauchbares Atemgerät bauen könnte. Der Zufall führte ihn mit Emile Gagnan zusammen, einem geschickten Ingenieur und Erfinder. Im Juni des Jahres 1943 war das Gerät fertig, das der Schlüssel zur Schweigenden Welt werden sollte: die »Aqualunge«. Der Froschmann trug nun kleine, mit Preßluft gefüllte Stahlflaschen auf dem Rücken. Da sich Luft unter hohem Druck auf kleinsten Raum zusammenpressen läßt, wurden die Luftflaschen der Aqualunge mit Luft gefüllt, die unter einem Druck von 150 oder 200 Atmosphären stand. Sie konnten genügend Luftvorrat für einen längeren Aufenthalt unter Wasser fassen. Ein von Gagnan konstruiertes Ventil setzte den Druck der Atemluft so weit herab, daß er genau dem außen herrschenden Wasserdruck entsprach. Über einen Gummischlauch erhielt der Taucher dadurch immer genügend Luft mit dem nötigen Druck. Die verbrauchte, ausgeatmete Luft aber strömte über ein Auslaßventil ins freie Wasser und stieg in kleinen, weißen Perlen zur Wasseroberfläche. Gagnan faßte das ganze Ventilsystem in einer kleinen Box, dem »Lungenautomaten«, zusammen.

Die Erfindung von Cousteau und Gagnan wurde zur Grundlage für die Preßluftatemgeräte, mit denen heute Zehntausende von Sporttauchern durch alle Meere, Seen und Flüsse streifen.

Nun konnte die Eroberung der Schweigenden Welt beginnen, und damit die Jagd nach den versunkenen archäologischen Schätzen.

Bereits bei ihren ersten Streifzügen mit der Aqualunge entdeckten die Tauchpioniere Tonscherben und manchmal auch gut erhaltene Amphoren, antike Krüge. Das waren zunächst keine aufsehenerregenden Entdeckungen, denn die Mittelmeerfischer und Schwammtaucher hatten schon früher immer wieder Tonscherben und ganze Krüge auf dem Meeresgrund gefunden. Die Scherben hatten sie meist kurzerhand wieder ins Wasser geworfen, ganze Krüge aber manchmal mitgenommen, weil sie sich gut zur Aufbewahrung von Trinkwasser, Wein, Fischen und Öl eigneten.

Niemand maß dem Tonzeug viel Bedeutung bei. Amphoren hatten in der Antike die Aufgabe unserer heutigen Kisten, Fässer und Kartons erfüllt. Die alten Mittelmeervölker hatten darin Wein, Öl, Honig, gepökeltes Fleisch und viele andere Handelsgüter aufbewahrt und sie in den großen Krügen auch auf Schiffe verladen. Vielleicht waren die auf dem Meeresgrund gefundenen Amphoren einst von Schiffen ins Meer gefallen? Sicherlich hatten Griechen und Römer beschädigtes Tonzeug ebenso ins Wasser geworfen, wie es heute mit alten Flaschen geschieht. Auch Cousteau, Dumas, Taillez und ihre Freunde, die ihnen bald in die Schweigende Welt folgten, machten zunächst wenig Aufhebens von ihren Funden.

Doch am 8. August des Jahres 1948 machte Henri Broussard, der Vorsitzende des »Club Alpin Sous-Marin« von Cannes, eine merkwürdige Entdeckung. Er stieß bei Anthéor an der Côte d'Azur auf einen ganzen Berg von Amphoren. In weitem Umkreis lagen in achtzehn Meter Meerestiefe Scherben verstreut – zahllose Amphoren steckten aufrecht, fest und unzerbrochen im Sand, wie von Menschenhand in Reihen geschichtet. Eine genaue Untersuchung ergab bald, daß bei Anthéor ein antikes Frachtschiff versunken war. Aber bevor noch die Untergangsstelle genau erforscht war, hatten rücksichtslose Andenkenjäger mit Froschmannausrüstung den Fundort bereits verwüstet, die gut erhaltenen Amphoren weggeschleppt und einen wirren Scherbenhaufen hinterlassen.

Aber bald folgten weitere Fundmeldungen, die denen von Anthéor glichen. Das inzwischen berühmt gewordene Wrack von Grand Congloué wurde entdeckt. Froschmänner waren dort auf eine Stelle gestoßen, an der sich vor mehr als zweitausend Jahren eine Schiffskatastrophe ereignet hatte, die Taucher und Archäologen aus den Funden rekonstruieren konnten.

Das Schiff des Marcus Sestius

Ein gutes Dutzend Seemeilen, bevor der Liniendampfer von Genua in den Hafen von Marseille einläuft, taucht auf der Steuerbordseite das kahle, zerklüftete Bergmassiv von Marseilleveyre auf. Eine Inselkette verläuft parallel zu seinen schroffen Höhen; es sind öde, felsige Inseln, unwirtlich wie das Gebirge. Der Mistral umtost sie – die Inseln Maire, Jarres, Calserange und Riou –, und die Brandung gischtet gegen ihre scharfen Klippen. Sturm und Brandung haben auch das Gestein des Felsens Grand Congloué, der östlichsten der kleineren Inseln dieser Kette, zerfressen und zerspalten; Sturm und Brandung hatten diesen Felsen schon umtost, als Ägypten die Pyramiden noch nicht kannte, und sie hatten getobt, als im zweiten Jh. v. Chr. Kapitän Parmenides in diese unheilvolle Gegend gesegelt war.

»In den Hades mit Marcus Sestius! Alle Furien sollen diesen Schurken hetzen!« Parmenides stand auf dem Achterdeck seines schweren Schiffes und stieß gegen seinen Herrn alle Flüche und Verwünschungen aus, die er in seinem langen Seemannsleben gelernt hatte. Doch allen Flüchen und Gebeten zum Trotz, stand nicht der geldgierige Händler Sestius an der Schwelle zur Unterwelt, sondern Parmenides, sein erfahrenster Kapitän.

Schwer schlingerte das mächtige Schiff in der kochenden See. Längst hatte Parmenides die Segel reffen lassen. Doch der Sturm trieb das große Schiff vor sich her wie ein Stück Kork. Parmenides' stärkste Matrosen hingen an den Rudern und vermochten die *Delphin* dennoch kaum zu steuern. Mit schmerzenden Augen versuchte der Grieche, die dichte Wand zu durchdringen, die der prasselnde Regen um sein Schiff aufrichtete. Wo waren sie? Er wußte es nicht. Seit Stunden schon peitschte der Regen Meer und Schiff. Er verwehrte jede Sicht auf die nahe

Küste. Der Winter war hereingebrochen, noch bevor die *Delphin* in Massilia Schutz suchen konnte – wie Parmenides es geahnt hatte.

Er hatte den Römer davor gewarnt, ihn noch so spät auf die Reise zu schicken. Er hatte ihm vorgerechnet, wie viele Tage die Fahrt über die Ionische See, zwischen Scylla und Charybdis hindurch nach Latium und von dort weiter nach Massilia dauern würde. Dazu kamen noch die Tage, die das Verladen von einigen tausend Krügen italischen Weins und kampanischen Geschirrs benötigte. Denn alles das sollte noch über die bereits verstauten Amphoren gestapelt werden.

Doch Sestius hatte auf seinem Entschluß beharrt. Der römische Händler brauchte das Geld, das die Ladung der *Delphin* bringen würde. Er hatte sich nämlich erst vor wenigen Jahren auf der griechischen Insel Delos niedergelassen, vor kurzem für viele Beutel voll mit Silberdrachmen seine Handelsflotte vergrößert und mit dem Bau einer prächtigen Villa beginnen lassen. Es störte diesen reichen und eigensinnigen Römer wenig, daß man um diese Jahreszeit nach altem Seefahrerbrauch nicht mehr nach Massilia, dem heutigen Marseille, fuhr. Der Händler verstand nicht viel vom Seewesen, für ihn zählte ein Schiff nur als Mittel zum Geldverdienen. Parmenides aber kannte das Ligurische Meer von vielen Fahrten. Er wußte, wie gefährlich es werden konnte, wenn Sturm und Regen die letzten sonnigen Herbsttage ablösten. Er wäre auch nicht gesegelt, hätte nicht Sestius gedroht, Kritias zu senden. Dieser ehrgeizige junge Phönizier befehligte Sestius' zweitgrößtes Schiff, das der *Delphin* an Stattlichkeit wenig nachstand, und er schielte auf Parmenides' Posten. So hatte der Grieche dem Apollo von Delos ein großes Opfer gebracht, dem Meeresgott Poseidon wertvolle Gaben gespendet und alle Götter um eine glückliche Fahrt angefleht.

Die Götter hatten seinem Schiff eine gute Reise geschenkt, bis vor wenigen Stunden ein Unwetter hereingebrochen war. Dieses Unwetter war zur ungünstigsten Zeit gekommen, denn nun mußte bald die Inselkette vor Marseilleveyre auftauchen. Er kannte ihre schroffen, drohenden Klippen und verfluchte den Regen, der ihm jede Sicht nahm.

Dann kam die Nacht, rasch und ohne Ankündigung. Die Finsternis verschluckte das Licht der Öllaternen der *Delphin* wenige Fuß außerhalb des Schiffes. Plötzlich tauchte eine Felswand aus dem Dunkel, fahlweiß, drohend aufragend. Kapitän Parmenides brüllte den Männern an den Rudern einen Befehl zu. Zu spät! Der Bug der *Delphin* zerbarst an den scharfen Klippen. Das schwere Schiff fiel zurück. Eine Woge schleuderte es noch einmal gegen den Fels, dann fiel es wieder zurück, doch viel langsamer, schwerfälliger. Es tauchte tiefer ein in die Flut, die Wellen klatschten über dem Deck zusammen, dann verschwand auch der Mast.

Das Schiff riß Kapitän Parmenides und seine Männer mit in die tödliche Tiefe. Das Meer erstickte ihre Schreie. Nur ein Matrose war beim ersten Aufprall der *Delphin* blitzschnell vom Bug auf die Klippen gesprungen. Eine Woge schleuderte ihn noch höher ins Geklüft. Als ihn die nächste wieder hinwegspülen wollte, war er schon die Wand emporgekrochen. An einer geschützten Stelle blieb er liegen, zerschunden und zerschlagen, bis das Unwetter abflaute und ihn ein gallischer Küstenfischer auflas und nach Massilia brachte.

In Massilia ließ sich Sestius' Generalvertreter von dem Geretteten den Hergang des Unglücks erzählen. Ein Schreiber kritzelte fleißig auf einer Papyrusrolle mit. Der Kapitän einer leichten Kriegsgaleere, die auch im Winter fuhr, brachte das Protokoll zusammen mit einem Brief von Sestius' Generalvertreter nach Griechenland. Nach mehreren Wochen traf die Botschaft auf Delos ein, und Marcus Sestius erfuhr, daß ihm von der stolzen *Delphin* und seiner wertvollen Ladung kein Nagel geblieben war. Marcus Sestius war bankrott. Versicherungen gab es damals noch nicht. Noch am selben Tag stellten die Handwerker die Arbeit an seiner neuen Villa ein. Sie wurde nie mehr vollendet.

In den Hafenkneipen von Massilia sprach man nur noch kurze Zeit von dem Unglück; derartige Schiffsuntergänge kamen damals häufig vor.

In Delos bildeten Marcus Sestius, sein verunglücktes Schiff und sein Bankrott noch einige Zeit ein Thema für den Gesellschaftsklatsch. In den Hafenkneipen von Delos redete man am längsten davon. Die Seeleute wunderten sich, wie der reiche Römer sein bestes Schiff so leichtfertig hatte aufs Spiel setzen können.

Aber als wenige Jahrzehnte später die Römer Griechenland eroberten, hatte man auch auf Delos das Unglück längst vergessen. Ein Fremder wohnte dann in Sestius' unvollendeter Villa. Als Jesus von Nazareth geboren wurde, lag sie schon Jahrzehnte verwüstet, zerschlagen bei den Plünderungen der einst blühenden Insel Delos in den Jahren 88 und 69 v. Chr.

Das versunkene Schiff aber wurde vom Meer erobert, in langsamer, unermüdlicher Kleinarbeit, die Jahrtausende dauern sollte.

Schon während die *Delphin* zum zweitenmal gegen die Klippen geschleudert und von den Wellen überspült worden war, hatte sich das große Segel gelöst und war davongetrieben worden. Winzige Meeresorganismen hatten es in wenigen Wochen zerfressen. Von den Ertrunkenen waren nach mehreren Monaten nur mehr Skelette übriggeblieben, und auch die lösten sich in Nichts auf.

Aber das Schiff hatte sich noch vor dem Sinken gedreht und war aufrecht, mit dem Bug in Richtung Delos, in die Tiefe gefahren, vorbei an den mit Korallen, Gorgonen und Schwämmen übersäten Felswänden. Dreißig, vierzig Meter tief war es gesunken, bevor der Kiel auf den vom Fuß der steilen Felswand sanft ins Meer abfallenden Hang gekracht war. Unter der Last der hohen italienischen Weinkrüge waren die unteren Bordwände des Frachters geborsten. Bauchige Amphoren mit delischem Wein und fein glasiertes kampanisches Geschirr hatten sich aus dem aufgerissenen Schiffsbauch ins freie Wasser ergossen, Krüge waren den Abhang hinuntergekollert. Doch das Deck hatte gehalten. Die schlanken Amphoren aus Italien waren in ordentlichen Reihen stehengeblieben, wie man sie sorgsam geschichtet hatte.

Der mächtige Schiffsrumpf ruhte nun still in fünfunddreißig bis fünfundvierzig Meter Tiefe, das Heck gegen die Felswand gedrückt. Große Felsblöcke schützten ihn vor der Dünung und der turmhoch darüber brausenden Brandung.

Während das Unwetter abgeflaut war, hatten sich bereits die ersten Meeresbewohner an das Wrack herangetastet: vielarmige Tintenfische, Kraken, neugierige

Brassen und Barsche. Sie naschten vom Proviant der ertrunkenen Seeleute und fanden Geschmack am Weizen und Pökelfleisch. In leere Amphoren zogen die ersten Kraken ein. Die Gefäße boten ihnen dunkle, geschützte Schlupfwinkel. Vor den Eingängen der Krüge häuften sie schützende Mauern aus Kiesel, Tonscherben und leeren Muschelschalen auf.

Zahllose Seeigel setzten sich auf den Planken fest und warteten mit gespreizten Stacheln auf vorüberziehende Planktonnahrung. Üppig wuchernde Schwämme, weiße Korallen und rote Gorgonen folgten ihnen auf das Wrack. Mikroorganismen lösten immer mehr der Amphorenverschlüsse. Wieder zogen Kraken in die freigewordenen Krüge. Manchmal waren auch Muränen vor ihnen da, Raubfische mit Schlangengestalt, die in dunklen Ecken ihrer Beute auflauern.

Nach wenigen Jahren hatte die Schweigende Welt das Wrack der *Delphin* mit buntem Leben erfüllt. Es glich nun mehr einem Felsen des Meeresgrundes als einem Schiff. Schiffswürmer fraßen indessen an Planken und Spanten. Eine dünne Bleischicht, mit der die Griechen die Bordwand des Schiffes überzogen hatten, schlug ihren ersten Angriff ab. Dann drangen sie durch Lecks und Luken ein und fraßen die Planken von innen an. Sie nagten an den Masten und Decks. Doch während diese Termiten des Meeres am Werk waren, hüllte der Schlamm das Wrack immer tiefer ein. Die Schlammassen wuchsen unaufhörlich – Jahr für Jahr. Der Regen wusch feinen Kalkstaub vom Felsen Grand Congloué in die Tiefe. Der Staub mischte sich mit zahllosen Muscheln, mit den Überresten von unzähligen Kleinlebewesen, mit zerbrochenen Seeigelgehäusen und Sepiaschalen. Auf dem Meeresgrund wuchs ein weiter, flacher Grabhügel, der das Wrack zudeckte und sein Holz vor den Schiffswürmern schützte. Korallen und Schwämme erstickten im Schlamm. Neue Siedler fanden im weichen Grund keinen festen Halt mehr. Das bunte Leben zog sich auf die Amphoren zurück, die noch aus dem Hügel ragten. Auch sie versanken im Lauf der Jahrtausende tiefer im Schlamm, bis nur mehr ihre Hälse herausragten. Etwas abseits vom Wrack lagen noch Scherben von Krügen, Töpfen, Schüsseln und Tassen verstreut, auch sie wurden von Algen und Schwämmen überzogen und in ihrer Farbe dem Meeresgrund gleich. Oben, in den Felswänden von Grand Congloué, löste sich ab und zu ein durch die Verwitterung gelockerter Gesteinsbrokken, stürzte polternd in die Tiefe, klatschte ins Wasser und schwebte dann sachte, unter Wasser nahezu gewichtslos, zum Grund. Drei Dutzend schwere Steine – einer wog zehn, ein zweiter zwölf Tonnen – fielen leicht wie Korkstücke auf den Grabhügel. Ein fünf Tonnen schwerer Felsbrocken landete so sacht auf einer Amphore, daß das tönerne Gefäß nicht zerbrach.

Noch zwei-, dreihundert Jahre Zeit hätte das Meer gebraucht, dann wäre das Wrack endgültig im Schlamm verschwunden. – Doch zuvor ereignete sich die Tragödie mit Christianini.

Christianini war einer der wagemutigen Männer, die davon lebten, dem Meer entlang der Mittelmeerküsten wieder etwas von der Beute abzujagen, die es dem Menschen geraubt hat. Der Marseiller arbeitete erfolgreich als Bergungstaucher und sammelte nebenbei Langusten, Schwämme und Korallen. Christianini kannte die Küstengewässer östlich von Marseille wie seine Hosentasche. Aber schließlich blieb doch das Meer siegreich im stetigen Kampf des Tauchers mit der Tiefe. Im Oktober 1950 brachte man ihn auf einer Bahre ins Marinehospital von Toulon. Sein Körper war gelähmt. Die Taucherkrankheit hatte ihn überfallen, als er zwei Stunden in fünfunddreißig Meter Tiefe verbracht hatte und dann, ohne die nötigen Dekompressionspausen einzuhalten, rasch zur Oberfläche gestiegen war.

Toulon ist der Sitz der Unterwasserforschungsgruppe der französischen Kriegsmarine. Die Ärzte sind dort auf solche Fälle vorbereitet. Sie steckten Christianini in eine Stahlkammer, in der hoher Druck herrschte. Zwei Tage lang wurde der Druck stetig vermindert, damit Christianinis Körper sich langsam von dem überflüssigen Stickstoff befreien konnte. Christianini blieb am Leben, doch seine Zehen mußten amputiert werden. Er war für Monate ans Bett gefesselt und mußte allmählich erkennen, daß die Lähmung seiner Beine nie mehr vollständig schwinden würde und seine Laufbahn als Taucher zu Ende war.

Frédéric Dumas, der bei der französischen Marine als ziviler Berater für Tauchfragen diente, besuchte Christianini jede Woche im Hospital. Eines Tages vertraute ihm der Marseiller als Dank ein Geheimnis an, das nur er kannte.

Er erzählte Dumas von einer unwahrscheinlich großen Kolonie von prächtigen Langusten auf dem Meeresgrund vor der kleinen Felsinsel Grand Congloué. »Du mußt nach den vielen, alten Krügen Ausschau halten, die dort herumliegen, dann wirst du sie finden«, beschrieb Christianini den Fundort näher.

Die »alten Krüge« ließen Dumas aufhorchen. Als er Christianini weiter darüber befragte, meinte dieser gleichmütig, es seien wohl antike Amphoren. Der Taucher hatte bei seiner Arbeit bereits so viele Amphoren gesehen, daß er davon weiter kein Aufheben machte. Aber Dumas gaben die Amphoren zu denken. War vielleicht bei Grand Congloué ein antikes Schiff versunken? Man müßte den Meeresgrund dort einmal näher erkunden.

Dumas erzählte Cousteau davon. Cousteau befehligte die *Calypso*, ein Schiff der französischen Kriegsmarine, das die Flotte zur ozeanographischen Forschung abkommandiert hatte. Aber an eine Untersuchung des Meeresgrundes bei Grand Congloué war vorerst nicht zu denken. Die *Calypso* wurde bereits für eine Forschungsreise ausgerüstet, die Cousteau, Dumas und eine Reihe anderer Taucher und Wissenschaftler kreuz und quer durchs Rote Meer zu den Bänken von Farsan führen sollte.

Vielleicht wären die Amphoren von Grand Congloué wieder in Vergessenheit geraten, hätten nicht Sporttaucher weitere Amphorenfelder gefunden, während die *Calypso* zwischen Afrika und Arabien kreuzte. Auf diese Fundmeldung hin stach das Schiff im August des Jahres 1952 von Marseille aus zu einer neuerlichen Kreuzfahrt in See.

Außer den französischen Tauchpionieren war Professor Fernand Benoît, der Leiter der Altertumsforschung der Provence und Direktor des Archäologischen Museums von Marseille, an Bord. Die *Calypso* sollte eine ganze Reihe von Fundstellen antiker Krüge anlaufen. Einen der Fundorte – bei der Insel Maire – wollten die Taucher unter Leitung des Professors genau erforschen.

Den dort gehobenen Amphoren nach zu schließen, war bei der Insel ein Schiff aus dem ersten Jh. v. Chr. in vierzig bis fünfzig Meter Tiefe gesunken.

Die Inseln Maire und Grand Congloué liegen nicht weit auseinander. Cousteau, Dumas und Professor Benoît fanden deshalb, es könne nichts schaden, wenn sie sich bei dieser Gelegenheit gleich einmal Christianinis »alte Krüge« ansähen. Sollte man zuerst Maire oder Grand Congloué ansteuern? Die Forschungen bei der Insel Maire konnten lange dauern. Vielleicht bliebe dann keine Zeit mehr, den Felsen Grand Congloué zu besuchen, meinten die Männer. So beschlossen sie, die *Calypso* solle zuerst Kurs auf Grand Congloué nehmen.

Christianinis »alte Krüge«

Nach einer kurzen Kreuzfahrt durch das Inselgewirr tauchte ein in fahlem Weiß leuchtender Felsen aus dem Dunst: Grand Congloué. Langsam lief die *Calypso* in eine fjordartige Durchfahrt ein. Eine knappe halbe Steinwurfweite vor dem von Gischt umbrandeten Steilufer des Ostkaps klatschte der Anker des Forschungsschiffes ins Wasser. Hier, unter den schroff abfallenden Felswänden, mußte die von Christianini bezeichnete Fundstätte liegen.

Dumas schlüpfte in seine Schwimmflossen, schnallte sich das Atemgerät auf den Rücken und setzte die Tauchmaske auf. Er ließ sich ins Wasser gleiten und schwamm auf die etwas abseits des vorspringenden Kaps liegende Felswand zu. Meter um Meter ließ er sich in die Tiefe sinken. Die Wand wurde immer steiler, begann überzuhängen und ein mächtiges Gewölbe zu bilden. Dumas erinnerte sich, daß Christianini davon gesprochen hatte. Das Tosen der Brandung wurde immer leiser. Auf die leuchtende Farbenpracht der Algen, Seerosen und Schwämme an der steilen Felswand folgte das bizarre Gestrüpp der Gorgonienkorallen. Ein roter Drachenkopf zog sich erschreckt mit gespreizten Stacheln in seine Grotte zurück. Dumas stieß durch einen Schwarm kleiner, blauschwarzer Meerschwalben und erreichte einen breiten Felsabsatz, der unter der überhängenden Wand wie ein Gürtel um die Felsinsel lief. Doch keine Amphore war zu sehen. Dumas suchte den Felsabsatz ab. Nichts. Nur eine einsame Languste huschte über den Boden in ihren Schlupfwinkel.

Enttäuscht kehrte der Taucher wieder um. Nun versuchte es Cousteau. Er schwebte beim Ostkap in die Tiefe. Vielleicht war ein antikes Schiff hier, am Kap, gescheitert? Nach fünfundsechzig Metern erreichte er den Grund. Langsam gewöhnten sich Cousteaus Augen an die blaugrüne Dämmerung. Doch nur einige Steine lagen auf dem eintönigen Sandboden verstreut, der zum freien Meer hin sanft weiter abfiel.

Cousteau umrundete das Kap nach Süden zu. Auch hier nichts. Müde und ebenfalls enttäuscht schwamm er zurück zum Kap. Fast zufällig folgte er dem Verlauf der Felswand noch einige Meter über das Kap hinaus in westlicher Richtung und stieß plötzlich auf eine Amphora, die einsam im Sand lag, der sich eintönig ausbreitete, soweit das Auge reichte. War diese Amphora wirklich oder eine Täuschung? Coustau griff zu: Sie war wirklich. Er stellte sie aufrecht in den Sand und schwamm wieder nach oben, denn seine Tauchzeit ging zu Ende. Eine einzelne Amphora war die Gefahr nicht wert, die ein zu lange ausgedehnter Tauchabstieg bedeutete. Einzelne Amphoren werden an den Küsten des Mittelmeeres verhältnismäßig häufig entdeckt. Ein Schiff schien bei Grand Congloué nicht versunken zu sein. Vielleicht hatte sich Christianini getäuscht. Wahrscheinlich aber hatte er ganz einfach übertrieben und aus einer oder zwei Amphoren eine große Anzahl gemacht, dachte Cousteau auf dem Weg nach oben.

Aber plötzlich erkannte er, daß Christianini sich weder getäuscht noch übertrieben hatte. Dicht am Fuß der Felswand wölbte sich zwischen schweren Steinbrocken ein weiter, flacher Hügel. Ab und zu ragte der Hals einer Amphora aus dem Schlamm, und an seinem Rand lagen weithin Tonscherben, ganze Gefäße und Krüge verstreut.

Ein Wrack! Cousteau war sich dessen sofort sicher. Doch sein Luftvorrat ging unwiderruflich zu Ende. Rasch griff er aufs Geratewohl in den Scherbenhaufen, erwischte einen Brocken und einen bronzenen Haken und erreichte damit die Oberfläche.

Professor Benoît, der an der Reeling der *Calypso*

lehnte, sah eine Hand aus dem Wasser auftauchen, die drei von Meeresablagerungen zu eimem Klumpen zusammengeschmolzene tönerne Trinkschalen hielt. »Mon dieu, die sind kampanisch!« rief er aufgeregt. Er nahm den Klumpen, wandte und drehte ihn und wiederholte: »Kampanisch! Das ist eindeutig kampanische Ware.«

Professor Benoît hatte bereits bei mehreren Ausgrabungen antiker gallischer Stätten Exemplare dieses Geschirrs aus Süditalien gefunden. Es war im dritten und zweiten Jh. v. Chr. in kampanischen Töpferwerkstätten in der Nähe von Neapel geformt worden.

Benoît und die beiden Archäologen Ferdinand Lallemand und Henri Médan, die ihn begleiteten, bestürmten Cousteau sofort mit Fragen. Ob von dem Geschirr noch mehr auf dem Meeresboden liege, ob man weitere Exemplare bergen könne, wollten sie wissen.

Cousteaus kurzer Bericht versetzte Archäologen und Taucher in Aufregung. Gelehrte und Laien ahnten und hofften, das Wrack auf dem Meeresgrund am Fuß des Felsen Grand Congloué werde den Schleier der Jahrtausende, der über Seehandel und Schiffahrt der Antike liegt, ein gutes Stück lüften helfen.

Die Kreuzfahrt der *Calypso* war zu Ende. Über das Wrack bei der Insel Maire wurde kein Wort mehr verloren. Der Fund von Grand Congloué wog alle anderen Amphorenfelder auf, denn das Alter des Geschirrs besagte eindeutig: Bei Grand Congloué war das älteste Seeschiff der Welt versunken, von dem man bis dahin Spuren entdeckt hatte.

Wie mochte es wohl ausgesehen haben, als es noch mit windgeblähten Segeln durch das Mittelmeer gezogen war? Die Archäologen zuckten auf die Fragen der Taucher mit den Achseln. Vom Aussehen der antiken Schiffe hatte man damals, im Jahr 1952, nur vage Vorstellungen.

In andächtigem Schweigen standen die Männer um den Taucher Marcel Ichac herum, der nun auf einem Tisch einige Arbeitsgeräte zurechtlegte und begann, den Klumpen behutsam auseinanderzulösen und vom Schlamm zu befreien. Die drei Tassen waren ineinandergestapelt, so, wie man heute noch zweihenkelige Suppentassen ineinanderstellt, die Henkel von jeweils zwei Tassen genau im rechten Winkel zueinander. »Eigenartig, das muß ein

Fachmann gemacht haben, ein geübter Packer«, murmelte Ichac.

Immer noch schweigend sahen ihm die Männer zu, wie er langsam die drei Tassen unbeschädigt aus dem Brocken löste, reinigte und auf den Tisch stellte. Die Taucher hatten nun zum erstenmal das Gefühl, daß es bei der Bergungsarbeit der nächsten Tage nur dem Anschein nach darum gehen würde, dem Meer möglichst viel an schönem, gut erhaltenem Tongeschirr, Amphoren und Bronzeresten zu entreißen. In Wirklichkeit rangen sie dem Meer Leben ab. Ein Stück buntes Leben, das vor Jahrtausenden plötzlich versunken, vom Meer aber vor der Zerstörung bewahrt worden war. Dieses Leben aus den Funden wieder erstehen zu lassen, galt es nun vor allen Dingen.

Die fünfzehn Taucher der *Calypso* stürzten sich mit wildem Eifer auf das Wrack. Den ganzen Tag wanderten Körbe, voll beladen mit Scherben, Geschirr, schlanken Amphoren und Bronzeteilen hinauf. Die Männer auf dem Forschungsschiff hatten alle Hände voll zu tun, die schwer beladenen Körbe mit dem kleinen Hebebaum am Heck der *Calypso* hochzuhieven und auszuleeren. Man mußte den Tauchern, die abgelöst wurden und nach oben kamen, ins Schiff helfen, denn auch sie waren mit Tongefäßen beladen. So verging Tag um Tag, und die Männer merkten es kaum.

Gegen Ende August begann der Mistral zu toben. Der Mistral, ein kalter Fallwind, der das Rhônetal abwärts jagt und zwischen Marseille und Toulon aufs Meer hinausbricht, kam diesmal fast zwei Monate zu früh. Er kehrte die unteren, eiskalten Wasserschichten nach oben und brachte die See um die an der Ankerkette schlingernde *Calypso* zum Kochen. Die Taucher ließen sich in ihrem Eifer nicht stören. Sie zogen wollene Unterkleider unter ihre Kälteschutzanzüge aus Gummihaut und sprangen mutig in die brodelnde Brandung. Immer mehr Körbe, beladen mit Amphoren und kampanischen Schüsseln, Schalen und Weintassen, wanderten auf das schwankende Deck.

Allmählich wurde die Ausbeute spärlicher. Immer seltener konnten die Männer einen vollen Korb nach oben senden. Alles frei umherliegende Tonzeug war geborgen. Sie versuchten nun, mit den bloßen Händen in den Wrackhügel einzudringen und weitere Amphoren freizulegen. Die oberste Schicht leichten Schlamms ließ sich noch gut abbuddeln, doch dann folgten Schichten, die hart wie Zement zu sein schienen. Die Amphoren lagen bis zum Hals darin eingebettet. So konnte die Ausgrabung nicht weitergehen.

Der blinde Eifer wich nun nüchternen Überlegungen. Die Taucher und Archäologen hielten auf der im Sturm schwankenden *Calypso* »Kriegsrat«. Jeder freie Fleck des Schiffes war bereits mit Amphoren und Tongeschirr bedeckt. Die Taucher hatten einige Hundert Krüge und zahllose Stücke Geschirr geborgen. Aber das war nur ein winziger Bruchteil gegen die Unzahl Amphoren, die der Hügel – seiner Größe nach zu schließen – enthalten mußte. Die Männer ahnten, daß die Ausgrabung des Hügels noch Monate dauern würde, vielleicht sogar ein bis zwei Jahre. Daß Taucher fast zehn Jahre damit beschäftigt sein würden, ahnten sie freilich noch nicht.

Cousteau überschlug kurz, was Forschungen von der Dauer eines Jahres kosten würden. Es war weitaus mehr, als die Unterwasserforscher und Archäologen aus ihren bescheidenen Etats erübrigen konnten. Allein die Verpflegung der Tauchmannschaften würde beträchtliche Summen kosten. Die Taucher konnten schon jetzt ihren Speisezettel kaum noch mit selbsterlegter Beute bereichern. Wenn an einem Küstenstrich Taucher mit Harpunen auf Fischjagd gehen, lernen die Meeresbewohner rasch die Gewehre fürchten und sich außer Reichweite zu halten. Bald zeigt sich dann an diesem Küstenstrich kein schwerer Fisch mehr.

Vor allem mußte spätestens nach der Jahreswende ein Stützpunkt auf der Felsinsel angelegt werden. Auf die *Calypso* und die Unterwasserforscher Cousteau und Dumas warteten bereits neue Forschungsaufgaben. Das Schiff stand nicht mehr lange für die Unterwassergrabung zur Verfügung. Die Taucher und Archäologen brauchten dann eine Unterkunft mit Arbeitsplattformen, einem Generator, Kompressoren und Antriebsaggregaten für den neuen »Schlammsauger«.

»Wir werden uns ein Riesenmöwennest in die Klippen bauen müssen«, meinte einer der Taucher.

Doch wer sollte alles das bezahlen? Die Männer überlegten. Staatliche Stellen würden sicher einige Zuschüsse geben, vielleicht auch private... Aber würde genügend Geld zusammenkommen? Würde man nicht die Ausgrabung halbvollendet abbrechen und einen aufgerissenen Wrackhügel der allmählichen Zerstörung durch das Meer preisgeben müssen?

Trotz dieser Bedenken zögerten die Männer keine Minute, mit dem Werk zu beginnen. Es mußten einfach alle Schwierigkeiten überwunden werden, denn das Wrack am Fuß der Felsinsel bot die lang ersehnte Gelegenheit zu einer bahnbrechenden Pionierarbeit. Abseits des regen Lebens der Küste und tief unter der zerstörerischen Brandung liegend, hatte es Jahrtausende überdauert. Die einsame Lage und große Wassertiefe würden es auch künftig selbst dann vor Plünderern schützen, wenn man die Forschungen einmal für kurze Zeit würde einstellen müssen. Der Felsen Grand Congloué ragte zwar schroff und abweisend aus einer fast immer bewegten See auf, doch bot er genügend Halt für einen kleinen Stützpunkt. Alle anderen Amphorenfelder lagen dagegen so weit abseits von festem Land, daß man sie ohne ein ständig bereitstehendes Schiff nicht erforschen konnte. Die Taucher und Archäologen beschlossen, das Wrack von Grand Congloué als erstes der im Meer versunkenen Schiffe der Antike wissenschaftlich genau auszugraben.

Cousteau und Dumas wollten die technischen Probleme der Ausgrabung bewältigen. Benoît die archäologische Arbeit leisten – soweit es ihre Zeit erlaubte. Die Männer setzten große Hoffnungen in das Unternehmen. Sie wußten zwar, daß die Forschung als Pioniertat kaum ohne Fehler vor sich gehen konnte, doch sie hofften, damit trotzdem die Unterwasserarchäologie als bedeutenden Zweig der archäologischen Wissenschaft zu begründen.

In den ersten Septembertagen nahm die *Calypso* wieder Kurs auf Marseille, um dort die Ausbeute der ersten Taucharbeiten abzuliefern und die für die bevorstehenden Forschungen nötige Ausrüstung an Bord zu nehmen.

Mit zweitausend Jahren Verspätung kamen Marcus Sestius' Weinkrüge in Marseille an – allerdings leer, etwas verkrustet und zum Teil auch zerbrochen. Die *Calypso* legte am Quai des Belges an, und das Löschen der Ladung begann. Vor den erstaunten Augen der wachsenden

Zuschauermenge schleppten die Männer in ununterbrochener Folge Amphoren aus dem Schiffsbauch an Land und verluden sie auf Lieferwagen, die sie in die Magazine des Museums im Château Boreli fuhren. Die Krüge und das Tongeschirr schienen kein Ende nehmen zu wollen, und die Zuschauermenge hatte sich inzwischen verdoppelt. Die Polizei mußte schließlich die Männer der *Calypso* bitten, künftig derartige Ladungen nur in der Dämmerung zu löschen, da die Zuschauer bereits den Verkehr blockierten.

Am nächsten Tag wurde das wichtigste Ausrüstungsstück an Bord geschafft: die Saugpumpe. Zur Freilegung eines Stadthügels auf dem Festland verpflichten die Archäologen Kolonnen von Arbeitern. Mit Schaufel und Pickel werden in wenigen Tagen große Erdmassen wegbewegt. Das Wasser aber macht jeden Schaufelschwung unmöglich. Selbst die Kelle, mit der die Archäologen an Land Feinarbeiten verrichten, wird in der Tiefe zu einem nutzlosen Werkzeug. Der Schlamm würde von Schaufel und Kelle davonwirbeln und aufschweben.

Die französischen Tauchpioniere hatten deshalb schon einige Jahre vorher nach langen Überlegungen und Experimenten einen riesigen Schlammsauger gebaut. Er arbeitet ähnlich wie ein Staubsauger. Ein Schlauch mit einem Saugmundstück am unteren Ende wird ins Wasser gelassen. Knapp oberhalb des Mundstücks strömt durch einen kleineren Schlauch aus einem Kompressor an Bord des Taucherschiffes Preßluft in den Saugschlauch. Die Preßluft mischt sich mit dem Wasser im Saugrohr zu einem perlenden Gemenge. Es ist viel leichter als Wasser und steigt im Saugschlauch blitzschnell nach oben. Dieses Gerät hatte bereits zwei Bewährungsproben bestanden, eine bei Anthéor und die zweite am Wrack von Mahdia, zu dem Cousteau und seine Mitarbeiter im Jahre 1948 vorgedrungen waren.

In der ersten Septemberhälfte des Jahres 1952 ging die *Calypso* mit dieser riesigen Saugpumpe an Bord wieder vor der Insel Grand Congloué vor Anker. Der Saugschlauch wurde in Position gebracht, der Kompressor lief an und der Schlauch begann, von der Hand eines Tauchers geführt, sich wie eine gierige Riesenschlange in den Hügel zu fressen. Das obere Ende spuckte den Schlamm in einen

»Schlammsauger« in Aktion

engmaschigen Filterkorb. An diesem Korb hielt ständig ein Archäologe Wache, denn das Saugrohr beförderte nicht allein weichen, dunklen Schlamm nach oben. Im Korb sammelte sich ein buntes Gewirr von Korallen, Tonscherben, Muscheln und Tontassen, die mit hineingerutscht waren. Ab und zu klatschte auch ein junger Krake in den Filter, der nicht wußte, wie ihm geschah, als ihn der Sog ergriff. Als dem wachhabenden Archäologen Lallemand zum erstenmal ein Krake vor die Füße fiel, sprang er erschreckt beiseite. Als es mehr wurden, packte er sie mit gleichmütigem Gesicht und beförderte sie schwungvoll in ein bereitgestelltes Gefäß, denn Kraken und Tintenfische gelten an den Küsten des Mittelmeeres als große Delikatesse.

Das Mundstück des Saugschlauches lockerte die dichtesten Schlammablagerungen und hatte bald die ersten Amphoren freigelegt. Taucher beförderten sie mit einem Korb nach oben, wo sie andere Männer in Empfang nahmen und, zunächst kopfschüttelnd, ausleerten. Denn jede Amphore enthielt ganze Hände voll kleiner Tonscherben, Muschelschalen und Kiesel; manche waren bis zum Hals damit angefüllt. Des Rätsels Lösung ergab sich schnell.

Immer mehr Amphoren kamen herauf, aus denen die Männer einen kleinen Kraken aufs Deck schütteten oder herauszerrten, wenn er allzusehr widerstrebte. Das Wrack war im Lauf der Jahrhunderte zu einer Krakenkolonie geworden, einer richtigen Stadt dieser klugen, vielarmigen Tiere. Sie hatten schnell herausgefunden, daß die Amphoren gut als Schlupfhöhlen dienten, und sie nach und nach alle besiedelt. Vor den Eingängen hatten die Kraken allerlei Schutt bereitgelegt, den sie bei drohender Gefahr mit ihren vielen Armen blitzschnell aufhäuften. Dabei waren immer wieder Scherben und Kiesel in die Krüge gefallen, vermischt mit zahllosen Muschelschalen, Resten der Krakenmahlzeiten, bis die Amphoren zum Teil randvoll waren.

Indessen tobten die Herbststürme immer stärker. Die *Calypso* drohte von der Ankerkette losgerissen und zum Spielball der Wellen zu werden, die sie gegen die Felsen drängten. Der Bau eines Stützpunktes auf der Insel war nicht mehr zu umgehen. Da kam den Tauchern und Archäologen das Glück zu Hilfe.

General Marie Eugène Aimé Molle, der Kommandant des südlichen Militärdistrikts Frankreichs, besuchte sie bei ihrer Arbeit, tauchte selbst zum Wrack hinunter und war so begeistert, daß er ihnen seine Unterstützung zusicherte. Er hielt Wort. Einige Tage später rückte ein junger Leutnant mit sechs Soldaten einer Pioniereinheit an. Bis zum Bauch in der Gischt der Brandung stehend, errichteten die Soldaten in drei Tagen am Fuß der Insel eine Plattform für den Kompressor und einen Hebebaum zum Hochhieven der beladenen Körbe. Der Hebebaum von über zwanzig Meter Länge wurde in das Gestein des Felsens zementiert und mit stählernen Trossen verankert. Auf einem Floß, ähnlich einem Landungsboot, schafften die Männer der *Calypso* Kompressor und Ausrüstung auf die Plattform, während die Soldaten darangingen, in einen Einschnitt der Felsinsel eine geräumige Blechbaracke als Unterkunft für die Taucher und Archäologen zu bauen, die von nun an dort hausen und die Forschungen weitgehend ohne die Unterstützung der *Calypso* durchführen sollten.

Durch Presse und Rundfunk erfuhr Frankreich von der Arbeit der Männer bei der winzigen Felsinsel. Staatliche und private Stellen begeisterten sich dafür. Den Hilfs-

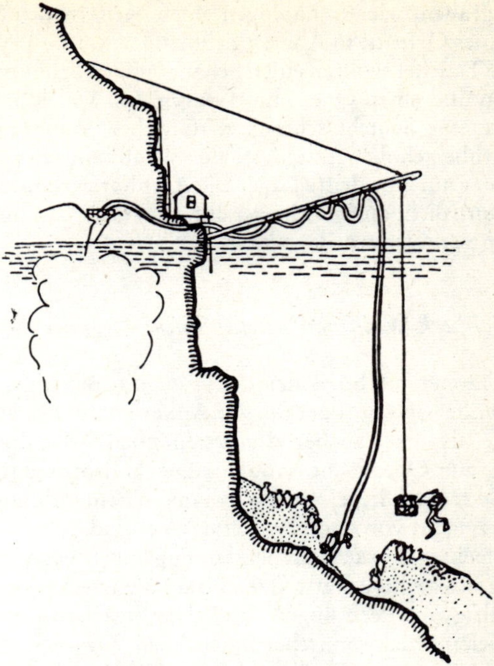

Ausgrabungen unter dem Felsen von Grand Congloué

maßnahmen des Erziehungsministeriums und der Kriegsmarine schlossen sich die Hafenverwaltung von Marseille und der Präfekt des Küstendépartements Bouche-du-Rhône an. Die altehrwürdige Handelskammer von Marseille beschaffte Geld, und die amerikanische National Geographic Society, ein privater amerikanischer Verein mit vielen Millionen Mitgliedern, der in aller Welt Forschungsarbeiten durchführt oder unterstützt, sandte einen Mann. Außer der Flagge der NGS überbrachte er einen gewichtigen Dollarscheck.

Die Fortsetzung der Forschungsarbeiten war gesichert. Von der Inselstation aus wurden sie weitergeführt. Der Schlauch der Saugpumpe hing nun vom weit über die Brandung hinausragenden Mast der Plattform ins Wasser. Der Ausgrabungsplan sah vor, das Wrack fast genauso auszugraben, wie Archäologen einen »tell«, einen Stadthügel des Orients, in Angriff nehmen.

Die Taucher wollten einen Schacht in den Schlammberg graben und einen Querschnitt durch das Wrack anlegen. Als sie eine Schicht schlanker, italischer Amphoren aus der Grube gehoben hatten, stießen sie auf eine zweite und darunter auf eine dritte Lage. Die Amphoren standen aufrecht und dicht aneinander gereiht, wie sie vor zweitausend Jahren verladen worden waren.

Ein Schluck Wein von Lucius Titius

Die Männer an Bord der *Calypso*, die regelmäßig die Insel anlief und dort gerade vor Anker lag, staunten nicht wenig, als die Taucher die ersten noch verschlossenen Krüge zur Oberfläche sandten. Die Halsöffnungen der Gefäße trugen Siegel aus Pozzolana, einem vulkanischen Naturzement von den Hängen des Vesuv. Unter den Siegeln steckten Korken; die letzten Fugen zwischen Korken und Tonwandung hatte der antike Weinverkäufer noch sorgfältig mit Pech abgedichtet. Die Siegel trugen einen Stempeleindruck römischer Buchstaben.

Der Archäologe Ferdinand Lallemand machte sich sofort an die Entzifferung. Dies war gar nicht schwer, denn die Siegel hatten die Zeit unter Wasser gut überstanden. Laut buchstabierte er: »L. TITI C. F.« – »Lucius Titius Caii Filius«! – Eine bekannte Weingutsbesitzerfamilie, die in den Sabinerbergen bei Rom große Weingüter besessen hatte!

Das war eine Entdeckung, die für die Rekonstruktion des Schicksals des bei Grand Congloué gesunkenen Schiffes später noch große Bedeutung gewinnen sollte.

Als noch gewichtiger erwies sich später eine zweite Buchstabengruppe; zahlreiche Amphoren trugen sie auf ihren Hälsen, in den Ton eingeprägt: SES. Und auf diese drei Buchstaben folgte entweder das Zeichen eines Ankers oder eines Dreizacks, der Waffe des Meeresgottes Poseidon.

Bei näherer Untersuchung erwiesen sich jedoch fast alle der noch verschlossen gefundenen Amphoren als leer. Ein kleines Loch auf ihren Hälsen lieferte die Erklärung und gab zugleich ein neues Rätsel auf.

Immer wieder besah sich Lallemand die sauberen Bohrungen in der Tonwandung. Das war nicht das Werk von Meerestieren. Er fand nur eine Erklärung: Besatzungsmitglieder des bei Grand Congloué versunkenen Schiffes hatten während der Reise verstohlen eine Reihe von Krügen angebohrt und ausgetrunken. Vielleicht waren dem Schiff auch nicht allein Sturm, Regen und Meer zum Verhängnis geworden, sondern die ungeschickte Navigation einer betrunkenen Mannschaft und ihres ebenfalls angeheiterten Kapitäns?

Als die erste, noch mit Wein gefüllte Amphora auf der *Calypso* anlangte, gossen sich Lallemand und Cousteau den Wein in Gläser. Feierlich und erwartungsvoll hoben sie ihre Becher mit dem Getränk, das zweitausend Jahre älter war als der älteste und teuerste Wein aus portugiesischen Portkellern. Lallemand war vorsichtig und konnte das Zeug gerade noch aufs Deck spucken. Cousteau hatte einen großen Schluck genommen und genoß mit verzerrtem Gesicht eine Flüssigkeit, aus der sich längst der Alkohol und alle Duftstoffe abgespalten hatten.

Immer weiter fraß sich die Saugpumpe in den Grabhügel des Wracks. Die Taucher hoben wieder Tongeschirr, und bald tauchten die ersten Stücke auf, die der Schlamm so gut umhüllt hatte, daß die Verkrustung die schwarze Glasur nicht völlig hatte zerstören können. Lallemand wartete gespannt auf die ersten Gefäße, die noch eine vollständige Glasur tragen würden.

Es dauerte nicht lange, da fiel eine schwarzglänzende Schüssel in den Filterkorb, an dem er Wache stand. Lallemand griff zu und starrte dann verblüfft seine schwarzen Finger und das antike Gefäß an. Ein Taucher hatte ihm einen Streich gespielt und ein Gefäß mit schwarzer Schuhcreme gewichst. Aber Lallemands Enttäuschung hielt nicht lange an, denn die Saugpumpe hatte sich mittlerweile bis zu den ersten Planken durchgefressen. Schon auf dem Weg dorthin hatte sie viele bemerkenswerte kleine Gegenstände in den Filterkorb befördert, die den Tauchern auf dem Meeresgrund entgangen waren. Lallemand, der Fernand Benoît bei den Forschungen vertrat, fischte zuerst nur Bleigewichte von Fischernetzen heraus, dann erbeutete er zahlreiche Bronzegegenstände, Messer, einen antiken Fingerring und Fischhaken.

Das Meeresgetier hatte den größten Teil des Schiffsrumpfes zernagt, doch einige bedeutende Stücke hatte der Schlamm vor der Zerstörung bewahrt, kräftige Planken aus Aleppokiefer, durch Bolzen aus hartem Eichen- und Olivenholz miteinander verzinkt und mit einer Bleihaut überzogen. Auch die langen Bronzenägel, mit denen die antiken Schiffsbauer die Planken an die Spanten genagelt hatten, trugen einen Bleiüberzug. Die Schiffsbaumeister der Antike hatten also bereits die physikalische Erscheinung der Kontaktkorrosion gekannt!

Dieses erst seit verhältnismäßig kurzer Zeit erforschte Phänomen bewirkt, daß zwischen zwei verschiedenartigen Metallen in einer stromleitenden Lösung – wie dem stark salzhaltigen Meerwasser – elektrische Spannungen auftreten. Eines der Metalle zersetzt sich dabei sehr schnell. Alle bei Grand Congloué gefundenen bronzenen Schiffsnägel tragen dichte Bleiüberzüge, die verhinderten, daß zwischen die Bronze des Nagels und der Bleihaut des Schiffes Meerwasser eindrang.

Tief im Bauch des Wracks entdeckten die Taucher Amphoren, die ungeordnet umherlagen, bauchigere, rundere Gefäße als die zuerst gefundenen, von noch edlerer, noch ausgewogenerer Form, wie sie in der Antike auf Rhodos, Delos und auf den Kykladeninseln geformt und gebrannt worden waren. Jetzt erfüllte sich auch Lallemands Hoffnung. Im Bauch des Wracks verbarg der Schlamm weiteres kampanisches Geschirr, Schalen und Tassen, sauber der Größe nach ineinander gestapelt, glänzend schwarz, wie sie vor Jahrtausenden die Manufaktur in Italien verlassen hatten. Nicht einige wurden aus dem Wrack des Schiffes gegraben, nein, Hunderte, und die Taucher schätzten die noch auf dem Meeresgrund lagernden auf Tausende.

Lallemand hatte mit dem Sichten, Ordnen und Registrieren des Materials alle Hände voll zu tun. Als es immer mehr wurde, gelangte er eines Tages fast von selbst zu einem neuen Forschungsergebnis. Das kampanische Tafelgeschirr war erstaunlich regelmäßig. Viele Schalen und Schüsseln glichen einander aufs Haar, doch keine zeigte Spuren der formenden Hände des Töpfers. Genauere Untersuchungen bestätigten, daß die Töpfer mit hölzernen Formen gearbeitet hatten, die es erlaubten, schnell eine große Zahl von gleich großen Gefäßen herzustellen. Die Arbeitsweise der Töpfer zweihundert Jahre vor Christi Geburt bei Massenproduktionen hatte sich demnach nur wenig von der einer Porzellanfabrik unserer Zeit unterschieden!

Gegenüber dem größten Teil unserer Industrieprodukte besticht das antike Geschirr freilich durch seine edle, natürliche und harmonische Form.

Dem Archäologen Lallemand drohte zwar die Arbeit fast über den Kopf zu wachsen; aber gemessen an dem Berg, den es auf dem Meeresgrund noch abzutragen galt – der Hügel maß immerhin mehr als vierzig Meter Länge und zehn bis zwölf Meter Breite –, machte die Ausgrabung nur winzige Fortschritte. Das Arbeitstempo litt sehr darunter, daß jeder Taucher nur kurze Zeit unter Wasser bleiben durfte. Cousteau und Dumas, die abwechselnd die Taucharbeiten leiteten, wachten streng über den genauen Schichtwechsel. Jeder Taucher durfte dreimal täglich in die Tiefe, für achtzehn Minuten das erstemal, fünfzehn das zweitemal, und beim drittenmal nur mehr zwölf Minuten lang. Mehr konnte ein Taucher an einem Tag in Tiefen von fünfundvierzig Meter nicht leisten, ohne beim Aufstieg lange Dekompressionspausen einlegen zu müssen oder für die Caissonkrankheit anfällig zu werden. Selbst noch bei diesen vorsichtig berechneten Tauchzeiten senkte sich manchmal am Ende eines Arbeitstages ein Schleier des rätselhaften Tiefenrausches über die Männer. Ständig mußte ein Taucher auf der Plattform die Arbeitszeit seiner Kameraden auf dem Meeresgrund kontrollieren. Vergaß einer im Eifer der Arbeit, rechtzeitig aufzutauchen, wurde an der Oberfläche ein Gewehr abgeschossen, und das bis in die Tiefe vordringende Krachen des Schusses mahnte den Taucher zum Aufstieg.

Die strenge Tauchdisziplin schützte die Männer vor schweren Unfällen, bis eines Nachts der Sturm das Floß, das das Saugrohr hielt, losriß. Der Anker hatte sich aus dem Meeresboden gelöst, und das Floß war abgetrieben, bis sich der Anker irgendwo verfangen hatte und die Ankerkette gebrochen war. Den ganzen Tag über suchten Taucher im Schlepptau eines Bootes den Meeresgrund ab, ohne den wertvollen Anker wiederzufinden. Der Taucher Servanti kam schließlich auf den Gedanken, der

Kampanisches Tafelgeschirr, das bei Grand Congloué gefunden wurde

Schleifspur zu folgen, die der Anker im Schlamm hinterlassen hatte. Jean-Pierre Servanti war ein junger Marinefroschmann, der eben erst seine Militärdienstzeit abgeleistet und sich dann bei der Grand-Congloué-Expedition als Freiwilliger gemeldet hatte. Er zählte zu den besten Tauchern der *Calypso* und war auch sofort bereit, selbst auf die Suche in Tiefen von sechzig Metern und mehr zu gehen.

»Das ist eine beträchtliche Tiefe. Sei vorsichtig. Du kannst den Anker wahrscheinlich nicht in einem Tauchgang finden«, ermahnte ihn Cousteau. Er gab ihm eine kleine Korkboje mit. »Wenn du anfängst, müde zu werden, binde die Boje an einem Felsen fest, damit der nächste Taucher von dort aus weitersuchen kann.«

Servanti verschwand im Meer. Cousteau blickte auf die Uhr. Zehn Minuten vergingen. Jetzt müßte er zurückkommen! Aber statt dessen stiegen plötzlich keine Blasen von Ausatemluft mehr auf, dem Lebenszeichen des Tauchers. Sofort ging Albert Falco, der beste Taucher an Bord, auf den Grund. Er fand Servanti bewußtlos, die Hand am Anker.

Drei Taucher bargen den Verunglückten. Er wurde sofort in die Druckkammer der *Calypso* gebettet, die mit äußerster Maschinenkraft nach Marseille stampfte. Am Kai wartete bereits ein über Funk alarmierter, mit einer Druckkammer ausgestatteter Feuerwehrwagen, der den Bewußtlosen in die große Druckkammer des Krankenhauses schaffte. Nach fünf Stunden gaben die Ärzte die

Wiederbelebungsversuche auf. Servanti war tot. Wahrscheinlich war er durch Überanstrengung bewußtlos geworden und dann erstickt.

Servantis Tod brachte die Ausgrabungen zum Stocken. Cousteau erwog, sie abzubrechen. Er zweifelte daran, daß er es verantworten könne, weiterzumachen und vielleicht noch mehr Taucher in Gefahr zu bringen. Aber dann kamen Freiwillige, Tauchsportler, die sich erboten, Servanti zu ersetzen und unentgeltlich bei den Forschungen mitzuarbeiten. Schweren Herzens gab Cousteau schließlich das Signal zur Fortsetzung der Forschungen. »Wir beschlossen«, schrieb er später, »die Arbeit, die Servanti das Leben gekostet hatte – in seinem Sinn – fortzusetzen.«

Cousteau ging nun selbst in die Tiefe, fand in zwei schweren Tauchgängen den Anker wieder und band ihn an ein Tau.

Das nächste Unglück ließ nicht lange auf sich warten.

Im Dezember fegte der Stum eines Nachts die Arbeitsplattform von den Klippen in die See. Die ganze Nacht arbeiteten die Taucher in der Brandung, um die wertvolle Saugpumpe zu bergen und den langen Mast zu sichern.

Tage vergingen, bis die drei Männer die im Wasser versunkenen Preßluftflaschen und Atemgeräte gehoben und die Arbeitsplattform, diesmal höher über dem Meeresspiegel, wieder errichtet hatten.

Die Forschungen wurden ohne Winterpause fortgesetzt. Als es Frühling wurde, lagerten in der Inselstation einige weitere Hundert Amphoren und kampanische Tafelgefäße. Die Taucher schafften im Verlauf der Ausgrabung in den Jahren von 1952 bis 1954 allein davon sechstausend Stück an die Oberfläche. Das war mehr, als bis dahin alle Landfunde an kampanischem Geschirr zusammen ergeben hatten. Die Archäologen unterschieden hundertsiebenunddreißig Formen und staunten über den regen Handel vor zweitausendzweihundert Jahren und den unerwartet hohen Stand der Tischkultur im Gallien dieser Zeit, den die Ladung verriet.

Für die an der Ausgrabung beteiligten Archäologen gab es immer wieder neue Probleme zu lösen, soweit sie sich nicht überhaupt als unlösbar erwiesen – wie das Rätsel der schwarzen Kiesel und das Geheimnis der bleiernen Rohrleitung.

Die rätselhaften Kiesel spuckte die Saugpumpe aus, als die Taucher sich dem Kiel des Wracks näherten. Es waren schwarze, erbsengroße vulkanische Kiesel, die weder Regen noch Sturm vom Felsen Grand Congloué ins Meer getragen haben konnten, da in dieser Gegend kein vulkanisches Gestein vorkommt.

Hatten die Steinchen als Ballast für das Schiff gedient? Waren es Mosaiksteinchen, eine Handelsware, die das Schiff mitgeführt hatte? Sie blieben ein Rätsel.

Noch mehr Kopfzerbrechen bereitete den Archäologen eine bleierne Rohrleitung, von der die Taucher Meter um Meter entdeckten. Hatte das Schiff ein Pumpsystem für den Fall eines Lecks? Oder gehörten die Rohre zur Fracht? Die Wissenschaftler halten es für möglich, daß die Griechen ihre Schiffe bereits mit einem komplizierten Pumpsystem ausgerüstet hatten, denn es sind noch viel erstaunlichere Dinge über das Schiffsbauwesen der Antike bekannt.

Am 15. Mai 1953 war der Kiel des Wracks gefunden. Die Griechen hatten ihn aus Eichenholz gezimmert. Es war der Kiel eines Seglers, der einige Dutzend Meter Länge gemessen haben mußte!

Dr. Jean-Loup de la Brunière, der Arzt der Forschungsgruppe auf der Felsinsel, fand wenig später, als er in Froschmannausrüstung den Felsabsatz entlangbummelte, der sich über dem Wrack um den Felsen zieht, und rote Gorgonen suchte, einen der Schiffsanker. Wohl hatten die Meerestiere längst die Holzteile des Ankers zernagt, doch der übriggebliebene bleierne Ankerstock verriet noch die einstige Größe des Ankers.

Auf den Spuren des Marcus Sestius

Als Cousteau im Jahre 1954 zu neuen Aufgaben aufbrach und die Leitung der restlichen Ausgrabungsarbeiten – die, mit einigen Unterbrechungen noch bis zum Jahr 1960 dauerten – Yves Girault, dem Generalsekretär des französischen Amtes für Tiefseeforschung, übergab, erlaubten die Forschungsergebnisse bereits noch erstaunlichere Schlüsse als die Entdeckung des mächtigen Kiels.

Professor Benoît entriß das Wrack der Namenlosigkeit.

Er ermittelte die Stationen der letzten Fahrt des einst stolzen Schiffes, die Zeit seines Untergangs, und stellte – zweitausendeinhundert Jahre nach der Katastrophe! – seinen Besitzer fest.

Die Geschichte des bei Grand Congloué gescheiterten Schiffes ergab sich freilich nicht von selbst aus den Funden auf dem Meeresgrund. Sie war das Resultat einer mühseligen Detektivarbeit, wie sie die besten Beamten der Sûreté, Frankreichs berühmter Geheimpolizei, nicht besser hätten leisten können.

Benoît hatte es sogar noch schwerer als ein Kriminalbeamter. Er konnte keine Zeugen verhören, keine frischen Spuren sichern – seine Spuren waren mehr als zwei Jahrtausende alt. Das Wrack enthielt keine menschlichen Überreste, keine Bordbücher und Inschriftentafeln. Als Indizien hatte er nichts als Amphoren, Tongeschirr und Tonscherben. Sie mußte er zum Sprechen bringen, aus ihren Aussagen die Geschichte des antiken Schiffes erstehen lassen.

Benoît hatte zunächst zwei Ansatzpunkte für seine Arbeit: Form und Machart der Amphoren und Geschirrstücke und die Buchstabengruppen und Zeichen auf den Krügen. Die Amphoren ließen sich eindeutig in zwei Hauptgruppen teilen. Die eine hatte ihren Ursprung in Italien, die andere kam vom Ostmittelmeer. Amphoren der zweiten Art waren vor allem auf den Inseln Rhodos und Knidos hergestellt worden. Die italienischen Amphoren hatte man über die griechischen gestapelt, sie waren also wahrscheinlich später verladen worden.

Professor Benoît konnte die ersten Fähnchen auf seine Mittelmeerkarte stecken. Das Ziel der antiken Schiffsreise war sicherlich Massilia gewesen, eine griechisch-gallische Polis an der Stelle des heutigen Marseille, jahrhundertelang die mächtigste Stadt im westlichen Mittelmeer und seit Urzeiten Endpunkt wichtiger Handelsrouten. Das Schiff war vom Ostmittelmeer ausgefahren, hatte in Syrakus noch Amphoren geladen, war glücklich durch die Meerenge von Messina nach Unteritalien gesegelt, hatte in Kampanien und Latium eine weitere Ladung an Bord genommen und war der alten Schiffahrtsstraße entlang den heutigen italienischen und französischen Küsten gefolgt. Das mußte im zweiten Jh. v. Chr. gewesen sein, denn der größte Teil der Amphoren und das kampanische Tafelgeschirr zeigen typische Merkmale dieser Zeit.

Mehr ließ sich einstweilen aus der Form der geborgenen Töpferwaren nicht bestimmen. Aber da waren ja noch die Buchstabengruppen auf den Amphorenverschlüssen und den Amphoren selbst. Offensichtlich bedeuteten sie Abkürzungen von römischen Firmennamen, denn es waren ausnahmslos römische Buchstaben. Lateinische Sprache und römische Schrift hatten nämlich im zweiten Jh. v. Chr. noch wenig Bedeutung besessen, waren fast nur den Römern geläufig gewesen. Die Weltsprache jener Zeit war Griechisch.

Benoît tippte mit gutem Grund auf Firmennamen. Er wußte, daß selbst das Altertum schon Markenartikel, vornehmlich Markenweine, gekannt hatte. Und die praktisch denkenden Römer hatten beinahe noch mehr Abkürzungen gebraucht als unsere Zeit.

Die Schriftzeichen »L. TITI« auf Verschlüssen italienischer Amphoren konnten demnach auf Lucius Titius hinweisen. Seine Weingüter in den Sabinerbergen bei Rom lagen an der Fahrtroute des Schiffes. Und die Buchstabengruppe »SES«, die auf vielen Amphorenhälsen wiederkehrte? War es der Name der Töpferei, einer großen Töpfermanufaktur, in der viele Hundert Sklaven Amphoren in Massen produziert hatten? Es hatte solche Manufakturen in großer Zahl gegeben. Doch jedem »SES« folgte das Zeichen eines Ankers oder eines Dreizacks. Anker und Dreizack aber hatte sich wohl kaum eine Töpferei als Firmenzeichen gewählt. Nein, dieses »SES« mit Dreizack oder Anker konnte nur das Zeichen des Reeders sein.

Wer war dieser Reeder und Großkaufmann »SES«? Wahrscheinlich ein sehr reicher Mann, der nicht nur dieses eine Schiff besessen hatte.

Nun, wenn Benoîts Theorie soweit stimmte, war es grundsätzlich nicht unmöglich, diesen »SES« auch mehr als zwei Jahrtausende nach seinem Tod noch ausfindig zu machen.

Die Antike gilt zwar als nicht ganz so registrierfreudig wie unsere Zeit, doch war ein wirtschaftlich und politisch bedeutender Mann kaum aus dem Leben geschieden, ohne geschriebene Spuren zu hinterlassen. Von Spuren dieser Art hat die Archäologie erstaunlich viel ausgegraben und gesichert. Mit wissenschaftlicher Akribie wurden auch die unscheinbarsten Inschriften auf Tonscherben, Steuerlisten, Grabmonumenten und vielem anderen mehr von ganzen Generationen fleißiger Archäologen gesammelt, photographiert, abgezeichnet und in wissenschaftlichen Werken gut geordnet veröffentlicht. Das Ergebnis ist ein erstaunliches Wissen über manche Bereiche des antiken, vornehmlich des römischen Lebens. Besondere Fundgruben für die Forschung bedeuten natürlich erhaltene Werke antiker Philosophen, Dichter und Schriftsteller.

Eine weitere Entdeckung bestärkte Professor Benoît in seinen Hoffnungen auf einen guten Erfolg seiner Fahndung. Er stieß in wissenschaftlichen Veröffentlichungen über Ausgrabungen in Burgund und im Elsaß auf Bilder von Amphorenscherben, die ebenfalls das Zeichen »SES« mit Anker und Dreizack trugen. »SES« war also ohne Zweifel ein damals bedeutender Unternehmer gewesen, mit dessen Wein die Rhône aufwärts gefahren wurde, als willkommener Vorbote der griechisch-römischen Kultur.

Nun machte sich Benoît daran, mit seinen Assistenten in Frankreich und Italien systematisch die Namen von antiken Geschlechtern durchzusuchen. Dabei stieß er auf den Namen »Sestius«. Eine einflußreiche römische Familie hatte diesen Namen getragen.

War »SES« die Abkürzung für »SESTIUS«? Benoît zog die Annalen des römischen Geschichtsschreibers Titus Livius zu Rate. Sie erzählen in hundertzweiundvierzig Büchern die Geschichte Roms von der sagenhaften Gründung der Stadt bis zum Jahre 9 n. Chr. Damit war der Beweis gefunden!

Livius erwähnt einen gewissen Marcus Sestius, einen prominenten Weinhändler und Schiffsreeder aus Fregellae bei Neapel. Dieser Sestius hatte sich nach Livius' Bericht auf der Insel Delos niedergelassen, sich dort eine prächtige Villa erbaut und Anfang des zweiten Jh. v. Chr. das Bürgerrecht von Delos erhalten.

Französische Archäologen setzten im Jahre 1873 auf dem heute kargen, kahlen Flecken Land ihren Spaten an und gruben das »heilige Delos« aus, die Insel, die Zeus der griechischen Sage nach im Meer schwimmend gefunden, festgekettet und als Geburtsort für seinen Sohn Apollo auserwählt hatte. Die Franzosen arbeiten auch heute noch daran, die einst blühende Stadt auszugraben, denn Delos war ein Ort, der seinesgleichen nicht kannte. Während sich die griechischen Stadtstaaten in endlosen Kriegen zerfleischten, war Delos immer mehr aufgeblüht, denn Delos, die heilige Stadt, blieb von allen Kriegen verschont. Auf Delos durfte niemand sterben und kein Kind geboren werden. Werdende Mütter und Sterbende brachte man auf die nahe Insel Rheneia. Alle Völker achteten die heilige Stätte des Lebens, selbst die Ägypter brachten dort Apollo Opfer dar. So war aus dem Wallfahrtsort allmählich ein Asyl für Kaufleute und eine Art Freihafen geworden.

Vor der barbarischen Plünderung der unbewaffneten Stadt durch die Flotte des Mithradates, des Königs von Pontus am Schwarzen Meer, im Jahre 88 v. Chr., war ein großer Teil des Seehandels von Kleinasien und Ägypten nach Griechenland, Italien und dem Westmittelmeer über die heilige Insel verlaufen. Delos galt als reichste und schönste Stadt weit und breit. Eine Prunkvilla reihte sich dort an die andere, reich ausgestattet mit Säulenhallen, Mosaiken und Bädern. Schon gegen Ende des dritten Jahrhunderts, als Rom seine Macht nach Osten ausdehnte und die griechischen Städte zu Zwangsverbündeten machte, tauchten die ersten römischen Händler in Delos auf. Als Marcus Sestius kam, hatten sie sich längst eingelebt und ein eigenes, besonders prachtvolles römisches Viertel errichtet. In diesem Viertel hatte sich nach Livius' Bericht auch Sestius niedergelassen.

Es war Cousteau, der auf den Gedanken kam, in Delos weiter nach Spuren des Sestius zu suchen. So verfolgte die *Calypso* den letzten Weg von Sestius' großem Schiff zurück, zwischen Scylla und Charybdis hindurch, über die Ägäis, zu den Kykladen. Vor der Einfahrt zu den heute versandeten Häfen, des heiligen Hafens und des Handelshafens, ging sie vor Anker. In der Blütezeit von Delos waren hier oft täglich Tausende von Sklaven ein- und ausgeladen worden.

An Land empfing sie Jean Marcadé, der Leiter der französischen Ausgrabungsarbeiten auf Delos. Er führte sie zum römischen Viertel, am Fuß des Hügels Kynthos,

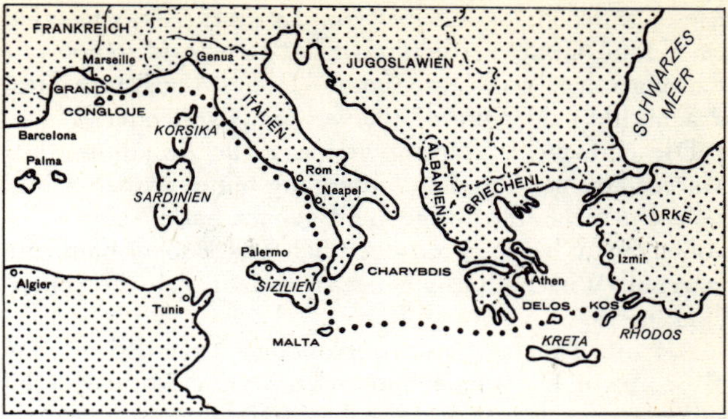

Die Route der letzten Fahrt von Marcus Sestius großem Frachter

auf dem das Apollon-Heiligtum stand, und zur Straße mit den prachtvollsten Villen. Hier betraten sie aufs Geratewohl eine Villa mit einem Säulenhof, wie ihn sich Sestius nach Livius' Bericht hatte bauen lassen. Die Taucher kämmten das Haus in Gruppen durch und untersuchten jede Ecke nach einem Zeichen, das auf Sestius hinweisen könnte. Den Blick angestrengt auf die Mosikböden gerichtet, gingen sie langsam durch alle Zimmer und Hallen.

Plötzlich stieß einer der Männer einen Freudenruf aus. Die anderen eilten zu ihm hin und drängten sich um ein Mosaik, das einen Tümmler darstellt, der sich um einen Anker windet. Der Anker gleicht genau dem, der viele Amphoren des Wracks von Grand Congloué hinter dem Namenszug »SES« ziert. Während eine Gruppe diskutierend um den Anker stand, machten andere eine noch bedeutungsvollere Entdeckung: Sie fanden das Mosaikbild eines Dreizacks.

James Dugan, einer der Taucher, kniete nieder, fuhr mit dem Finger eine der Schleifen an der Dreizackspitze entlang und las: S, dann zeichnete er die Dreizackspitze selbst nach: E, und schließlich die zweite Schleife: S.

Als Cousteau nachdenklich durch die Villa ging, bemerkte er im Staub einige schwarze Mosaiksteinchen. Er bückte sich, hob sie auf und hatte schwarze, vulkanische

Kiesel in der Hand – Kiesel von derselben Art, wie er sie bei Grand Congloué gefunden hatte. Jean Marcadé sah schweigend zu und sagte dann: »Das ist die Ruine einer Prachtvilla – doch diese Villa wurde nie vollendet.«

Die einfache Erklärung verlockt zur Annahme, daß Marcus Sestius nach dem Untergang seines großen Schiffes nicht mehr das nötige Geld gehabt hatte, seine Villa vollenden zu lassen; wahrscheinlich war er sogar bankrott gewesen. Wissenschaftlich beweisen läßt sich dies allerdings nicht.

Als die Taucher und Archäologen anschließend das Museum von Delos nach Spuren des Marcus Sestius durchstöberten, fanden sie dort die Bestätigung von Livius' Angabe, Sestius habe auf Delos gelebt. Eine Namensliste, Teil eines Einbürgerungsgesetzes, nennt unter den Eingebürgerten »Maarkos Sestios Maarkou Phregellanos« – Maarkos Sestios (hellenisierte Form seines lateinischen Namens), Sohn des Marcus, aus Fregellae.

Für Professor Benoît und viele andere Gelehrte war damit das Kapitel »Grand Congloué« natürlich noch nicht abgeschlossen. Vieles an der Rekonstruktion der Geschichte des Schiffes galt für die Wissenschaft noch als hypothetisch. Erst weitere Forschungen erbrachten wissenschaftlich unumstößliche Beweise für viele Dinge – und sogar noch einige völlig neue, unvermutete Ergebnisse. Besonders genau wurden noch einmal die Amphoren unter die Lupe genommen. Dabei stellte sich heraus, daß einige aus Rhodos und Knidos stammende Gefäße gut siebzig Jahre früher die Töpferwerkstätten verlassen hatten als die Hauptmasse der in Delos und Süditalien geformten.

Wenn wir auch annehmen dürfen, daß die Antike nicht die Schnellebigkeit unserer Zeit gekannt hatte, so hatten wohl auch damals wenige Tonkrüge eine Lebenszeit von zwei bis drei Generationen überdauert. Hatte das Schiff von Grand Congloué ausnahmsweise doch Amphoren mit besonders wertvollem, altem Wein geladen – wie heute manchmal ein Frachter einige Kisten hundertjährigen Portwein von Portugal nach England bringt?

Einige Gelehrte formulierten eine andere Theorie: Bei Grand Congloué hätten zwei Schiffe gelegen. Der Segler des Marcus Sestius sei auf das Wrack eines älteren Fahrzeugs von Rhodos oder Knidos gesunken. Beweisen ließ sich diese Theorie allerdings nicht. Aber ebensowenig konnte man sie mit Sicherheit widerlegen.

So ließen die Forschungen von Grand Congloué Rätsel offen, die als unlösbar gelten. Die Hauptschuld daran tragen einige Fehler, die bei der Ausgrabung des Wracks trotz aller Vorsicht begangen worden sind. Der schwerwiegendste Fehler ist, daß die Taucher das Wrack ausgruben, ohne es vorher genau photographiert, vermessen und gezeichnet zu haben und ohne während der Ausgrabung Vermessungsarbeiten durchzuführen.

In dem Gelehrtenstreit, der deshalb entbrannte, wurden den bei Grand Congloué beteiligten Archäologen und Tauchern schwere Vorwürfe gemacht. Diese verteidigten sich aber mit Recht mit dem Argument, daß sie eine Pionierarbeit geleistet und dazu völlig neuartige Arbeitstechniken hätten entwickeln und erproben müssen. Fehler sind bei solchen Unternehmen unvermeidlich. Exakte wissenschaftliche Forschungsmethoden können nur allmählich wachsen.

Ihr Hauptziel aber hatten die Forschungsarbeiten bei der Insel Grand Congloué trotz aller Versäumnisse erreicht. Sie hatten die »Unterwasserarchäologie« als einen neuen Zweig der archäologischen Forschung begründet, der an die Stelle der bisherigen, planlosen Unterwasserjagd nach Kunstschätzen trat.

Die Unterwasserarchäologie konnte nun ihren Siegeszug über die Meere, Flüsse und Seen antreten.

Die Küste der »hundert Wracks«

Ile de Riou, Iles du Frioul, Cap Ferrat, Cap Antibes, Le Dramont – jeder dieser Namen bezeichnet einen französischen Ort, an dem Taucher ein antikes Wrack fanden. Und beinahe jeden Monat kann Professor Fernand Benoît einen neuen Ort auf seinen Karten ankreuzen.

Professor Nino Lamboglia vom Instituto Internazionale di Studi Liguri in Bordighera an der italienischen Riviera, Italiens Fachmann für Unterwasserarchäologie, registriert indessen die Wracks an den Küsten Italiens und seiner Inselwelt.

Überall entlang der antiken Schiffahrtswege im Ligurischen Meer entdecken seit Ende der vierziger Jahre Taucher versunkene griechische und römische Schiffe. Aus einigen wenigen wurden erst Dutzende, dann immer mehr. Heute ist es wohl ein gutes Hundert. Immer wieder stoßen Sporttaucher, die einen Fisch in meterhohes Seegras verfolgen oder eine mit prangenden Farben und dunklen Grotten übersäte Steilwand erkunden, auf ein vor Jahrtausenden versunkenes Schiff. Vor ihnen hatten hier Fischer ihre Schleppnetze über den Grund gezogen, hatte vielleicht ein Dampfer mit Echolot sondiert, waren andere Taucher geschwommen – und hatten nichts gesehen. Denn ein antikes Wrack gleicht nicht den Schiffen, die nach den phantastischen Erzählungen alter Seebären mit noch gehißten Segeln auf dem Meeresgrund liegen. Es hat sich längst in ein Schiffsgrab verwandelt.

Die Verwandlung hat schon vor Jahrtausenden, zur Stunde des Untergangs, begonnen. Was damals geschah, können wir heute noch manchmal, in groben Zügen wenigstens, aus Funden auf dem Meeresgrund ablesen. Noch besser erschließen läßt sie sich, wenn wir Schriften aus dem Altertum, wie den biblischen Bericht über Paulus' Schiffbruch vor Malta, und unser allgemeines Wissen über die Seefahrt der Antike zu Hilfe nehmen.

Der antike Seemann besaß weder Kompaß noch Sextant. Er steuerte sein Fahrzeug dem ihm aus Erfahrung vertrauten Verlauf der Küsten entlang, nahm auch Segelhandbücher wie den »Stadiasmos« zur Hilfe und ging nur ungern auf hohe See, wo er sich allein nach dem Stand der Sonne und der Sterne orientieren konnte.

Die nahe Küste aber schenkte Schiff und Mannschaft nur eine trügerische Sicherheit. Immer wieder trieben plötzlich aufkommende Stürme die schweren Segler gegen Riffe und Klippen. An manchen Küstenstrichen machten starke Strömungen den Kapitänen der Antike schwer zu schaffen. Besondere Scheu aber hatten sie vor den von wechselhaften Winden umwehten Kaps, auf denen Griechen und Römer Tempel bauten, um die Götter milde zu stimmen und die Vorüberfahrenden zu warnen. Vor tückischen Riffen knapp unter der Meeresoberfläche warnten allerdings nur wenige Leuchttürme. Wir wissen aus Funden, daß versteckte Riffe zahllose Schiffe in den Grund gebohrt haben.

Wenn ein antiker Kapitän unübersichtliche Buchten kreuzte, mußte er besonders vorsichtig sein. Sie boten den Piraten, die zeitweise ganze Meere unsicher machten, gute Schlupfwinkel, aus denen sie plötzlich hervorbrechen konnten.

Die Geschichte der mittelalterlichen Seefahrt nennt noch zahlreiche andere Gefahren, die sicherlich auch den antiken Seefahrer bedroht hatten, wie schadhafte Steuerruder oder Feuer an Bord, das bei der kleinsten Unachtsamkeit losbrechen und ein hölzernes Schiff in eine lodernde Fackel verwandeln konnte. Dazu kommen die vielen Seeschlachten, bei denen seit den Tagen der Pharaonen immer wieder Hunderte von Schiffen aufgeboten wurden und in der Antike mit erzenen Rammspornen gegeneinandergeprallt waren.

Kein Hafen der Welt könnte wohl die Flotte von Handels- und Kriegsschiffen fassen, die seit Beginn der Seefahrt bis ins Mittelalter auf den Grund des Mittelmeeres sank. Diese Stunde des Schiffsuntergangs hat vor Jahrtausenden die Verwandlung bestimmt, die sich mit dem Schiff auf dem Meeresgrund vollzog. Der Zustand, in dem die Taucher ein Wrack entdecken, ergibt sich aus der Art des Untergangs, der Unterwasserlandschaft, in der es zur

Ruhe gekommen ist, und seiner Bauart und Ladung. So gleicht für einen Fachmann kein Wrack dem anderen, und jedes neuentdeckte bedeutet ein neu zu lösendes grabungstechnisches und wissenschaftliches Problem.

Manchmal ähnelt ein antikes Wrack auf den ersten Blick dem Schiff von Grand Congloué, oft besteht ein anderes nur mehr aus wenigen Überresten, oder ein drittes ist unter tiefen Schlamm- und Sandschichten noch so gut erhalten, wie es die Wissenschaftler kaum zu träumen gewagt hätten.

Vollständige Zerstörung war das Schicksal aller jener antiken Schiffe, die in Brand geraten waren oder die der Sturm immer wieder gegen die Klippen geschleudert hatte, und jener, die in flachen Brandungszonen gescheitert waren, in denen sie die Brandungswellen bald zerschlagen hatten. Von diesen Seglern finden die Taucher heute nur noch verstreute Amphoren, Tonscherben und vielleicht einen einzelnen Anker oder einige Holzreste. Trotzdem sind diese Funde für die Gelehrten nicht wertlos, denn sie können zur Erforschung des antiken Seehandels beitragen.

Wahrscheinlich wurde auch der größte Teil der antiken Kriegsschiffe zerstört. Trieren (dreirudrige antike Kriegsschiffe) oder kleine Liburnen (Brigantinen) waren entweder bei Seekämpfen in Brand gesetzt worden, oder sie waren unter dem Anprall der erzbewehrten Bugspitzen feindlicher Schiffe zerborsten. Unbeschwert von großen Amphorenlasten waren sie nicht sofort in die Tiefe gesunken, sondern zum Spielball der Brandung geworden, die sie schließlich zertrümmerte. Helme, Panzer und Waffen der ertrunkenen Soldaten hatten sich dabei in weitem Umkreis verstreut, ebenso die vielen bleiernen Anker, die erzenen Teile des Rammsporns und tönernen Vorratsgefäße. Alle organischen Stoffe des Schiffes, Körper und Kleider der Krieger, Segel, Nahrungsmittel und das Schiff selbst wurden bald von den Meerestieren verzehrt, die letzten Reste von Bakterien und anderen Kleinstlebewesen aufgelöst. Deshalb konnten die Taucher und Archäologen bis heute kein einziges versunkenes Kriegs-

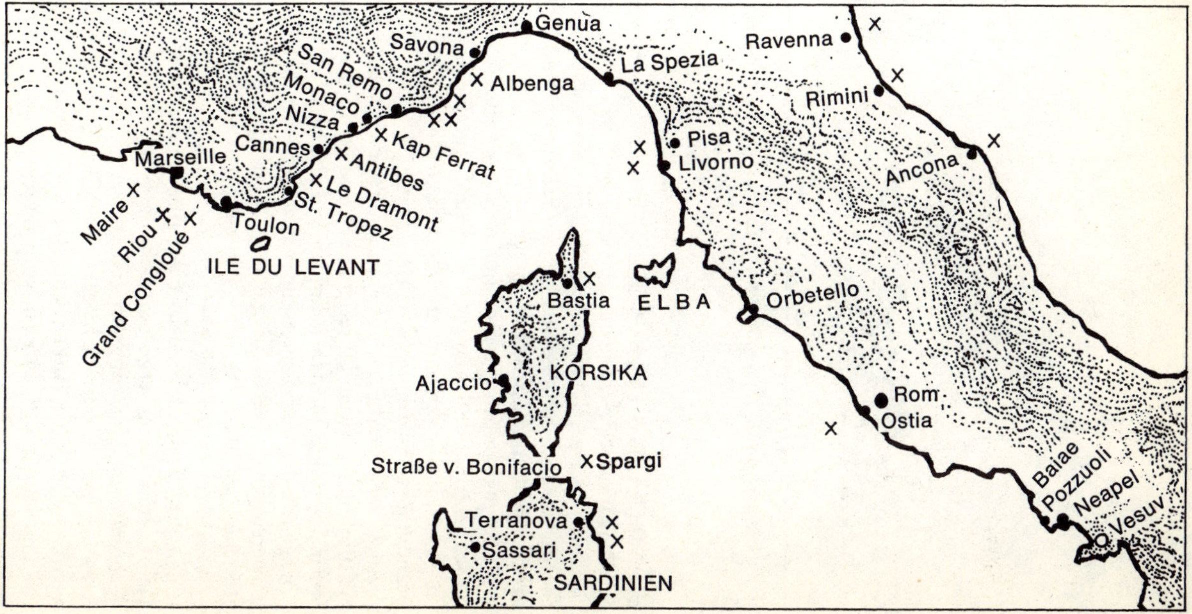
Genua
Savona
San Remo
Monaco
Nizza
Cannes
Marseille
Toulon
St. Tropez
Le Dramont
Antibes
Kap Ferrat
Albenga
Maire
Riou
Grand Congloué
ILE DU LEVANT
La Spezia
Ravenna
Rimini
Pisa
Livorno
Ancona
Bastia
ELBA
Orbetello
KORSIKA
Ajaccio
Rom
Ostia
Straße v. Bonifacio
Spargi
Terranova
Sassari
SARDINIEN
Baiae
Pozzuoli
Neapel
Vesuv

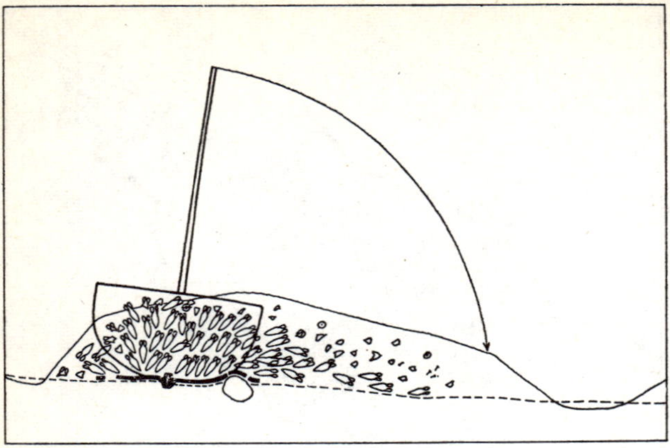

So entstanden aus antiken Wracks Schiffshügel

schiff finden. Das gleiche Schicksal hatten auch schwer beladene Frachtsegler erlitten, wenn sie an flachen Küsten versunken waren. Über diese Küsten jagten immer wieder Sturmwellen hin. Sie brachen die Schiffe auf und zerstreuten Fracht und Schiffstrümmer.

Manchmal stoßen die Froschmänner aber auch auf ein Wrack, das Sand, Schlamm und tiefes Seegras eingebettet hatten, bevor ihm eine an diesen Stellen nur schwache Brandung etwas anhaben konnte.

Auch Wracks, die als gut erhalten gelten, waren wohl meist schon bei ihrem Untergang beschädigt worden. Der Sturm hatte die Masten geknickt und die Segel davongetragen, oder die Ankerseile waren gerissen und die schweren Anker verstreut auf dem Meeresgrund liegengeblieben, während das Schiff selbst davontrieb.

Wurde ein Segler gegen ein tückisches Vorgebirge geschleudert, so brach vielleicht der Bug auseinander und Teile der Ladung ergossen sich über weite Strecken. Während das Schiff langsam sank, geriet es unter die Gesetze der veränderten Schwerkraft in der Unterwasserwelt. Schwere Teile sanken schnell, leichte schwebten davon und kamen weit entfernt vom Wrack auf dem Grund zu liegen.

Schwer mit Amphoren beladene Handelssegler aber sanken rasch und legten sich fest auf den Grund. Nun bestimmte die geologische Beschaffenheit des Meeresbodens an der Untergangsstelle die weitere Verwandlung des Schiffes.

Wohl machten sich Schiffswürmer und Kleinstlebewesen sofort über den Rumpf her, bis er unter der Last der Amphoren schließlich zusammenbrach wie eine Eierschale und die Seitenwände nach außen fielen. Aber schon beim Aufsetzen des Wracks auf dem Meeresgrund drückte die Ladung den Kiel tief in den schützenden Schlamm. Eine sauerstoffarme Wasserschicht über dem Grund, die Meerestierchen meiden, bewahrte eine weitere Spanne des Rumpfes vor der Zerstörung. Langsam häuften sich dann Schlamm und Sand an und bereiteten dem Schmaus der Meeresbewohner ein Ende. Nur noch die Amphoren ragten heraus. Das Meer konnte sie nur verkrusten und in Schlamm einhüllen, denn hart gebrannter Ton besitzt im Meer zeitlose Haltbarkeit.

Manchmal hüllten auch Sand und Schlamm und der Erosionsstaub der Uferfelsen ein Wrack so rasch ein, daß sie den Meerestierchen ihr Futter entzogen, bevor die Seitenwände des Schiffes auseinanderbrechen und die Amphorenladung völlig zerfallen konnte. Die Froschmänner finden in solchen Schiffshügeln die antiken Krüge heute noch so dicht gestapelt, wie sie vor zweitausend Jahren von Hafenarbeitern verstaut worden waren. Manche der antiken Schiffe sanken auch sofort so tief in den Schlamm, daß selbst der hölzerne Rumpf zu einem guten Teil erhalten blieb. Das Meer hat sie allerdings dann so tief eingehüllt, daß sie nur schwer zu entdecken sind. Die Unterwasserarchäologen hoffen aber, bald eines dieser wenigen noch weitgehend erhaltenen antiken Schiffe vollständig freilegen zu können.

Ein römischer Segler, der in den Tagen Cäsars gesunken war, hatte sich schon in einen Schiffshügel verwandelt, als Kaiser Nero die Stadt Rom anzündete. Dann senkte sich eine fast zeitlose Periode über das Wrack, in der das Meer ganz allmählich, jedes Jahrhundert eine Fingerspanne tief, eine Hülle darüber breitete. Es wurde eine Oase bunten maritimen Lebens. Kraken, Muränen und Langusten siedelten sich in den Amphoren der Decksladung an. Mollusken, Korallen, Schwämme und Algen überwucherten Tongefäße und verstreute Bleianker, bronzenes Gerät und Steine. Harte Meeressedimente verkrusteten die Amphoren und buken sie zu einer festen Masse zusammen, zu einem Boden für farbenfroh prangendes Leben, dem man kaum noch ansieht, daß er aus von Menschenhand geschaffenen Gefäßen besteht.

War das Wrack auf einer der endlosen Wiesen meterhohen Seegrases gelandet, die weite Sandböden des Mittelmeeres überziehen, so begann nun die Zeit für das versunkene Schiff vollständig stillzustehen. Sie stand still – für viele Wracks steht sie noch heute still –, bis eines Tages Taucher durch den dichten Seegrasdschungel streiften und auf eine schiffsförmige Insel in der blaugrünen Fläche stießen. Die meisten Wunden, die Wracks in den unberührten Meeresgrund gerissen hatten, heilte die See langsam zu. Schlamm engte die bunte Oase mehr und mehr ein, bis schließlich nur noch einige Amphorenhälse daraus hervorragten – oder das verkrustete Ende eines Ankerstocks, ein Brocken zerfressener Marmor oder ein Stück Bronze. Oft liegen noch einige Amphorenscherben lose umher, aber von der Schiffsfracht selbst ist nichts mehr zu sehen.

Wie viele antike Wracks mögen für immer unauffindbar sein, weil gedankenlose Sporttaucher diese einzigen Hinweise auf ihre Existenz als Trophäen fortschleppten? Auch wenn die Finder nachträglich melden, sie hätten in einer bestimmten Bucht Amphorenbruchstücke gefunden, die Scherben aber schon restlos von der Fundstelle entfernt, ist meist nichts mehr zu retten. Nur genaue Ortsangaben können der Forschung weiterhelfen. Genaue Positionsbestimmungen sind jedoch unter Wasser sehr schwierig. Ein Echolot würde die schwache Erhebung eines Schiffshügels nur bei flachem Meeresgrund anzeigen. Doch nur wenige Stellen des Mittelmeergrundes in Küstennähe sind nicht von Hügeln, Felsen und Tälern durchschnitten.

So konnte nur der Zufall zur Entdeckung der ersten Amphorenschiffe führen. Die französischen Tauchpioniere, die ihr halbes Leben auf dem Meeresgrund verbrachten, waren die ersten, die lernten, den Meeresboden vor den Küsten der Provence nach antiken Wracks abzusuchen und versunkene Schiffe an Stellen zu finden, wo vor ihnen niemand mehr als eine unberührte Unterwasserwelt gesehen hatte. Auch in den großen französischen Tauchklubs der Côte d'Azur – dann auch in italienischen – fanden sich bald Männer, die sich in ihrer Freizeit begeistert der Suche nach archäologischen Schätzen unter Wasser widmeten. Die Entdeckungen wurden immer häufiger, je weiter der Tauchsport Verbreitung fand, denn neben der systematischen Suche stießen Taucher oft zufällig auf Wracks. Die systematische Suche blieb zunächst den Fachleuten vorbehalten, denn sie erfordert große Erfahrung unter Wasser und ein entsprechend geübtes Auge.

Manchmal weisen Fischer an den Küsten des Ligurischen Meeres die Wissenschaftler auf Stellen hin, an denen ihre Netze hängengeblieben waren und sie Amphoren aus dem Wasser gezogen oder Amphorenfelder durch ihre gläsernen Beobachtungskästen gesehen hatten. Dann haben es die Taucher verhältnismäßig leicht, wenn nicht die Ortsangaben der Fischer zu ungenau sind. Die Froschmänner können zur Suche nach großen Amphorenfeldern torpedoähnliche Fahrzeuge einsetzen, die sie mit einigen Knoten Geschwindigkeit über den Grund tragen. Oft lassen sie sich auch von Booten mit einem Meeresflügel schleppen. Dieses Gerät wurde aus einfachen Brettern entwickelt, die man mit langen Seilen an die Boote band. Der Taucher hielt sich an zwei Griffen am Holz fest und bestimmte durch die Haltung des Brettes seinen Kurs. Eine leichte Drehung des Flügels – und er schoß in die Tiefe oder zur Oberfläche. Ein Meeresflügel hat nämlich die gleiche Wirkung wie das Höhenruder eines Segelflugzeuges. Heute liegt der Taucher meist flach auf einem großen Brett, das von einem Motorboot geschleppt wird. Eine Plexiglaskuppel schützte ihn vor dem Fahrtwasser, während er seine Tiefenlage mit einem eigenen beweglichen Steuerbrettchen bestimmt.

Zur Suche nach unbekannten, im Schlamm vergrabenen Wracks steigen die Taucher meist entlang der antiken Schiffahrtswege an Stellen ins Wasser, die für den antiken Seemann besonders gefährlich gewesen waren, an Vorgebirgen oder bei Riffen. Aber auch diese Riffe müssen erst ausfindig gemacht werden. Moderne Seekarten verzeichnen sie kaum noch, denn heute fahren die Schiffe in größerer Entfernung vom Ufer.

Die Arbeit der Taucher gleicht der von Prähistorikern, die in hügeligem Heidegelände bronzezeitliche Grabhügel aufspüren müssen. Der Dschungel des maritimen Lebens überzieht natürliche Felsen, Seeminen, die verrosteten Überreste einer Autokarosserie, Amphoren und römischen Marmor mit einem gleich bunten Teppich. Der Taucher muß eine antike Schiffsuntergangsstelle oft aus winzigen Anzeichen erkennen, aus der dunklen Verfärbung einer Stelle im Sand oder aus der etwas zu rechteckigen Form eines Steins, der sich bei näherer Untersuchung vielleicht als marmorner Bauteil entpuppt. Erst wenn der Taucher etwas Schlamm mit der Hand weggefegt hat, werden oft Amphorenhälse sichtbar. Selbst frei umherliegende Amphorenbruchstücke, überdeckt von Verkrustungen, verschwinden in der bunten Landschaft allzu leicht und sind nur schwer zu entdecken.

Kunstraub in der Tiefe

Aber die Archäologen sind nicht über jeden neuen Fund glücklich, den sie registrieren können. Seit sich der Tauchsport ausgebreitet hat, müssen sie es immer häufiger erleben, daß die zufälligen Finder von Wracks Amphoren aus den Feldern reißen, sie oft mit Dolchen, Hämmern und Beilen losbrechen und dabei viele andere Gefäße zerstören und die Untergangsstellen zum Teil verwüsten. Einzelne Amphoren oder Bleianker haben für die Wissenschaft jedoch nur geringen Wert. Künstlerisch sind sie bedeutungslos – wie unsere heutigen Kisten und Fässer. Nur ihre Aussagekraft über die Vergangenheit zählt. Die Aussagekraft von einzelnen, losen Amphoren ist aber sehr begrenzt. Sie können nur wenig zu unserem Wissen über die antike Seefahrt beitragen – was nicht heißen soll, daß sie völlig nutzlos für die Forschung sind.

Die Wissenschaftler können aus Einzelfunden nur schließen, daß an jener Stelle ein Schiff versank, und den Ort in ihre Karten eintragen. Für die Wissenschaft ist es aber auch notwendig zu wissen, wann das Schiff versank, woher es kam und wohin es hätte segeln sollen, welche Ladung es trug, und wie es aussah. Auf diese und viele andere Fragen können ein, zwei Amphoren von der Untergangsstelle kaum Antwort geben. Die Antwort finden die Gelehrten nur an der Fundstätte selbst, die möglichst unberührt sein soll, und mit genauen Untersuchungsmethoden, die seit Grand Congloué entwickelt wurden, behutsam und gründlich erforscht wird. Dabei kommt es auf die genaue Lage jeder einzelnen Amphore an. Die Entfernung einiger Fundstücke aus Hunderten, vielleicht Tausenden, kann das Aussehen einer Untergangsstelle schwerwiegend verändern und den Unterwasserarchäologen ihre Arbeit sehr erschweren.

Die Archäologen und Unterwasserforscher versuchen deshalb, die Sporttaucher entsprechend aufzuklären. Sie haben dabei aber meist nur wenig Erfolg, denn viele Entdecker von Wracks fühlen sich nicht der Forschung verpflichtet, sondern halten das von ihnen entdeckte versunkene Schiff für eine willkommene Geldquelle. Sie heben die besten Amphoren und verkaufen sie auf dem schwarzen Markt als Antiquitäten. Die Gelehrten erhalten höchstens einige weniger gute Krüge oder erfahren nur zufällig von dem Wrack und finden dann an der Untergangsstelle ein Trümmerfeld vor. Dazu tauchen immer mehr Antiquitätensammler selbst in die Tiefe. Amphorenfischen ist zum Entsetzen der Gelehrten eine beliebte Ferienbeschäftigung von Millionären und ihren Freunden geworden. Es wird entlang der Côte d'Azur und an der italienischen Riviera von vielen Luxusyachten aus betrieben.

Am meisten Sorge aber bereiten den Unterwasserarchäologen die vielen Tauchschulen und einige Tauchklubs, die in den letzten Jahren entlang der Küsten des Ligurischen Meeres eröffnet wurden. Jede kleine Tauchschule, jeder Klub hat seine eigenen Wracks, von denen die Wissenschaft kaum jemals erfährt. Im Herbst gehen die »moniteurs«, die Tauchlehrer, die oft gute Unterwassererfahrung besitzen, auf die Suche nach neuen Wracks, die dann ihre Schüler in der kommenden Saison gegen entsprechendes Geld ausbeuten dürfen.

Die Archäologen und Unterwasserforscher stehen dieser Lage der Dinge fast machtlos gegenüber. Das Plündern antiker Wracks ist zwar in allen Ländern verboten, wird aber nur von einigen Staaten mit gerichtlichen Strafen geahndet. So schützt die Wracks an der französischen Küste, nur unvollkommen natürlich, ein Edikt, das Jean Baptiste Colbert, der einflußreiche Minister Ludwigs XIV., im 17. Jahrhundert erließ.

Alle Wracks zu bewachen, ist natürlich auch unmöglich. Man bräuchte dazu allein an der Küste des Ligurischen Meeres einige Regimenter Froschmänner und ein Geschwader von Transport- und Versorgungsbooten. Obwohl die Taucher der französischen Kriegsmarine, die angesehenen Tauchklubs von Marseille und Cannes und die Taucher des italienischen Unterwasserforschungsschiffes *Daino* regelmäßig über Amphorenfelder patrouillieren, müssen sie es erleben, daß sich solche Felder innerhalb eines Sommer leeren. Denn die Amphorenräuber arbeiten selbst bei Nacht, mit Unterwasserscheinwerfern, auf dem Meeresgrund.

So schilderte der Münchner Sporttaucher Siegfried Köster das Schicksal eines Wracks: »Mit einem Schlauchboot stachen wir von der italienischen Insel Giglio aus in See. Unser Ziel war Giannutri, das winzige Nachbarinselchen. Bei der Punta Scaletta gingen wir vor Anker. Eine antike Marmortreppe führte hier vom Tyrrhenischen Meer hinauf zu den Mauern und Säulen einer römischen Villa, des Landsitzes eines reichen Ritters oder Senators. Vor mehr als zweitausend Jahren war dieser Prachtbau errichtet worden. Konnte hier nicht manches antike Stück ins Wasser gefallen sein? Wir legten unsere Atemgeräte an, tauchten ab und fanden in fünfundvierzig Meter Tiefe ein versunkenes Schiff. Der Segler hatte Amphoren getragen. In Reihen geschichtet staken sie nun im Schlamm. Unsere größte Entdeckung aber war die Deckslast darüber: Teller und Schalen, fein glasierte etruskische Keramik. Fast tausend Stück der wertvollen Gefäße lagen, noch sauber gestapelt und unzerbrochen, auf dem Meeresgrund. Wir hoben einige Keramikproben und legten sie einem Archäologen vor. Er datierte sie auf das zweite Jh. v. Chr. Doch das Gerücht von unserem Fund verbreitete sich schnell. Als wir nach einem Jahr wiederkamen, war das Wrack geplündert. Das Tafelgeschirr hatten Sporttaucher restlos weggeschleppt, von den Amphoren war nur noch ein trauriger Scherbenhaufen geblieben.«

Die Archäologen hätten nur eine Möglichkeit, die versunkenen Schiffe der Antike für die Wissenschaft zu retten: Sie müßten die Wracks sofort nach der Entdeckung heben lassen. Die bisherigen Ausgrabungen unter Wasser zeigten jedoch, daß diese Aufgabe unlösbar ist. Selbst wenn die Archäologen alle verfügbaren Kräfte und finanziellen Mittel einsetzten und zugunsten der Unterwasserarchäologie auf manche Ausgrabung an Land verzichteten, könnten sie die bis jetzt bekannten Wracks nur in einigen Jahrzehnten harter Arbeit erforschen. Frédéric Dumas, der wohl erfahrenste Wracktaucher der Welt, schätzte bereits 1960 die für die damals entdeckten Wracks nötige Arbeitszeit auf zwanzig Jahre. Und seit 1960 kamen jedes Jahr zahlreiche Neuentdeckungen hinzu! Die Ausgrabungen bei Grand Congloué dauerten schließlich, wenn auch mit einigen langen Unterbrechungen, Jahre, und die inzwischen verfeinerten Forschungsmethoden, ohne die ein antikes Wrack zu wenig Geheimnisse preisgibt, erfordern noch mehr Zeit.

Gewaltig ist allein schon die Grab- und Hebearbeit, die unter Wasser geleistet werden muß. Ein mittlerer antiker Handelssegler war mit dreitausend Amphoren beladen. Sein Wrack stellt dementsprechend eine Masse von etwa vierhundert Tonnen Funden dar, durchmischt mit mindestens zweihundert Tonnen Sand und Schlamm. Dazu kommen noch einmal rund sechshundert Tonnen Sand, Schlamm und Felsbrocken, die weggeräumt werden müssen, wenn ein Wrack mit den neuesten wissenschaftlichen Methoden erforscht, ausgegraben und geborgen werden soll. Die Taucher müssen also in Tiefen von dreißig, vierzig Meter zwölfhundert Tonnen – und bei größeren Schiffen mehr – bewegen.

In solchen Tiefen kann aber ein guter Taucher täglich nur dreimal zehn bis fünfzehn Minuten Arbeit leisten. In mehr als vierzig bis fünfzig Meter Tiefe wird die Arbeit noch viel mühsamer und gefährlicher und erfordert so viele geübte Taucher, daß sich bis jetzt noch niemand an systematische Ausgrabungen so tiefliegender Funde gewagt hat.

Von den zwölfhundert zu bewegenden Tonnen darf nur ein Teil des Schlammes mit großen Saugpumpen weggeschafft werden. Wenn bei einer Ausgrabung an Land die gröbsten Erdarbeiten getan sind, greift der Archäologe zur Kelle und schließlich zum Pinsel. Entsprechend muß der Unterwasserarchäologe von Zeit zu Zeit die große Saugpumpe, die mit ihrem starken Sog manches zerstört und kleine Gegenstände einfach verschlingt, durch eine Saugpumpe mit kleinerem Durchmesser und schwächerem Sog und schließlich durch einen Spritzenschlauch und Handarbeit ersetzen. Der Strahl eines Wasserschlauches ist unter Wasser weich wie ein Pinsel und spült vorsichtig den Schlamm von den Funden ab. Die schonendste Arbeitsmethode ist das Wedeln mit der Hand. Der Froschmann bringt mit der Handfläche geschickt das Wasser so in Bewegung, daß es leichte Schlammschichten wegträgt, ohne ihm die Sicht zu vernebeln. Die Arbeit mit Spritzenschlauch und Hand bewältigt zwar keine großen Schlammassen, genaue Forschungsmethoden erfordern aber, daß oft kleinste Funde vor der Bergung in ihrer Lage auf dem Meeresgrund photographiert, gezeichnet und in einen Lageplan eingetragen werden. Dieses Photographieren, Vermessen und Zeichnen unter Wasser vor Beginn der Ausgrabung und nach jeder Ausgrabungsphase kostet zusätzliche Tauchzeit.

Die Mannschaft für eine Unterwasserexpedition muß deshalb außer Archäologen, Konservatoren und erfahrenen, ausdauernden Froschmännern für die Grab- und Bergearbeit auch Photographen und Zeichner umfassen, die unter der Leitung von Archäologen in Froschmannausrüstung auf dem Meeresgrund arbeiten. Ausgrabungen unter Wasser erfordern daher einen viel größeren Aufwand an Fachleuten, technischen Mitteln und Geld als an Land. Zudem gibt es in Europa noch wenige Archäologen, die mit Schwimmflossen, Tauchmaske und Atemgerät umgehen können. Archäologische Arbeit unter Wasser verlangt nämlich eiserne Gesundheit, unermüdliches Tauchtraining und viel Unterwassererfahrung.

So wurden bis jetzt fast alle Expeditionen von den Gelehrten nur ferngesteuert. Die Wissenschaftler mußten an Bord der Taucherschiffe auf die Berichte und Funde warten, die ihnen die Taucher brachten. Etwas Abhilfe schaffte bei Grand Congloué eine Fernsehkamera, die die Taucher auf dem Meeresgrund in Betrieb nahmen. Sie sandte eindrucksvolle Bilder hinauf zu den Fernsehempfängern der *Calypso.* Diese Kamera hatte eine britische Gesellschaft zusammen mit einigen Technikern an Cousteau verliehen. Für den meist schmalen Geldbeutel der archäologischen Institute sind Fernsehanlagen sonst zu teuer.

Vor allem im Westmittelmeer müssen die Gelehrten fast machtlos zusehen, wie ein Wrack nach dem anderen geplündert wird. Es werden zwar immer noch weitere versunkene Schiffe entdeckt, doch allmählich geht der Vorrat an archäologischen Schätzen an den Küsten des Ligurischen Meeres dem Ende zu.

Gleichzeitig steht die Archäologie an Land in erbittertem Kampf mit zahllosen Antiquitätenräubern. In Italien schaffen Gangsterringe Milliardenwerte aus dem Land. Der italienische Ingenieur und Gelehrte Carlo Lerici, der einen Teil seines Millionenvermögens der archäologischen Forschung mit modernsten Methoden widmet, schätzt, daß etwa 20000 Quadratkilometer Land in Italien archäologische Kostbarkeiten enthalten. Er meint, es lägen noch mehr Schätze unter der Erde Italiens, als in allen Jahrhunderten bis heute in aller Welt ausgegraben worden seien. Aber überall sind die »fundverdächtigen« Stätten von der Technik bedroht, von Hafen- und Straßenbauten, Flugplätzen, Wohngebieten und Industrieanlagen. Dabei gelingt es Italien nicht einmal, die bereits ausgegrabenen Monumente zu erhalten. Die altrömischen Villen Pompejis drohen einzustürzen, die Mosaiken sprengt wucherndes Gras. Die Fresken etruskischer Grabkammern werden vom Kunstdünger der Felder aufgefressen. Italien ist für seine Armut zu reich an vorzeitlichem, antikem und mittelalterlichem Erbe. Es fehlt sogar am nötigen Geld für Personal. »Eine Vergangenheit von dreißig Jahrhunderten geht in unserer Epoche vor unseren Augen unter«, klagt der italienische Gelehrte Paolo Monelli. In den meisten anderen Mittelmeerländern ist die Lage nicht viel besser. Zwar bekämpfen in Griechenland und in der Türkei die Behörden erbittert die Antiquitätenräuber, doch für großzügige Forschungsprojekte sind fast alle Mittelmeerländer zu arm.

Die französischen und italienischen Archäologen mußten sich bis heute damit begnügen, einige wenige der vielen bis jetzt entdeckten Wracks zu erforschen. Aber auch diese wenigen Expeditionen konnten sie nur durchführen, weil ihnen private Gönner Geld und Ausrüstung zur Verfügung stellten, oder weil die Kriegmarine Hilfsdienste leistete. Langsam fügen diese Expeditionen Stein um Stein zu einem Mosaik, das einmal ein umfassendes Bild der Seefahrt und des Schiffsbaues der Antike ergeben soll. Allmählich entwickeln die Unterwasserforscher auch verfeinerte und verbesserte Arbeitsmethoden, die versprechen, künftig die Überreste antiker Schiffsuntergänge zu noch viel lebendigeren, aussagekräftigeren Zeugen erstehen zu lassen als bisher. Besondere Höhepunkte dieser Entwicklung bedeuteten neben Grand Congloué die Bergungen der Wracks von Albenga, der Ile du Levant und von Spargi.

Der Fischzug von Albenga

Albenga ist ein kleines Städtchen an der italienischen Riviera, zwischen Genua und San Remo. Einst lag hier der römische Hafen Albium Ingaunum. Im Jahr 1925 warfen Fischer eine Seemeile vor der Stadt ihre Netze aus. Alle Hände auf dem Fischerboot mußten zugreifen, als sie wieder eingeholt wurden; die Beute hatte ein ungewöhnliches Gewicht. Die Männer freuten sich schon über ihren guten Fang, als zwei römische Amphoren aus dem Wasser auftauchten; sie waren in den Maschen des Netzes hängengeblieben. Die Fischer brachten die Amphoren in das Museum der Stadt, und ebenso alle weiteren Bruchstücke, die bei späteren Fischzügen an derselben Stelle ans Tageslicht kamen. Als Professor Nino Lamboglia davon hörte, versuchte er vergeblich, von der italienischen Regierung die nötigen Mittel für eine Untersuchung des Meeresgrundes vor Albenga und die Hebung der Funde zu bekommen. Auch die italienischen Sporttaucher hatten zu dieser Zeit noch wenig Interesse an archäologischer Arbeit unter Wasser und lehnten die Bitten des Gelehrten ab. Schließlich bot ihm Giovanni Quaglia, der Präsident der Genueser Bergungsgesellschaft Sorima, seine unentgeltliche Hilfe an. Quaglia war ein erfahrener Bergungsfachmann, dem es im Jahr 1925 gelungen war, aus dem Wrack des Dampfers *Egypt* 800000 Pfund in Gold zu heben. Lamboglia nahm seinen Vorschlag an.

Quaglia beorderte das Bergungsschiff *Artiglio II* mit Ausrüstung und Helmtauchern nach Albenga. Das Schiff war mit einem Spezialgreifer bestückt, der selbst in großen Tiefen noch Stahlplatten von den Rümpfen versunkener Schiffe reißen konnte, und mit einer versenkbaren Beobachtungskammer ausgestattet, von der aus ein Mann die Bewegungen des Greifers lenkte. Diese Beobachtungskammer wurde vor Albenga ins Meer gelassen. Als sie sich langsam dem Grund näherte, berichtete der Posten in der Kammer aufgeregt durchs Telephon, er sehe Hunderte von Amphoren, einen Haufen von mindestens dreißig Meter Länge, der sich gut zwei Meter über dem flachen Meeresgrund erhebe. Sofort stiegen Helmtaucher mit Netzen ins Wasser und brachten einige der Krüge an Bord der *Artiglio II.*

»Ende des zweiten bis erste Hälfte des ersten Jh. v. Chr.«, datierte Professor Lamboglia den Fund.

Der Greifer schlug seine stählernen Zähne in das Amphorenfeld und zerknackte steinharte Meeressedimente und tönerne Krüge. Doch ein Teil der Krüge blieb unbeschädigt. In zwölf Tagen wurden auf diese Weise 728 Amphoren aus vierzig Meter Tiefe geborgen, dazu schwarz glasiertes Geschirr, Holzreste des Schiffes, Teile der Schiffsausrüstung, der Bleiverkleidung und Reste von drei bronzenen Helmen.

Viel Kopfzerbrechen bereitet den Gelehrten noch heute ein bleiernes Rad mit Resten eines Seiles, das mitten unter den Amphoren lag. Nie vorher und nie nachher ist ein vergleichbarer Gegenstand aus der Antike gefunden worden. Hatte das Rad zu einem Pumpsystem gehört, das im Falle eines Lecks das Wasser aus dem Schiff entfernen sollte? Hatte es als Steuerrad für das Ruder gedient? Diese und andere Möglichkeiten wurden von Gelehrten bereits erwogen, doch das Rätsel blieb ungelöst. Die Wissenschaftler können nur hoffen, daß eines der noch unangetastet auf dem Meeresgrund liegenden Wracks eines Tages ein ähnliches Gerät in seiner ursprünglichen Position zutage bringen wird.

Vergeblich hielt Professor Lamboglia auch nach Amphorenverschlüssen Ausschau. Statt dessen fand er Pinienzapfen in mehrere Amphorenhälse geklemmt. Was mochten die antiken Seeleute in diesen Krügen befördert haben?

– Haselnüsse? Der Boden dreier Amphoren war nämlich noch damit bedeckt. Amphoren mit Haselnüssen hatten keinen luftdichten Verschluß benötigt. Der antike Reeder des Schiffes von Albenga hatte sie wohl deshalb mit den billigeren Pinienzapfen verschließen lassen.

Ebenso vergeblich suchte Professor Lamboglia nach Stempeln oder Inschriften auf den Amphoren. Doch aus den Formen der Krüge und des Geschirrs war der Schiffsuntergang bald auf 80 bis 60 v. Chr. datiert. Auch die Helme ähneln denen römischer Soldaten auf Reliefs aus dieser Zeit. Schließlich wurde Professor Lamboglias Feststellung durch eine Untersuchung mittels der Radiokarbonmethode bestätigt. Der Unterwasserforscher James Dugan brachte einen Holzsplitter vom Rumpf des Wracks von Albenga zum Radiokarbon-Laboratorium des Staatlichen Museums von Arizona, USA, und ließ ihn dort untersuchen.

Die vom Nobelpreisträger Professor Willard F. Libby von der Universität Chikago entwickelte Radiokarbonmethode erlaubt, das Alter von Funden aus organischer Materie wie Holz, Knochen, Leder oder Stoffresten erstaunlich genau anzugeben. Diese Methode, die den Archäologen gute Dienste leistet, ist ein Ergebnis der Atomforschung. Sie arbeitet mit einer radioaktiven Abart des Kohlenstoffes, dem Kohlenstoffisotop C^{14}, dessen radioaktiver Zerfall mit genau bestimmter Regelmäßigkeit abläuft. In 5360 Jahren ist von einer bestimmten Ausgangsmenge C^{14} nur noch die Hälfte vorhanden. In weiteren 5360 Jahren hat sich die Menge auf ein Viertel verringert, in 53600 Jahren ist der radioaktive Kohlenstoff bereits auf ein Tausendstel zerstrahlt. Durch Messungen der in allen organischen Stoffen gemeinsam mit normalem Kohlenstoff angereicherten Kohlenstoffisotope C^{14} beziehungsweise deren Zerfallswertes mittels des Geigerzählers kann das Alter jeder organischen Substanz erstaunlich genau festgestellt werden. Mit der C^{14}-Methode läßt sich zum Beispiel ein sonst schwer datierbares antikes Schiff bis auf fünfzig Jahre genau datieren. Bei den Wracks von Grand Congloué und Albenga ließen sich die bereits aus anderen Überlegungen gewonnenen Untergangsdaten mittels der Radiokarbonmethode ziemlich sicher bestätigen. Als einige Jahre später noch einmal italienische

Taucher zum Wrack von Albenga hinunterstiegen, stellten sie fest, daß es nicht zwei- oder dreitausend, sondern mindestens doppelt so viele Amphoren geladen hatte!

Doch fast bedeutungsvoller als die Funde und Forschungsergebnisse von Albenga sind für die Unterwasserarchäologie die Erfahrungen, die bei den Bergungsarbeiten gewonnen werden. Außer einigen Tausend Amphoren hatte nämlich der stählerne Greifer der *Artiglio II* auf dem Meeresgrund einen wüsten Scherbenhaufen zurückgelassen. Deshalb wurden bei archäologischen Forschungen seither nie wieder ähnlich grobe Geräte eingesetzt. Professor Lamboglia hatte es künftig auch nicht mehr nötig, auf Helmtaucher zurückzugreifen, denn die Funde von Albenga hatten viele italienische Sporttaucher dazu angeregt, selbst Amphorenschiffe zu suchen oder Professor Lamboglia bei seinen Expeditionen als Freiwillige zu helfen. Schließlich erhielt Italien auch ein vorbildliches Forschungszentrum, das »Centro Sperimentale di Archeologia Sottomarina«, das in Albenga unter der Leitung von Professor Lamboglia gegründet wurde. Da die italienische Kriegsmarine seit 1959 diesem Institut regelmäßig jeden Sommer die Korvette *Daino* samt Mannschaften kostenlos zur Verfügung stellt, konnte es bereits einige bedeutende Tauchfahrten unternehmen.

Vorher aber gelang es noch französischen Tauchern, die dritte bedeutende Ausgrabung an einem antiken Amphorenschiff durchzuführen. Fregattenkapitän Philippe Tailliez, der langjährige Kommandant der Unterwasserforschungsgruppe der französischen Kriegsmarine, nahm sie im Sommer 1957 bei der Ile du Levant vor Cap Antibes an der französischen Riviera in Angriff.

Das Geheimnis des Dr. Piroux

Dr. Jacques Piroux vom »Club de la Mer« in Antibes hatte das Wrack 1948 entdeckt, als er von seinem Boot aus auf Unterwasserjagd ging. Piroux verfolgte in der Nähe des Leuchtturmes »Titan« auf einem Kap der Insel einen Mérou, einen massigen Zackenbarsch, als er in siebenundzwanzig Meter Tiefe auf ein unberührtes Amphorenfeld stieß. Piroux hakte den Anker seines Bootes durch den

Henkel einer Amphore und zog sie hoch. Er mußte alle Kraft aufwenden, um den antiken Krug an Bord zu bringen. Er war nämlich beinahe so groß wie seine achtjährige Tochter, die ihrem Vater vom Boot aus bei der Unterwasserjagd zusah.

Das Wrack lag etwas abseits der Insel, so daß es Schwimmer kaum durch Zufall entdecken konnten; und Piroux erzählte außer Professor Benoît nur seinen besten Freunden davon. So blieb das Amphorenfeld der unberührte Zaubergarten, den der Doktor entdeckt hatte, bis später Professor Benoît und Philippe Tailliez mit mehreren Tauchern auf dem Forschungsschiff *Ingénieur-Elie-Monnier* der französischen Kriegsmarine vor der Ile du Levant aufkreuzten. Unter den Steilwänden der Insel, die nach Osten zu ins Meer abfallen, ging die Schaluppe vor Anker, eine Steinwurfweite vom Leuchtturm entfernt; dort mußte das Wrack liegen. Tailliez und drei Taucher machten sich fertig und ließen sich ins klare Wasser gleiten. Sie schwebten langsam tiefer, über eine bizarre Landschaft von tiefeingeschnittenen, gewundenen Schluchten und Tälern hin. Heller Sand füllte eines dieser Täler. Er leuchtete vom dunklen Grund wie ein schmaler Fluß, der sich plötzlich zu einem von schroffen Felsen eingefaßten Sandsee erweiterte.

Aus diesem See wuchs eine dunkle Insel. Algen, Schwämme, Meeresablagerungen überzogen sie wie die anderen Felsen. Doch bei näherem Hinsehen erkannten die Männer Amphoren, zahllose Gefäße, dicht nebeneinandergeschichtete Krüge, die aus der dunklen Insel aufragten. Mit ganzer Kraft kämpften sich die Taucher gegen die starke Strömung des Wassers tiefer, von Felsen zu Felsen, vorbei an Amphorenscherben, bunten Algen, Gorgonien und Korallen, an wuchernden Schwämmen und kleinen Meerestieren, die in ihren Schlupfwinkeln verschwanden, bis sie durch eine enge Schlucht in den Sandsee gelangten. Hier herrschte zeitlose Stille. Fünf, sechs Meter hohe Felsen umgaben den Sandsee und schützten ihn und das Wrack in seiner Mitte vor der Strömung. Kein Laut der Brandung, kein anderes Geräusch drang in diese Tiefe, zu dem antiken Wrack, das das Meer in eine Oase blühenden Lebens verwandelt hatte.

Eine silbern schimmernde, armlange Gabelmakrele

und zwei Mérous standen vor dem schiffsförmigen Hügel über dem Sand und schwammen langsam davon, in die Tiefen des Sandtales. Sardinenschwärme und regenbogenfarbene Girellen spielten um das Wrack. Zwischen den von Algen, Gorgonien, Korallen und Schwämmen überwucherten Amphoren verharrten regungslos rotglühende Drachenköpfe. Muränen hatten Amphoren bevölkert und streckten drohend ihre Schlangenköpfe daraus hervor.

Die Taucher wählten vier Amphoren aus der obersten Schicht der Ladung. Der Hebebaum der Schaluppe *Elie-Monnier* brachte sie unter Jubelrufen der Mannschaft nacheinander nach oben. Professor Benoît konnte sie sofort datieren: Die Krüge mußten ihrer Form nach im ersten Jh. v. Chr., im Zeitalter des Kaisers Augustus, hergestellt worden sein. Der Professor war selbst kein Taucher und ließ sich daher das Wrack auf dem Meeresgrund genau beschreiben. Es stand für ihn fest: Dieses Schiff darf nicht die Beute von Amphorenräubern werden!

Wohl hatte man seit dem Fund von Grand Congloué größere und ältere Wracks entdeckt als dieses. Aber keines der anderen Wracks war so gut erhalten geblieben. Ein glücklicher Zufall hatte das Schiff in dieses stille, felsengesäumte Becken geführt. Die Zeit konnte es wohl in einen Wrackhügel verwandeln, doch die Felswände hatten es vor Wellen und Strömung geschützt. So fand man in dem Sandsee noch jeden Nagel und das kleinste Öllämpchen des Schiffes. Unter den verkrusteten Amphoren lagen sicherlich noch weitere, unbeschädigt und fest verstaut, wie sie einen antiken Hafen verlassen hatten. Und darunter würde man weitere Ladung, Schiffsausrüstung und schließlich den unteren Teil des Schiffsrumpfes finden. Wie sich später zeigen sollte, hatten die Taucher und Professor Benoît recht vermutet.

Doch es gab nur eine Möglichkeit, das Wrack vor der Plünderung durch Amphorenräuber zu bewahren: Man mußte es möglichst bald erforschen, ausgraben und die Funde heben.

Tailliez hoffte, dafür Zustimmung und Unterstützung der Kriegsmarine zu erhalten. Er ließ die Schaluppe *Elie-Monnier* rasch mit einer Saugpumpe ausrüsten und traf kurze Zeit später wieder zu einer eingehenden Erkundung bei der Ile du Levant ein. Tailliez begann nicht sofort mit dem Graben, denn er hatte aus den bei Grand Congloué begangenen Fehlern gelernt. Er machte zunächst selbst die nötigen Photographien unter Wasser. Das gesamte Wrack auf ein Bild zu bekommen, war unmöglich. So knipste er, in zehn Meter Tiefe schwebend, mehrere Einzelaufnahmen, die sich später zu einem Gesamtbild zusammenfügen ließen. Die Aufnahmen glichen einem Luftbild, wie die Archäologen an Land es nur unter großen Schwierigkeiten, mit Hilfe von Flugzeugen, gewinnen können.

Doch dabei stieß Tailliez auf ein schwer lösbares Problem: Verändert der Photograph seinen Abstand zum Meeresboden – oder wird die Kamera etwas verkantet –, so entstehen wegen der unterschiedlichen Entfernungen zwischen Aufnahmeobjekt und Kamera und der verschiedenen Aufnahmewinkel Bilder, die sich nicht mehr zu einem einheitlichen Photomosaik zusammenfügen lassen. Solche Photomosaiken erinnern dann an »zerwühlte Steppdekken«, spottete der amerikanische Archäologe George F. Bass. Luftaufklärer, wie die berühmte U-2, haben es einfacher: Wenn etwa eine Maschine in 10000 Meter Höhe fliegt und eine Höhenschwankung von hundert Meter eintritt, so beträgt die Abweichung nur ein Prozent. Außerdem sind diese Maschinen mit Geräten ausgestattet, die jede Abweichung genau festhalten und später eine Umrechnung und exakte Korrektur der Bilder erlauben. Mit Spezialgeräten werden sie »entzerrt«. Der Taucher aber muß stets mit wechselnden Strömungen kämpfen und selbst eine leichte Strömung trägt ihn mal einen Meter tiefer, mal einen Meter höher. Bei zehn Meter Abstand zum Wrack unter ihm gibt das schon die beträchtliche Abweichung von zehn Prozent. Dabei hatte aber Tailliez keine den Instrumenten der Luftaufklärer entsprechenden Meßgeräte zur Verfügung. Doch er ließ sich nicht entmutigen und verfiel schließlich auf eine einfache Lösung: Er befestigte an seiner Kamera ein Bleilot, das bei den Aufnahmen immer knapp über dem Wrack streifte und brachte eine Wasserwaage am Gehäuse seines Apparates an, damit er ihn stets im Gleichgewicht halten konnte. So gelang ihm das erste brauchbare »Luftbild« eines versunkenen Schiffes der Antike. – Tailliez' Versuche regten später das amerikanische Expeditionsteam bei Yassi Ada zu seinen raffinierten Forschungsmethoden an. – Während Tailliez photographierte, maßen zwei Taucher mit Meterstab und Kompaß den von Felsen umgebenen Sandsee und das Wrack aus und zeichneten in mehreren Tauchgängen einen genauen Plan mit weicher Kreide auf eine Tafel aus aufgerauhtem, mattem Plexiglas.

Die erste Arbeit mit der Saugpumpe sollte der Erkundung dienen. Die Taucher legten einen schmalen Graben in den Sand, von den Felsen um den Sandsee bis zum Wrack. Erst später setzte sich die Erkenntnis durch, daß solche Querschnitte, wie man sie an Land anlegt, unter Wasser nicht zweckmäßig sind.

Stundenlang arbeiteten die Taucher in mehreren Schichten. Am Strand ordneten inzwischen andere die Fülle der ersten Funde: Amphorenstöpsel, bronzene Schiffsnägel, Holzreste, zwischen Geröll und Muscheln. Doch bald stellte sich heraus, daß ein so leichtes Schiff wie die *Elie-Monnier* nicht die rechte Arbeitsplattform für Forschungen an dieser Stelle abgab. Trotz der starken Verankerung bewegte sie sich zu sehr in Strömung und Wind.

Tailliez fuhr deshalb in die Docks der Kriegsmarine nach Toulon und wählte einen flachen Ponton aus, der schwer und ruhig auf dem Wasser lag und dem Wind wenig Angriffsfläche bot. Der Ponton 26, wie er bescheiden hieß, wurde anderswo nicht gebraucht, und Tailliez erhielt die Erlaubnis, ihn für seine Forschungen zu verwenden. Im Frühjahr 1955 lag der Ponton überholt und mit Saugpumpen und Kompressoren bestückt im Hafen von Toulon. Aber auch in Frankreich arbeiten leider die Behörden langsam, und als Tailliez endlich die offizielle Erlaubnis für seine Expedition erhielt, war es bereits zu spät. Tailliez war aktiver Marineoffizier und mußte im Sommer des Jahres 1955 das Kommando über die französische Rheinflotille in Koblenz übernehmen. So wurde das Wrack ein Opfer von Amphorenräubern.

Als Tailliez im April des Jahres 1957 seine Forschungen wieder aufnahm, untersuchte er das versunkene Schiff lange und gründlich. Die Amphorenräuber hatten Löcher in den Hügel gerissen und rund dreihundert Amphoren geborgen. Doch die Verurteilung zweier Plünderer des Wracks schien die übrigen abgeschreckt zu haben. Zwischen den Löchern und um die Ladung war der Sand unberührt geblieben und die zweite, darunterliegende Schicht Amphoren steckte noch fest im Wrackhügel. Tailliez beschloß, nun schnell zu handeln. Er reiste nach Toulon, fand dort den Ponton noch vor, ließ ihn wieder ausrüsten, die alten Lizenzen und Genehmigungen erneuern und suchte sich eine Mannschaft erfahrener Marinetaucher zusammen, von denen ihn manche schon bei seinen früheren Expeditionen begleitet hatten.

Anfang Juli waren die Geräte bereit, und die Expedition schlug im Pinienhain beim Leuchtturm »Titan« auf der Insel ihr Zelt auf.

Nur einen Sommer, keine drei vollen Monate, durfte die Ausgrabung dauern. Länger konnte die Marine Tailliez und seine Taucher nicht entbehren. Das Programm für diese kurze Zeit war riesig. Das Wrack sollte erforscht und ausgegraben, die Funde mußten gehoben werden. Nicht einmal zwei Dutzend Männer hatte Tailliez für die Arbeit unter Wasser und für das kaum weniger anstrengende Katalogisieren, Zeichnen, Konservieren und Verstauen an Bord des Schiffes zur Verfügung, das beständig von der Sonne geheizt und vom Meer und den ratternden Kompressoren geschüttelt wurde. Die Männer sahen bald, daß sie nicht in fröhliche Taucherferien gefahren waren, sondern in eine Art friedliche Seeschlacht, die Tag für Tag in hartem Kampf gegen das Meer und die brütende Hitze geschlagen werden mußte. Nur eine ausgeklügelte Arbeitseinteilung und eiserne Tauchdisziplin konnten dabei zu einem Sieg führen, zu einem Abschluß der Forschungs- und Bergearbeit, und zu Ergebnissen, die für die Wissenschaft fruchtbar waren.

Der achtstündige Arbeitstag der Männer begann um sieben Uhr morgens. Während einige versuchten, die Kompressoren, vorsintflutliche Modelle, in Gang zu bringen, machten sich die ersten zum Abtauchen fertig. Die Arbeit des Tages war bereits am Vorabend eingeteilt worden. Jeder wußte, was er zu tun hatte und an welcher Stelle des Wracks er arbeiten sollte. Zwei- bis dreimal achtundzwanzig Minuten Tauchzeit pro Mann und Tag hatte Tailliez als ungefährlich errechnet. Überschritt ein Taucher seine Zeit, mahnte ihn ein Gewehrschuß zum Aufstieg.

Mit der Saugpumpe schafften die Taucher langsam Sand und Schlamm weg. Aber bevor ein Fund aus seiner ursprünglichen Lage entfernt werden durfte, mußte die Fundstelle genau ausgemessen werden. Dazu hatte Tailliez ein Meßband von einem Ende des Felsenbeckens zum anderen, über Bug und Heck des Schiffes hinweg, spannen lassen. Die Taucher maßen die Lage der einzelnen Stücke zur Längsachse des Schiffes aus und berichteten ihre Meßergebnisse dem Ausgrabungsleiter an Bord des Pontons, wo sie in einen Plan eingetragen wurden.

Mit viel Eifer mühten sich die kampferprobten Froschmänner der Kriegsmarine, mit archäologischen Methoden zu arbeiten. Freilich konnte ihr Eifer nicht den Archäologen ersetzen, der jeden Fund vor seiner Bergung noch gründlicher untersucht und sofort aus seiner Lage Schlüsse gezogen hätte. Aber noch gab es keine Archäologen, die sich auf den Meeresgrund wagten. Tailliez und seine Leute mußten die Zerstörung mancher unscheinbarer, aber wichtiger Indizien an der Fundstätte in Kauf nehmen, um wenigstens den größten Teil des Wracks vor den Amphorenräubern für die Wissenschaft zu retten.

Unermüdlich ging Tailliez selbst auf den Meeresgrund, um immer wieder zu photographieren und zu filmen. Ein Teil der Taucher beschäftigte sich indessen damit, die freigelegten Amphoren entlang der Felswände bereitzustellen. Die vielen Hundert Krüge hochzuhieven, hätte zu lange gedauert. Sie sollten später mit einem Förderkorb gehoben werden. Die Taucher fanden aber nicht nur Amphoren. Im Schlamm lagen auch Kupfernägel aller Größen, kampanisches Geschirr, das wahrscheinlich zur Schiffsküche gehört hatte, und mancherlei andere Kleinfunde. Einem bescheidenen Öllämpchen aus rotem Ton widmete Professor Benoît, der die wissenschaftliche Auswertung der Forschungsergebnisse übernommen hatte, besondere Aufmerksamkeit. Ein ähnliches Öllämpchen hatte zur Datierung des Wracks von Mahdia beigetragen, und der Professor sah sofort, daß auch dieses Lämpchen typisch für eine ganz bestimmte Zeit war: für die ersten Jahre der Regierungszeit des Kaisers Augustus. Das stimmte gut überein mit dem zeitlichen Hinweis, den das kampanische Geschirr und die Amphoren bereits geliefert hatten.

Zu Hunderten warteten die Amphoren auf dem Meeresgrund auf den Abtransport, als die Taucher am 31. Juli 1957 damit begannen. Es sind hohe, schlanke Krüge mit langem Hals, zwei Arten, doch kein Krug gleicht genau dem anderen. Während die einheitlichen Amphoren von Anthéor, Grand Congloué und Albenga wohl von Sklaven in Manufakturen geformt worden waren, hatten diese sicherlich einst die Hände vieler selbständiger Töpfer in kleinen Werkstätten gefertigt. Manche der Krüge waren noch durch Stöpsel verschlossen, aber das Meer hatte die Dichtungsmasse aus vulkanischer Erde zerrissen und die Amphoren mit Sand, Schlamm und Wasser gefüllt. Fast hundert Pfund wog jeder der Krüge, die aus dickwandigem Ton gebrannt und mit Schutt und Schlamm gefüllt waren. Je sechzehn Stück luden die Taucher in einen Förderkorb. Braun, rot und weiß leuchtend tauchten sie aus der Wasseroberfläche. Zwei Männer zogen sie aus dem Korb, der sofort wieder in die Tiefe gelassen wurde.

Taucher, die nicht auf dem Meeresgrund zu arbeiten hatten, machten sich an die Reinigung der Amphoren, schütteten den Schlamm und manchmal auch Bewohner der Krüge auf das Deck des Pontons. Der Amphoreninhalt wurde genau nach Funden durchsucht.

Die ersten noch verschlossenen Amphoren kamen an Bord, die Männer leerten sie aus und sahen neben Sand und Schlamm bräunliches Zeug auf das Deck fließen, von Fasern und kleinen Brocken durchsetzt. War es Holz? Sie besahen es näher. Nein, das waren Fischgräten, Schuppen und Wirbel von großen Fischen. Einige Taucher mit feinen Nasen glaubten, noch einen schwachen Geruch von Olivenöl wahrnehmen zu können. Eine Analyse der Fischreste in einem Laboratorium in Marseille ergab, daß das Schiff Fischkonserven geladen hatte: Bonitos, eine Art Thunfisch, in Olivenöl. Mindestens hundert Tonnen waren davon an Bord.

Bald waren so viele Amphoren geborgen und gesäubert, daß Tailliez davon eine Schiffsladung voll nach Toulon, in das Marinemuseum, senden konnte.

Mit Ungeduld verfolgte Tailliez den Abbau des Amphorenhügels, denn er vermutete unter der Ladung, im unteren Teil des Schiffes selbst, eine noch bedeutendere Entdeckung zu machen. Das Schiff schien unzerstört auf seinen Kiel gesunken zu sein.

Bereits am 16. Juli 1957 hatten die Taucher einen Brokken Holz entdeckt. Er gehörte zum Heck des Seglers. Das Holz war zwar mürbe geworden, doch es hatte seine Gestalt gut bewahrt.

Später wurde unter den Amphoren mehr dunkles Holz sichtbar. Am 3. August legte die Saugpumpe sieben Spanten frei. Tailliez ließ die schwere Saugpumpe durch eine kleinere mit geringerem Sog ersetzen, um das weiche, mürbe Holz zu schonen und Kiel, Spanten und Reste der Beplanung vorsichtig aus Sand und Schlamm zu schälen. Nur die oberen Enden der Spanten waren von Meerestieren zernagt worden, die unteren lagen noch fest an den Kiel gezimmert auf dem Meeresgrund. Kiel und Spanten glichen einem riesigen Fischskelett.

Und dennoch bedeutete der Fund eine wissenschaftliche Sensation. War es doch das erstemal, daß das Meer den fast vollständig erhaltenen Kiel eines antiken Hochseeschiffes samt Spanten freigegeben hatte. Tailliez ließ die aufgefundenen Teile des Seglers genau vermessen und filmte und photographierte sie von allen Seiten. Aus dem Fund dieses gut erhaltenen Schiffsskelettes können die Archäologen viele Schlüsse über Größe und Bauart des Seglers ziehen. Die Dimension konnte Tailliez selbst bereits aus den Meßergebnissen ziemlich genau bestimmen. Das Schiff mußte vom Bug bis zum Heck etwa fünfundzwanzig Meter gemessen haben. Es war kleiner als das Wrack von Grand Congloué und hatte deshalb auch nur eine Ladung von rund dreitausend Amphoren gehabt. Dreitausend Amphoren Ladefähigkeit entsprach nach unseren jetzigen Kenntnissen über die antike Seefahrt ziemlich genau der Durchschnittsgröße der Handelsschiffe jener Zeit.

Eine Hebung des Schiffsskelettes im ganzen war zum Bedauern der Wissenschaftler ausgeschlossen. Die mürben Spanten und der Kiel wären dabei in Stücke gefallen. So nahmen die Taucher das Skelett vorsichtig auseinander, zersägten den Kiel in zwei Stücke und unterlegten die zerbrechlichen Teile mit Brettern und Balken. Ein eigens aus Toulon geholter Transportkahn nahm die viele Tonnen wiegenden Reste des antiken Schiffes auf.

In Toulon aber war guter Rat teuer. Während man Holz, das in Süßwasser oder nur schwach salzhaltigem

Wasser gelegen hat, bereits konservieren kann, experimentieren Archäologen und Chemiker heute noch mit Konservierungsmitteln für Holz, das Jahrtausende im Meer gelegen hat. Sobald das Holz an der Luft auszutrocknen beginnt, fängt es an zu schrumpfen. Professor Benoît schlug deshalb vor, die Reste des Schiffes von der Ile du Levant in feuchte Tücher zu wickeln und in Kisten mit Sägespänen ganz langsam austrocknen zu lassen. Diese Methode bewahrte den Hölzern wenigstens ihre ungefähre Gestalt. In den ersten Septembertagen des Jahres 1957 war die Expedition schließlich beendet. Sie hatte volle siebzig Tage gedauert. Erschöpft brachen die Männer ihr Zelt im Pinienhain beim Leuchtturm »Titan« ab. Viele von ihnen litten an Furunkulose, die sich nach zu langer anstrengender Taucharbeit häufig einstellt. Doch alle waren glücklich, denn sie hatten in unermüdlichem Einsatz nicht nur in kürzester Zeit große Mengen von Funden gehoben, sondern, am damaligen Stand der Unterwasserarchäologie gemessen, auch saubere Forschungsarbeit auf dem Meeresgrund geleistet.

Funde auf dem Meeresgrund und die Technik ihrer Bergung

Nicht minder bewundernswert als die Leistung der Taucher bei den großen Forschungen von Grand Congloué, Albenga und der Ile du Levant ist die wissenschaftliche Leistung der Professoren Benoit und Lamboglia und einiger anderer Gelehrten, die sich der Unterwasserarchäologie widmen. Außer den Unmengen von Funden der großen, offiziellen Expeditionen ergießt sich seit einigen Jahren ein ständig anwachsender Strom von Funden, die Tauchsportler und Fischer entdecken, in die Forschungsräume der wissenschaftlichen Institute. Die Archive füllen sich mit Berichten, Photos, Zeichnungen und Kartenskizzen. Dieses Material muß gründlich studiert und ausgewertet werden, bis die Forschungsergebnisse eingeordnet werden können in das noch unvollkommene Mosaikbild der antiken und frühzeitlichen Seefahrt und des Wirtschaftslebens jener Zeit. Eine Reihe von Gelehrten arbeitet unermüdlich an diesen Aufgaben.

Während sich die Archäologie noch vor einigen Jahrzehnten vornehmlich mit den Kunstwerken der Antike befaßte, mißt sie heute auch der Erforschung des Wirtschaftslebens und besonders der Seeverbindungen und des Handels der alten Völker große Bedeutung bei. Die Archäologen fanden, daß diese Forschungen sehr viel zum Verständnis der Antike, des Werdens ihrer Kultur und Zivilisation, ihrer Religion und selbst der Kunst und Philosophie beitragen können. Insbesondere das Mittelmeer hatte die Völker mehr verbunden als getrennt. Mit Handelsschiffen war nicht nur griechisch-römische Lebensart in alle Teile der damaligen Welt gewandert; auf Schiffen gelangten auch alle damals bekannten Götterkulte und Religionen bis zur Lehre Christi nach Rom. Doch kaum ein antiker Verfasser schrieb über Dinge des täglichen Lebens wie Handel oder Seefahrt. Alles, was mit Arbeit zusammenhing, galt in der Antike als den Sklaven und »Banausen« angemessen und keines schriftlichen Zeugnisses wert. Der freie Bürger hatte sich Sport und Kampf, Kunst und Politik zu widmen. So sind die Archäologen bei ihren Forschungen auf meist spärliche Bodenfunde angewiesen. Das Meer dagegen liefert reichlich Material. Zwar sind es oft nur Amphoren, Amphorenstöpsel, bleierne und steinerne Anker, Geschirr, unscheinbare Geräte und Wrackreste. Doch wie für den Kriminalisten ein zerbrochener Kamm, ein Fetzen Papier zum wichtigsten Glied der Kette eines Indizienbeweises werden kann, so für den Archäologen ein Amphorenscherben oder ein bronzener Schiffsnagel.

Als wichtigster Baustein für das Mosaikbild der antiken Seefahrt gelten die Amphoren, jene tönernen Gefäße, von denen bis jetzt an jeder Forschungsstätte unter Wasser zumindest einige Scherben gefunden wurden. Wir verdanken ihre Aussagekraft über die Antike der bedeutenden Rolle, die sie jahrtausendelang im täglichen Leben und im Handel gespielt hatten.

Die Schaffung der ersten dieser seltsam geformten Krüge liegt im Dunkel einer Zeit, die wir geschichtslos nennen. Geschichtslos deshalb, weil es der Forschung bis jetzt noch nicht gelang, mehr als einen kleinen Zipfel des Schleiers des Geheimnisses zu lüften, der über dieser Zeit liegt.

Warum gaben die frühzeitlichen Töpfer den Amphoren diese seltsame Gestalt? Warum formten sie die Krüge mit rund und spitz zulaufenden Enden anstatt mit glatten Standflächen? Vielleicht haben die ersten Töpfer diese Form der Natur abgeschaut, dem damals in Asien und Afrika verbreiteten Kürbis oder dem Ei. Woher aber die Spitze? Übernahm sie der Töpfer vom Stierhorn, das man mit seinem spitzen Ende bequem in den Erdboden stecken konnte?

Die ältesten Amphoren, die wir kennen, wurden vor Jahrtausenden in Kanaan geformt. Sie dienten vor allem zum Wassertransport von den Brunnen. Ihre merkwürdige Rübenform eignete sich dazu besonders gut: Sie paßte sich den Rücken der Tragesel an. Auch die Spitze erwies sich als sinnvoll. Sie gab den Gefäßen zusätzliche Festigkeit. Sie brachen nicht so leicht, wenn sie beim Abladen hart auf den Boden aufgesetzt wurden.

An vielen Küsten benützte man statt der Tragtiere zweirädrige, ungefederte Karren, wie sie heute noch in Südspanien im Gebrauch sind. Diese Karren hatten Böden aus Rutengeflecht. Die Amphoren wurden mit der Spitze hineingesetzt, waren nun elastisch gelagert und konnten auch auf schlechten Wegen nicht gegeneinanderschlagen.

Für den Seehandel erwies sich die Form als noch günstiger. Was nützt die glatteste Standfläche eines Kruges, wenn das Schiff im Sturm schlingert? Die Amphoren aber wurden mit ihren Spitzen in genau zugeschnittene Löcher in einer Art von Regal gesteckt. Dicht nebeneinandergestapelt kam so die Ladung selbst bei stärkstem Seegang nicht in Bewegung.

Der Seehandel gewann spätestens um 1500 v. Chr. große Bedeutung, wahrscheinlich aber schon früher. Er machte die Minoer Kretas reich und brachte den mykenischen Herren Griechenlands und zahllosen Städten in Kleinasien, Italien, Nordafrika und im Westmittelmeer Wohlstand. Gehandelt wurde in der Frühzeit außer Metall vornehmlich Wein. Er blieb mehr als ein Jahrtausend eines der wichtigsten Handelsprodukte, bis die Römer den Weinbau selbst in den nördlichsten Provinzen ihres Reiches heimisch machten. Man würzte den Wein mit Honig, Aloe, Thyme und Myrten, setzte ihm Harz zu, um seine Haltbarkeit zu erhöhen, dickte ihn zu einer sirupähnlichen Flüssigkeit ein und verschiffte ihn in Amphoren, die mit Lehm verschlossen wurden. Auch von dieser Tradition des Weinbereitens hat sich noch einiges bis in unsere Zeit erhalten: Der griechische Resina wird heute noch ähnlich zubereitet. Der antike Weintrinker aber mischte das Getränk in einem Marmorbecken mit Wasser und gewann so aus einer Amphore Weinextrakt viele Krüge Trinkwein.

Ein Sklave soll zur Zeit der griechischen Kolonisation im binnenländischen Gallien eine Amphora mit zwanzig bis dreißig Litern Weinsirup gekostet haben. Dieser antike Bericht klingt recht glaubhaft, denn infolge der zahllosen Kriege der gallischen Fürsten untereinander gab es damals Sklaven im Überfluß. Köstlicher Wein von Delos und dem griechischen Mutterland war dagegen rar, denn von vier Handelsschiffen erreichte eines in der Regel seinen Zielhafen nicht.

Mit der Ausbreitung des Handels wanderte die Amphora durch das ganze Mittelmeer. Phönizier, Etrusker, Griechen und Römer fertigten diese handlichen Krüge an und verschifften darin in steigendem Maß auch Öl, Getreide, Pökelfleisch, Fisch in Öl oder eingesalzen, Gemüse, Honig und später immer mehr Luxusgüter. In der Spätzeit Griechenlands lernten die Griechen vom Orient den Wohlstand, die Römer übernahmen ihn gegen Ende der Republik, und nun wurden in erheblichen Mengen eingelegte Früchte, teuere Parfüms, Stoffe aus allen Teilen der damals bekannten Welt, Seiden aus China und Bernstein von der Ostsee über das Mittelmeer gesegelt. In den Kellern steckten Sklaven die Krüge in knöcheltiefen Sand, eine Amphora neben die andere. In den Häusern stellte man sie in Metallreifen, die auf drei Füßen standen. Ihre Aussagekraft über die Menschen, die sie in Händen hatten, gibt den einfachen Tonkrügen ihre Bedeutung für die archäologische Forschung unter Wasser. In jedem Menschenwerk läßt sich die Hand erkennen, die es formte. So sind die Amphoren je nach dem Ort ihrer Herstellung und der Zeit, in der sie getöpfert wurden, verschieden.

Die Amphoren folgten der Entwicklung der Kulturen des Altertums. Mit dem genauen Studium ihrer Formen, ihrer

Gestaltung und der Zusammensetzung des Tons beschäftigten sich schon vor Jahrzehnten die deutschen Gelehrten Dressel und Leschke. Das Ergebnis von Dressels Arbeit war das umfangreiche Werk »Corpus latinorum inscriptorum«, dessen Bestimmungstafeln auf Grund der Entdeckungen unter Wasser in den letzten Jahren noch erweitert wurden. Dressel konnte sich noch nicht auf gut erhaltene Amphoren in großen Mengen stützen, wie sie dem Meer abgerungen werden. Er mußte sich mit unzähligen Scherben vom Abraum Roms abmühen. Auf Grund der Forschungen Dressels und seiner Nachfolger ist es heute meist möglich, von neu entdeckten Amphoren rasch Herkunftsort und Entstehungszeit zu bestimmen (s. S. 234 ff.).

Einige Handelsgewohnheiten, die sich im klassischen Altertum herausgebildet hatten, erleichterten den Archäologen die Arbeit. Angesehene Weinbauern oder Händler hatten damals begonnen, die Krüge mit Stöpseln zu verschließen, in die zuerst von Sklaven ihre Firmenmarken geprägt worden waren. Auch die Amphoren selbst waren manchmal mit Firmenmarken geschmückt. Der Wein wurde auf diese Weise zu einem der ersten Markenartikel der Welt. Und selbstverständlich hatte es auch damals schon Weinfälscher gegeben. Die Archäologen entdeckten in Südfrankreich – im Hafen von Arles – Amphorenstöpsel, die, aus dem verwendeten Material zu schließen, auch dort hergestellt worden waren, die aber nachgemachte Zeichen bekannter römischer Weine trugen!

Manche Amphoren trugen, mit Pinsel und Tinte aufgemalt, die Namen der Konsuln, die im Jahre der Weinabfüllung amtiert hatten, die Namen der Exporteure, das Einschiffungsgewicht und das bei der Ankunft festgestellte Gewicht. Ab und zu folgt den Gewichtsangaben ein »R«. Das ist das Zeichen des Sklaven, der das Gewicht geprüft und für richtig – »recte« – befunden hatte. Solche Zeichen wurden von Tauchern mehrmals auf Krügen des Wracks von Grand Congloué festgestellt. – Das Zeichen »SES« auf den Amphorenhälsen und Stöpseln hatte ja bei dieser Forschung auf die Spuren des Marcus Sestius geführt.

Aber Grand Congloué war weder der einzige noch der erste Fall, in dem die Zeichen auf den Amphorenstöpseln zu bemerkenswerten Schlüssen führten. Bereits vom Wrack von Anthéor hatten die Taucher solche Stöpsel aus Pozzolana zu Professor Benoît gebracht. Diese vulkanische Erde wies bereits auf Unteritalien hin. Die Schrift gab dem Professor Gewißheit. Es handelte sich um oskanische Lettern, eine Schrift, die wie das Hebräische von rechts nach links verläuft. Der Schriftenkundler Jacques Heurgon entzifferte: Caius Lassius und Marcus Lassius. Diese Namen besagten viel. Die Archäologen kennen nämlich die mächtige Familie der Lassii, die in Kampanien ansässig war und im ersten Jh. v. Chr. an den Hängen des Vesuv und auf den Hügeln von Sorrent Wein angebaut hatte. Demnach konnte das für den Schiffsuntergang bei Anthéor ermittelte Datum von etwa 80 v. Chr. gut stimmen. Doch warum schrieben die Lassii ihren Namen oskanisch auf die Krüge, zu einer Zeit, als Kampanien längst von Rom regiert wurde, und die römische Schrift die oskanische verdrängt hatte? Nun, der typische Schriftzug sollte den Käufern der Weinamphoren die Gewißheit geben, daß sie wirklich wertvollen Wein von den sonnigen Hängen des Vesuv erhielten.

So entsteht aus den Lageplänen der Wracks und der verstreuten Amphorenfunde allmählich eine Karte der antiken Seefahrt. Freilich tragen außer Amphoren dazu auch viele andere Arten von Funden bei, besonders Geschirr, das als Handelsgut auf den Schiffen mitgeführt wurde, die Gebrauchsgegenstände der Schiffsbesatzung und schließlich die noch erhaltenen Reste der Schiffe und ihrer Ausrüstung selbst.

Bei der Deutung von Tonzeugfunden auf dem Meeresgrund muß besonders vorsichtig vorgegangen werden. An machen Stellen der Mittelmeerküste ist der Meeresboden mit Scherben antiker Tongefäße geradezu übersät. Die Art, wie die Scherben zerstreut sind, und die verschiedenen Zeiten, aus denen sie stammen, sagen jedoch dem Fachmann meist sofort, daß er nicht auf die Untergangsstelle eines antiken Wracks, sondern auf einen Ankerplatz gestoßen ist. Solche Fundplätze liegen an flachen Bänken im Meer oder in geschützten Buchten. An diesen Stellen waren die antiken Seefahrer vor Anker gegangen, um den nächsten Morgen oder das Ende eines Sturmes abzuwarten, aber auch, um mit kleinen Küstensiedlungen

Handel zu treiben. Beim Umladen in Boote mag dabei manches von der Ladung über Bord gefallen sein, der Schiffskoch warf beschädigtes Geschirr ins Wasser oder die Seefahrer erleichterten ihr Schiff, um besser gegen Sturm und Seegang anzukommen. Solche Ankerplätze sind für die Archäologen besonders interessant, denn sie können manchmal mehr über den Seehandel in der Antike aussagen als ein Wrack. Die Ankerplätze waren von einer Seemannsgeneration zur nächsten weiterempfohlen und meist jahrhundertelang benützt worden. Jahrhunderte der Seefahrt hatten dort auf dem Meeresgrund ihre Spuren hinterlassen. Für die Archäologen kann daher jeder einzelne Tonscherben, der von Trophäenjägern weggeschleppt wurde, einen schweren Verlust bedeuten.

Eine andere Entdeckung machte der spanische Offizier und Unterwasserforscher Delgado. Er wunderte sich über die vielen Amphoren, die alle mit zerbrochenem Boden vor Carthagena, unweit Barcelona, im Meer lagen. Als er von einer großen Anzahl dieser Amphoren die Fundorte in eine genaue Seekarte eintrug und sie miteinander durch Striche verband, ergaben sich strahlenförmige Linien, die aus verschiedenen Himmelsrichtungen auf den Hafen von Carthagena zuliefen. Er schloß: Diese Amphoren waren Opfergaben an den Meeresgott Poseidon. Die Matrosen der auf verschiedenen Schiffahrtslinien nach Carthagena einlaufenden Segler hatten sie zerbrochen, damit sich ihr Inhalt mit dem Meerwasser mischen konnte, und sie in die Tiefe versenkt.

Etwas ratlos betrachtete die Wissenschaft zunächst eine andere Art von Funden, die fast bei jedem Wrack auftauchte: Dachziegel.

Aber schließlich klärten Fresken in den Ruinen antiker Bauten in Ostia, dem antiken Seehafen Roms, diese Frage. Die Fresken zeigen Schiffe, deren Kapitänskajüten mit Ziegeln gedeckt sind! Ziegel sowie steinerne Bauteile hatten sich jedoch auch unter Ladungen befunden. Französische Taucher entdeckten auf dem Meeresgrund an der Côte d'Azur mehrere Frachten antiker Dachziegel.

Die legendären »Mühlsteine« im flachen Küstenwasser vor St. Tropez sind wahrscheinlich versunkene antike Bausteine, die für den Wiederaufbau des heute verschwun-

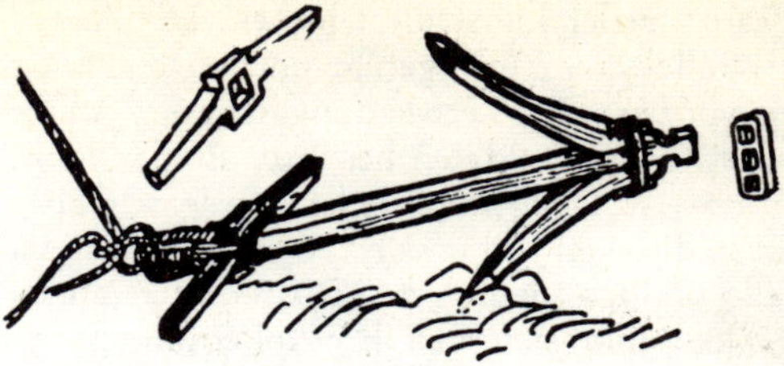

Rekonstruktion eines römischen Ankers

denen monumentalen römischen Tempels von Narbonne bestimmt gewesen waren, den der Brand der Stadt im Jahr 149 n. Chr. zerstört hatte. Und der bekannte deutsche Unterwasserarchäologe Gerhard Kapitän untersuchte zusammen mit deutschen und englischen Tauchern an der Ostküste Siziliens monumentale Marmorbauteile, die von antiken Schiffen stammen, die bei der Isola delle Correnti, bei Marzamemi und am Kap Taormina versunken waren.

Die Funde an Schiffsbestandteilen, die über Art und Größe des versunkenen Schiffes Aufschluß geben könnten, sind meist gering: Anker, Schiffsnägel, kleine Bronze- und Bleiteile und Holzstücke.

Ankerreste fanden die Taucher an nahezu allen Untergangsstätten antiker Schiffe. Es sind wuchtige Bleistücke, fast immer mehrere Hundert Pfund schwer. Die Archäologen registrierten bereits Brocken von fast tausend Pfund Gewicht und ein riesiges Exemplar mit 1570 Pfund, das bei Carthagena gehoben wurde. Diesen Anker muß ein antikes Schiff von sagenhafter Größe verloren haben. Das Blei der griechischen und römischen Anker hat die Jahrtausende unter Wasser so gut überdauert, daß Schwammtaucher an den türkischen Küsten Ankerfunde selten den Behörden melden, sondern die Ankerstücke einschmelzen und das gewonnene Blei an Altmetallhändler verkaufen. Vom Holz der griechischen und römischen Anker findet sich dagegen selten mehr als ein Rest. Lange Forschungen waren deshalb nötig, bis die Gelehrten herausbrachten, wie die antiken Schiffsbauer die

Anker ihrer Segler konstruiert hatten. Die Anker selbst waren nämlich aus Holz gefügt und an dicke Taue gebunden worden. Die Verwendung eiserner Ankerketten hatten erst Cäsars Soldaten bei ihrer Englandexpedition im Jahre 56 v. Chr. bretonischen Seeleuten abgesehen. Wir wissen dies von Cäsar selbst, der sich in seinem Werk »De Bello Gallico« wundert: »Die Veneter (ein bretonischer Volksstamm) sicherten ihre Anker mit eisernen Ketten anstatt mit Tauen.«

Um diese hölzernen Anker nun in die Tiefe zu bringen und in den Seegrund zu drücken, mußten die antiken Schiffsbauer sie mit schweren Bleiteilen versehen.

Funde eiserner antiker Anker sind ziemlich selten. Eisen ist unter Wasser nicht lange haltbar. Manche eisernen Gegenstände wurden jedoch bald nach dem Versinken von dichten Meeresablagerungen aus Kalk und Chitin, einer Art Horn, umgeben. Während das Eisen rasch zerfiel, blieben die Ablagerungen bestehen. Äußerlich gleicht ihre Form noch grob der des Gegenstandes, den sie einst überzogen hatten. Sägt man sie vorsichtig auseinander, so hält man zwei Hälften einer Form in der Hand. Ein Ausguß mit Gips ergibt die ursprüngliche Form des längst vergangenen Gegenstandes. Der Tauchpionier Georges Barnier entdeckte Ablagerungen bei den Bergungsarbeiten des Wracks von Anthéor an den Sedimenten, die sich um eine Axt gebildet hatten. Als im Jahr 1956 vor La Ciotat in Südfrankreich bei einem römischen Wrack ankerähnliche Ablagerungen gefunden wurden, erinnerte man sich an die Axt von Anthéor. Die Ablagerungen bildeten tatsächlich die Gußform eines römischen Eisenankers.

Neben bleiernen Ankerresten fanden die Taucher an der Côte d'Azur von Menschenhand geformte und mit Löchern versehene Steine. Es sind Steinanker, die zwei Jahrtausende im Mittelmeerraum verwendet worden waren, bis es etwa 700 v. Chr. gebräuchlich wurde, Schiffsanker aus Holz und Blei herzustellen. Seit einigen Jahren werden Steinanker mit den verschiedensten Formen vor allem an den Küsten des Ostmittelmeeres gefunden.

Es dauerte jedoch lange, bis man den Verwendungszweck dieser seltsam aussehenden Steine erkannte. Einzelne Funde, die man vor dem Beginn der Unterwasser-

Keltischer Steinanker

archäologie gemacht hatte, landeten sogar ab und zu als »kultische Steine«, über deren ungeklärten Sinn man rätselte, in Museen. Die zahlreichen Funde von durchbohrten Steinen an frühzeitlichen und antiken Ankerplätzen auf dem Meeresgrund zeigten jedoch eindeutig, daß sie als Anker gedient hatten. Volle Klarheit über den Zweck der Bohrlöcher und die Form der Funde erhielten die Gelehrten, als sie die antiken Steinanker mit der Ausrüstung einheimischer Fischer an verschiedenen Mittelmeerküsten verglichen. Die gefundenen Steinanker haben meist die Form eines Dreiecks mit drei Löchern. Das obere Loch diente zum Anknüpfen des Taues, das war klar. Doch was sollten die unteren Bohrungen? Die Antwort gaben die Steinanker, die die Fischer auf den spanischen Balearen heute noch zum Verankern ihrer Netze verwenden; sie gleichen den antiken bis aufs Haar: Durch die beiden unteren Löcher werden zugespitzte Stäbe gesteckt, die sich in den Meeresboden bohren.

Ankerfunde lassen ähnlich wie Amphoren weitreichende Rückschlüsse auf die antike Seefahrt zu. Zahl und

Größe der Anker können Aufschluß über die Größe der Schiffe und die einstige Dichte des Schiffsverkehrs geben. Aus der Art der einzelnen Anker aber bestimmen die Gelehrten die Zeit, in der Anker und Schiff hergestellt worden waren.

Von den Rümpfen der Schiffe ist selten mehr erhalten als Holz vom Kiel oder den unteren Teilen der Spanten und Planken. Trotzdem konnte die Wissenschaft aus den bisherigen Funden bereits entscheidende Aufschlüsse über das Aussehen der antiken Handelsschiffe gewinnen. Bevor die Archäologie mit ihren Unterwasserforschungen begann, vermochte man sich nur aus antiken Darstellungen, Mosaiken, Fresken oder Reliefs, ein recht unklares Bild über diese Schiffe zu machen. Die Darstellungen zeigen meist bis zur Unkenntlichkeit stilisierte Segler und Galeeren. Endgültige Klarheit konnten die Wissenschaftler freilich auch aus den Unterwasserfunden bis jetzt noch nicht erhalten. Schuld daran ist jedoch nicht allein der schlechte Zustand der Wracks, sondern die Hauptschuld tragen die noch immer unzureichenden Forschungsmethoden, die bis jetzt unter Wasser angewandt wurden. Der französische Tauchpionier Frédéric Dumas entwikkelte deshalb neue, mit deren Hilfe aus den Wrackhügeln des Mittelmeeres nicht nur wie bisher Schicksal und ungefähre Größe der antiken Wracks, sondern auch ihr genaues Aussehen wieder ans Tageslicht steigen sollen.

Unterwasserforschungen an versunkenen Schiffen hatten bis zur Entwicklung der »Methode Dumas« stets mit Probegrabungen begonnen. Wie die Archäologen an Land einen Hügel, der die Ruinen einer untergegangenen Stadt deckt, zunächst einmal durch die Anlage von schmalen Gräben erkunden, so hatten die Taucher versucht, mit der Saugpumpe Grabungen anzulegen, die einen Querschnitt durch das Wrack ergeben sollten. Aber die bewährten Methoden der Landarchäologie erwiesen sich unter Wasser bald als unbrauchbar.

Bis jetzt gelang es zwar den Unterwasserforschern bereits einige Male, Querschnitte durch antike Wracks anzulegen. Es glückte ihnen jedoch nie, den Aufbau des gesamten Wrackhügels, dessen Querschnitte sich jeden Fußbreit ändern, genau zu ermitteln. Aber nur aus der Kenntnis des gesamten Aufbaus eines Wrackhügels und der Lage aller Funde können die Wissenschaftler ein richtiges Bild von Größe und Aussehen des antiken Schiffes erarbeiten. Die Anwendung der traditionellen Forschungsmethoden scheitert an den Besonderheiten der Unterwasserwelt – vornehmlich an der scheinbar veränderten Schwerkraft, die Fundstücke bereits bei leichtem Wellengang aus ihrer ursprünglichen Lage davonschweben läßt.

In einen Wrackhügel schmale, enge Gräben mit senkrechten Wänden zu schneiden, erwies sich als nahezu unmöglich. Ähnlich wie bei Erdgrabungen in trockenem, lockerem Sand rutschen sofort die Seitenwände nach, und das Ergebnis ist schließlich ein Trichter mit riesiger Öffnung. Die benachbarten Teile des Wracks aber werden von Sand- und Schlammassen überschüttet, die sich neben der Ausgrabungsstelle ablagern. Eine kleine Probegrabung genügt, um den seit Jahrtausenden organisch gewachsenen Wrackhügel bis zur Unkenntlichkeit zu verwandeln.

Unterwasserforscher, die mit der von Dumas entwickelten Methode arbeiten, verzichten deshalb auf Probegrabungen. Sie beginnen ihre Arbeit mit einer gründlichen Erkundung des Wrackhügels. Er wird kartographiert und sorgfältig nach einzelnen, kleinen Funden abgesucht, die aber zunächst nicht abgebaut, sondern in die genaue Karte der Fundstätte eingezeichnet werden. Als Stütze für diese Maßnahmen dient ein großes Planquadratnetz, das Taucher über den Wrackhügel und seine nähere Umgebung spannen, wenn die Expedition nicht die von Dumas erdachte Sondierung anwendet.

Wie läßt sich der Aufbau eines Wrackhügels genau ermitteln? Über dieses Problem grübelte der französische Tauchpionier Dumas lange nach. Dabei stieß er auf ein einfaches Hilfsmittel, das die Geologen bereits seit langem verwenden: die Bodensonde. Eine solche Sonde ist im Prinzip nichts anderes als ein Stahlrohr, das in den Boden gebohrt, wieder herausgezogen und aufgeklappt wird. Der Geologe hat damit die genaue Bodenschichtung vor sich liegen und kann nun die Art der Schichten und ihre genaue Dicke bestimmen.

Warum sollte man mit geeignet gebauten Sonden nicht auch den Aufbau eines Wrackhügels bestimmen können?

Dazu muß der Hügel nur in regelmäßigen Abständen mit Bohrungen durchzogen werden. Erst wenn die genaue Lage der hölzernen Überreste und der Ladung und damit die Ausmaße des Wracks und seiner Last durch Sondierungen und gründliches Studium der Sondierungsergebnisse durch Fachleute festgelegt sind, darf die eigentliche Ausgrabung beginnen. Taucher ziehen einen tiefen und breiten Graben um das Wrack und schälen den Hügel aus seiner Umgebung. Während sich der Wrackhügel immer mehr vom Meeresgrund abhebt, werden Größe und Gestalt des einstigen Schiffes noch deutlicher. Schließlich beginnt die Ausgrabung des Wrackhügels selbst: Die Taucher heben Schicht um Schicht ab.

Aber soviel Dumas' Forschungsmethoden auch versprachen, an den Küsten des Westmittelmeeres scheiterten sie bis jetzt daran, daß die dazu nötigen Geldmittel fehlten. Doch einige Jahre später griff ein Expeditionsteam der Universität von Pennsylvania Dumas' Gedanken und einige weitere Erfindungen und Verbesserungen, die ihm inzwischen gelangen, auf und setzte sie bei der Unterwasserausgrabung von Yassi Ada an der türkischen Mittelmeerküste ein. Die Methoden und Erfolge dieser Ausgrabung brachten den bisherigen Höhepunkt der systematischen archäologischen Forschung unter Wasser.

Während Dumas seine neuen Methoden entwickelte, befaßte sich auch der italienische Professor Lamboglia gründlich mit den Problemen der Unterwasserarchäologie, und das Ergebnis seiner Überlegungen ist eine Arbeitsweise, die der von Dumas sehr ähnelt.

Ausgrabung eines Schiffshügels nach der Methode Frédéric Dumas'

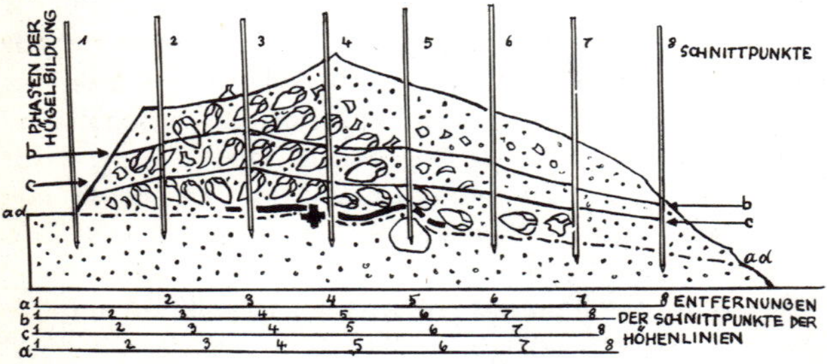

Der Fund von Spargi

Die Gelegenheit, Professor Lamboglias Methode zu erproben, ergab sich, als italienische Tauchsportler im Herbst des Jahres 1957 das Wrack von Spargi entdeckten, denn diese Fundstelle versprach mehr als jedes bisher gefundene Wrack. Die Erstentdeckung dieses Wracks verdankt die Wissenschaft dem Marinetaucher Lazzarino Mazza, der im Jahr 1939 am Riff des Korsaren bei Spargi die Verankerung einer Boje reparieren sollte.

Spargi ist eine der winzigen Inseln des Archipels von La Maddalena in der Straße von Bonifacio, zwischen Sardinien und Korsika. Knapp vor der Insel liegt in fünfzehn bis zwanzig Meter Tiefe die Sandbank Secca Corsara, aus der ein Gewirr von Felsen aufragt, einer davon fast bis an die Oberfläche. Heute warnt eine Leuchtboje die Schiffe vor dieser gefährlichen Stelle.

Mit dieser Leuchtboje hängt die Entdeckung des Wracks von Spargi zusammen. Als im Jahr 1939 ein heftiger Sturm ihr Ankerseil beschädigte, und die Boje davonzutreiben drohte, beauftragte das Marinekommando in La Maddalena, der Hauptinsel des Archipels, den Taucher Mazza mit der Reparatur. Mazza, ein Helmtaucher, war kaum auf dem Meeresgrund gelandet, als er aufgeregt durchs Telephon rief: »Hier sind Amphoren, Tausende von Amphoren!«

Auf dem Tauchschiff erntete er mit seiner Meldung nur ungläubiges Staunen. Sein Bericht erwies sich jedoch als richtig. Mazza barg insgesamt zehn Amphoren, als er aber später noch mehr von den antiken Krügen heben wollte, schien das Amphorenfeld verschwunden zu sein. Trotz langer Suche fand er die Krüge nicht mehr. »Sie müssen in vierzig Meter Tiefe liegen«, gab er an. Marinetaucher kämmten den Meeresgrund in dreißig bis vierzig Meter Tiefe durch, arme Fischer versuchten mit Schleppnetzen ihr Glück – aber das Amphorenfeld blieb verschwunden, zum Glück für die Wissenschaft.

Den Bewohnern des Archipels war jedoch die Geschichte von dem Amphorenschatz auf dem Meeresgrund in Erinnerung geblieben. Von ihnen erfuhr sie der Mailänder Journalist Gianni Roghi bei einer Ferienreise. Roghi war begeisterter Amateurtaucher und beschloß, zusammen mit Freunden der Sache nachzugehen. Am 1. September des Jahres 1957 stachen er und vier Tauchkameraden mit einem kleinen Boot bei Sestri Levante in See und bald war die Secca Corsara erreicht. Die wendigen Froschmänner brauchten nicht viel mehr als eine Stunde, um das Amphorenfeld wiederzufinden, nach dem Helmtaucher der Marine so lange gefahndet hatten. Der sechzehnjährige Rudolfo Riva, der jüngste Taucher der Gruppe, entdeckte es in achtzehn Meter Tiefe. Lazarina Mazza hatte sich in der Tiefe geirrt und seine Kollegen von der Flotte damit auf eine falsche Fährte gesetzt. Doch seine Worte »Tausende von Amphoren« waren kaum übertrieben. Vor Roghi und seinen Freunden breitete sich ein Amphorenfeld von fünfzehn bis zwanzig Meter Länge auf einer sandigen Lichtung in den dichten grünen Algenwiesen aus.

Unter der obersten Schicht von dichtgedrängten Krügen waren weitere zu erkennen. Erste Schätzungen ergaben, daß gut zweitausend Amphoren auf dem Grund liegen mußten. Spätere Untersuchungen erbrachten die Zahl von dreitausend.

Nur die oberste Schicht der Krüge schien beim Schiffsuntergang in Unordnung geraten zu sein. Die folgende lag noch sauber gestapelt, und als Roghi zwischen einigen Amphoren mit dem Arm hinuntergriff, fühlte er Holz – Holz von der Bordwand!

Der antike Segler war auf die am gefährlichsten aufragende Klippe der Secca Corsara aufgelaufen und langsam, schräg nach unten, abgesunken. Einzelne Amphoren, die bei seinem Weg zur Tiefe auf den Grund gefallen waren, bezeichneten seine Bahn. Dr. Roghi und seine Freunde fanden sie bei der Erkundung des Amphorenfeldes. Rund hundert Meter hinter dem Fels hatte das Schiff kielunten auf den Grund aufgesetzt und sich etwas auf die Seite geneigt. Die Stelle scheint günstig gewesen zu sein, frei von zerstörerischen Grundseen und mit lockerem Sand bedeckt, in den das Gewicht des Wracks Kiel und untere Rumpfteile drückte. Sand hatte den Segler weiter eingehüllt und ihn vor dem Nagen der Schiffswürmer und Kleinlebewesen geschützt.

Die Taucher entnahmen dem Amphorenfeld vorsichtig einige Stücke von jeder der beiden Amphorenarten, aus denen die Ladung bestand, und einige Teller und Schalen, die sie am östlichen Ende des Amphorenfeldes fanden. Dieses Geschirr schien aus der Schiffsküche zu stammen und gab einen ersten Hinweis auf die Lage des Schiffes.

Die Funde wurden zusammen mit genauen Beschreibungen der Fundstätte und mit Unterwasserphotos den Professoren Lamboglia und Mirabella vorgelegt. Die beiden Gelehrten datierten den Schiffsuntergang übereinstimmend auf 100 bis 120 v. Chr. Beide maßen der Entdeckung große Bedeutung bei. Noch nie hatte man bis dahin an den italienischen Küsten eine so gut in ihrer ursprünglichen Lage erhaltene Fracht unter gleich günstigen Verhältnissen gefunden. Die geringe Wassertiefe von nur achtzehn Meter würde umfangreiche Forschungen ohne große Gefahren erlauben! Besonders Dr. Roghis Bericht über die Holzteile des Schiffes, die er bereits unter der ersten Amphorenschicht hatte fühlen können, ließ die Fachwelt aufhorchen. War man also endlich auf einen noch erhaltenen antiken Schiffsrumpf gestoßen? Professor Lamboglia und Dr. Roghi begannen sofort, eine Expedition vorzubereiten, zu der Mirabella gern die Genehmigung erteilte. Roghi gewann seinen Verleger Angelo Rizzoli, den Herausgeber der Illustrierten »L'Europeo«, für das Vorhaben und einige Mailänder Sporttaucher zur unentgeltlichen Teilnahme. Sieben Monate später war die Expedition gerüstet, das Expeditionsschiff, die achtundzwanzig Tonnen große Motorbarke *Medusa*, lag bereit. Am 23. April 1958 konnte sie von La Maddalena zur Secca Corsara auslaufen.

Die Untergangsstelle des antiken Frachters war diesmal nicht schwer zu finden. Schiffe der italienischen Kriegsmarine hatten an der Stelle einige Bojen in den Grund verankert, an denen das Expeditionsschiff festmachen und sich auch bei rauher See über dem Amphorenfeld halten konnte. Einige Taucher begannen nun sofort, ein vorbereitetes Netz aus Plastikschnüren über das Wrack zu spannen. Es wurde an eisernen Pflöcken befestigt, die zwei der Männer mit einem Hammer in den Meeresgrund trieben. Dieses Netz sollte als eine Art Koordinatensystem dienen. Gelbe Plastikschnüre bildeten Quadrate mit jeweils zwei Meter Seitenlänge, die von schwarzen Schnüren noch einmal in vier kleinere Quadrate unterteilt wurden. Jedes Planquadrat des Netzes erhielt eine Nummer, die derjenigen des entsprechenden Planquadrates auf einer Karte des Netzes, verkleinert im Maßstab 1:20, entsprach.

Während andere Taucher sich daran machten, die Umgebung des Amphorenfeldes von Seegras und Schlamm zu säubern, begann Dr. Roghi mit den Unterwasseraufnahmen. Jedes Planquadrat mußte er, in vier Meter Höhe darüber schwebend, einzeln aufnehmen, und dann jeweils vier Planquadrate aus acht Meter Höhe. Eine Assistentin Professor Lamboglias zeichnete anhand der Aufnahmen dann an Bord der *Medusa* die genaue Lage jeder einzelnen Amphore in den Plan ein.

Bevor die Taucher mit dem Graben beginnen konnten, mußten alle Funde auf dem Meeresgrund und im Lageplan gleichlaufend numeriert werden, damit man später, nach dem Heben der Fundstücke und ihrer wissenschaftlichen Untersuchung, noch wußte, von welcher Stelle des Wrackhügels sie stammten.

Die Taucher banden also den Krügen Drähte mit kleinen Nummernschildern aus hellem Plastik um den Hals. Eines Tages geschah dabei etwas Seltsames. Eine ganze Reihe der mit Eisendraht festgebundenen Schildchen war über Nacht verschwunden.

»Die Drähte sind noch da, aber von den Schildchen fehlt jede Spur«, meldete der Taucher Pederzini mit besorgtem Gesicht. Was war geschehen?

Ratlos sahen sich die Männer an, bis Dr. Roghi plötzlich heiter meinte: »Luigi! Das war Luigi!« Roghi war nämlich eingefallen, daß vor einigen Tagen auf ähnlich mysteriöse Art ein Netz mit Blitzlichtbirnen verschwunden war, das er an einer bestimmten Stelle auf dem Meeresgrund abgelegt hatte. Als er sich umsah, hatte er gerade noch Luigi in einer Amphore verschwinden sehen. Er hatte ihn mit sanfter Gewalt wieder herausgeholt und ihm das Netz mit Birnen abgenommen. Luigi war der größte unter all den Kraken, die die Amphoren des Wracks bewohnten. Zu Beginn der Expedition war er noch scheu davongehuscht, wenn er einen der Taucher in seiner Nähe gesichtet hatte, aber mittlerweile hatte er sich mit den Männern angefreundet. Sofort stieg der Taucher Pontiroli auf den Grund, und der widerstrebende Luigi mußte wieder einmal seine Behausung räumen. Und tatsächlich – Luigi, der wie alle Kraken glitzernde Dinge liebte, hatte auf den Nummernschildchen gesessen. Etwas gekränkt sah er zu, wie ihm Pontiroli seine Beute wegnahm. Schließlich schenkte ihm der Taucher einige ausgebrannte Blitzlichtbirnchen, die ihn wieder versöhnten.

Als das Numerieren geschafft war, konnte die mit Spannung erwartete Grabung beginnen. Würde sie wirklich zum erstenmal einen noch gut erhaltenen Schiffsrumpf freilegen?

Die Männer setzten die Saugpumpe am Amphorenfeld an. Ihr Rüssel fraß eilig Sand, Schlamm und Meeresablagerungen ab und legte einen Fund nach dem anderen frei.

Einmal kam vom Heck des Schiffes ein Salbengefäß ans Tageslicht, aus blaugrünem, mit Gold verziertem Glas so zierlich geformt, daß es in einer Hand Platz hatte. Ein andermal brachten die Taucher wieder vom Heck des Schiffes Geschirr aus der Schiffsausrüstung zur *Medusa.* Als Dr. Roghi die Teller auseinandernehmen wollte, bemerkte er, daß sie zusammenklebten. Aber diese Klebemasse war weder Sand noch Schlamm. Es war der Rest einer jahrtausendealten Speise!

Aber das Achterschiff des Wracks barg noch viel größere Kostbarkeiten. Hier entdeckten die Männer den Schiffsaltar. Zuerst fanden sie nur den Fuß einer schlanken ionischen Säule, dann eine kunstvoll geschmiedete Bronzelampe, und darunter den schweren Altarstein aus Carraramarmor. Bohrmuscheln hatten ihn verunstaltet, doch nicht unkenntlich machen können. Professor Lamboglia gelang es, das Schiffstempelchen wieder zu rekonstruieren, während die Männer auf dem Grund des Meeres am Bugteil des Wracks gruben und wieder einen überraschenden Fund machten: kampanische Trinkschalen und anderes Geschirr, stapelweise, so, wie es die antike Manufaktur vor mehr als zweitausend Jahren verlassen hatte. »Typ B«, sagte Professor Lamboglia sofort, als ihm die ersten Teller gebracht wurden. »Es sind Exemplare des seltenen Typs B.« Die Datierung der Keramik stimmte mit jener der Amphoren überein. Das Schiff war also ziemlich sicher um 120 bis 100 v. Chr. gesunken, beladen mit kampanischer Keramik, die man im Vorderschiff gestapelt hatte, und mit dreitausend Krügen Öl und Wein mittschiffs.

Das Heck dagegen hatten die Kajüte des Kapitäns, das Schiffstempelchen und vielleicht einige Kojen für Passagiere eingenommen.

Dann begann der Abtransport der ersten Schicht der Amphoren, die jeweils zu vieren in einen Hebekorb geladen wurden. Während sich der Bestand an Krügen dieser Schicht allmählich lichtete, wurden langsam Teile des Schiffsrumpfes sichtbar. Schon am dritten Tag der Expedition hatte der Taucher Ferandi in einem Loch am Rand des Amphorenfeldes ein Stück Holz gefühlt und Dr. Roghi herangewunken. Dr. Roghi hatte seinen Handschuh abgestreift, in die dunkle Öffnung gegriffen und mit den Fingern den Verlauf einer Bordwand abtasten können.

Nun kam mehr und mehr von den Bordwänden des Bugs zum Vorschein, starke Spanten und kräftige Bohlen, mit stark silberhaltigem, weiß schimmerndem Blei überzogen. Mit verminderter Saugkraft – um den zerbrechlichen Schiffsrumpf nicht zu beschädigen – arbeiteten die Männer weiter. Meter um Meter wurde freigelegt, bis sich die Taucher ein klares Bild vom Aussehen und der Größe des Schiffes machen konnten. Die achtundzwanzig Tonnen große *Medusa* nahm sich an der Meeresoberfläche wie eine Nußschale gegen den antiken Frachter aus, der dreißig Meter Länge und hundertfünfzig bis zweihundert Tonnen Ladegewicht besaß. Nur allzugern hätten die Taucher den Verlauf der Bordwände in tiefere Sandschichten verfolgt und den Schiffsrumpf vollständig freigelegt. Aber die für die Expedition verfügbare Zeit und die Geldmittel gingen zu Ende, und überdies hätten die Taucher nichts anderes tun können, als den vom schützenden Sand befreiten Rumpf der Zerstörungsarbeit der Schiffswürmer zu überlassen.

Noch ist das technische Problem der Hebung eines zerbrechlichen antiken Schiffsrumpfes in einem Stück nicht gelöst, und könnte man es mit einem riesigen Aufwand an Mitteln dennoch lösen, gäbe es noch immer keinen Chemiker, der den so teuer errungenen Schiffsrumpf vor der raschen Zerstörung an der Luft bewahren könnte.

Wenn auch unsere heutige Technik diese Probleme noch nicht zu lösen vermag, hoffen die Forscher doch, daß der technische Fortschritt auch auf dem Gebiet der Unterwasserarchäologie neue Möglichkeiten erschließen wird, um bald immer mehr Licht in das Dunkel der Jahrhunderte griechisch-römischer Schiffahrt fallen zu lassen.

Sie hoffen aber nicht nur auf Erkenntnisse über Jahrhunderte – sie hoffen auf die Erschließung von Jahrtausenden. Auskunft über dunkle Jahrtausende zu geben verspricht vornehmlich der Grund des Ostmittelmeeres. Während an den französischen, italienischen und spanischen Küsten Wrack um Wrack entdeckt wurde, gab es von den Küsten des Ostmittelmeeres selten Berichte über nennenswerte Wrackfunde. Sie blieben weitgehend unerforscht, denn dort sind Sporttaucher selten. Doch vor etwa zwölf Jahren kamen von den Küsten Anatoliens Nachrichten, die selbst für die Fachwelt eine Sensation bedeuteten: Der junge amerikanische Journalist Peter Throckmorton hatte dort in kurzer Zeit fast vierzig versunkene Schiffe entdeckt – aus den Jahren 1200 vor bis 1700 nach Christi Geburt.

Auf Odysseus' Spuren

Peter Throckmorton fuhr auf. War in der Unterhaltung nicht eben das Wort »bakir« gefallen? »Bakir« ist das türkische Wort für Kupfer. Der Schwammtaucher Kemâl Aras und ein Dampferkapitän aus Istanbul unterhielten sich gerade über Funde auf dem Meeresgrund und Throckmorton war der Unterhaltung nur schläfrig gefolgt – bis ihn das Wort »bakir« aufgestört hatte.

Throckmorton wandte sich an seinen Freund, den Sporttaucher Mustafa Kapkin: »Was haben Sie gesagt?«

»Etwas über Bronzefunde. Kemâl hat einige fest mit dem Felsen verkittete Bronzestücke entdeckt.«

Throckmorton fragte nun Kemâl. Der Türke erzählte ihm, er hätte im Jahr zuvor beim Kap Gelidonia an der anatolischen Küste beim Schwammsuchen Bronzegegenstände auf dem Meeresgrund gefunden. »Große, flache Metallbarren, alle fest mit dem Felsen verbunden, in etwa dreißig Meter Tiefe.«

Amça Seytan, einer von der Mannschaft des Taucherbootes, so erfuhr Throckmorton, hatte einige Stücke gehoben und sie als Altmetall verkauft. Aber die Bergung würde sich kaum lohnen, meinte Kemâl, denn für so verrottetes Metall erhalte man nur wenig Geld. Throckmorton verlor zunächst das Interesse an der Sache. Wahrscheinlich waren es Barren von einem Handelsschiff des 18. oder 19. Jahrhunderts, also nichts weiter von Bedeutung.

Und doch, irgend etwas an der Geschichte ließ ihm keine Ruhe. Er grübelte nach. Hatte Kapitän Kemâl nicht »verrottet« gesagt?

Throckmorton hatte lange Jahre Erfahrungen als Bergungstaucher im Pazifik gesammelt und schon oft zwei-, dreihundert Jahre altes Kupfer aus dem Meer gezogen. Er wußte: Das Meer braucht Jahrtausende, um Kupfer und Bronze so weit zu zerstören, daß man es »verrottet«

nennen kann. Nur einmal hatte er in einem Museum zerfressene Bronze aus dem Meer gesehen: Es waren Bronzegeräte, die in den Tagen der Antike im Mittelmeer versunken waren.

Diese Nacht lag er noch lange in seinem Hotelzimmer im Schwammtaucherstädtchen Bodrum an der anatolischen Küste wach und dachte über die Barren nach. Flache Barren? Irgendwo hatte er davon schon gelesen ... Ja, mit solchen Barren hatten die Seefahrer der Bronzezeit gehandelt, mehr als tausend Jahre vor Christus.

Sofort am nächsten Morgen stöberte Throckmorton seine Bücher durch und fand dabei ein Bild, das eine Malerei aus einem ägyptischen Grab der Zeit um 1500 v. Chr. wiedergab. Diese Malerei stellte von den Äpyptern »Kefti« genannte Kreter dar, die einem Pharao Tribut darbringen – und darunter flache Bronzebarren.

So beginnt die Geschichte der Entdeckung des ältesten Hochseeschiffes der Menschheit, das wir bis heute kennen. Peter Throckmorton fand es, als er den Angaben des Schwammtauchers Kemâl Aras nachging.

Aber dies ist schon der zweite Teil der Geschichte von den Entdeckungen, die dem jungen amerikanischen Journalisten gelangen. Ihr erster Teil ist nicht weniger bemerkenswert, denn er erzählt, wie Throckmorton auf das Todesriff von Yasi Ada stieß und ringsherum achtzehn Schiffswracks fand.

Dieser Teil der Geschichte beginnt mit der Entdeckung der Demeter von Izmir (Smyrna) durch den Taucher Amca Ahmed Seytan aus Bodrum. Amca Seytan – der »Teufelskerl« – gilt als eine Besonderheit unter den Schwammtauchern von Bodrum, denn er ist schon über fünfzig Jahre alt, hat davon fast vierzig Jahre lang getaucht und zahllose Schiffsunglücke und Tauchunfälle ohne Schaden überstanden. Das kommt bei türkischen Schwammtauchern nicht oft vor. Mit fünfzig ruhen sie meistens schon unter schlichten Holztafeln, zumindest aber sind sie teilweise gelähmt. Aber Amca Ahmed gehört immer noch zu den eifrigsten Tauchern des Ortes. Er mußte mit dem Teufel im Bunde stehen! So bekam er seinen, nicht feindselig gemeinten, Spitznamen »Seytan« – Scheitan.

Im Jahr 1953 stieß der »Teufelskerl« beim Fischfang auf die überlebensgroße Bronzestatue der Demeter. Er brachte sie nach Bodrum, wo sie, gegen einen Holzklotz gestützt, am Strand aufgebaut wurde.

Als die türkischen Zeitungen über den Fund berichteten, machte sich sofort Professor Bean, ein Altphilologe der Universität Istanbul, auf den Weg in das Schwammtaucherdorf. Nach viertägiger Fahrt durch Anatolien rumpelte der Linienbus in den Ort, der an der Stelle des antiken Halikarnassos liegt. Die Schwammfischer führten den Professor an den Strand, zum Bronzebild einer Göttin von eigenartiger, herber Schönheit. Seytan hatte nur den etwa einen Meter hohen Oberteil der sitzenden Gottheit gefunden, aber den hatte das Meer unzerstört bewahrt. Das Metall war frei von Patina, leichte Verkrustungen bedeckten die Gewänder der Statue, aber das Gesicht war makellos, mit einem trauernden Ausdruck, zum Teil von einem Schleier umhüllt. Die Halbedelsteine der Augen waren verlorengegangen, aber dies vertiefte nur den ruhigen, ins Unbestimmte gerichteten Blick der Göttin.

Professor Bean erinnerte sich an eine Marmorstatue im Britischen Museum in London, die in der Nähe, bei Knidos, ausgegraben worden war. Es ist eine ähnliche, verschleiert trauernde Göttin – die Erdgottheit Demeter, die Göttin der Fruchtbarkeit, des Ackerbaus, der Ehe und der Kultur. Sie trauert um ihre in den Hades entführte Tochter Persephone.

Der Professor dachte daran, daß diese Göttin in den geheimnisvollen Eleusischen Mysterien als Spenderin ewigen Lebens verehrt worden war, und daran, daß noch heute Reste des Demeterkultes in manchen Gegenden Anatoliens in den jährlichen Erntedankfesten fortleben.

Schließlich wurde die Bronzestatue in das Museum von Smyrna gebracht. Dort sah sie der junge amerikanische Journalist Peter Throckmorton, als er einige Jahre später, 1958, fast zufällig nach Anatolien kam.

Throckmorton hatte seine Laufbahn als Bergungstaucher im Pazifik begonnen. Später wurde er Pressephotograph – Kriegsberichterstatter im Koreakrieg –, ging für einige Zeit nach Indien und fuhr schließlich mit einem alten Jeep von Afghanistan in die Türkei. Dort sah er nicht nur die eindrucksvolle Demeter, sondern traf auch mit Mustafa Kapkin und anderen Tauchern des kleinen, aber eifrigen »Kurbaga Adamlar Külübu«, des Froschmannklubs von Smyrna, zusammen. Diese Taucher erzählten Throckmorton die Geschichte der Demeter und sprachen auch von den Resten einiger weiterer Wracks, die sie in ihrer Freizeit gefunden hatten.

Antike Wracks? Der junge Amerikaner horchte auf. Das interessierte ihn! Und er beschloß, selbst auf Suche zu gehen. Doch aufs Geratewohl den Meeresgrund abzusuchen, wäre eine müßige Geschichte gewesen. Aber Mustafa Kapkin wußte Rat. Die Schwammtaucher von Bodrum könnten vielleicht einiges wissen, meinte er. Vielleicht seien sie bei ihrer Arbeit an der anatolischen Küste schon auf Überreste von antiken Schiffen gestoßen. Mustafa Kapkin erklärte sich auch bereit, Throckmorton zu begleiten. Mit Froschmannausrüstung und einem kleinen Kompressor machten sich die beiden Männer auf nach Bodrum.

Bodrum erhebt sich genau über dem antiken Halikarnassos. Warum sollte vor dieser Stadt nicht das eine oder andere antike Schiff versunken sein? Ganz Anatolien ist uraltes Kulturland. Jahrtausende vor der Zeitwende hatten auf dem Boden der heutigen Türkei bereits Völkerschaften Städte und Stadtstaaten errichtet, von denen wir heute kaum mehr etwas wissen. Später hatten die Hethiter über Anatolien geherrscht, war dort der Trojanische Krieg ausgetragen und manches mächtige Reich gegründet worden.

Als Halikarnassos aufblühte, regierten bereits die Perser das Land. Sie herrschten über ein Gemisch von Volksstämmen und zahlreiche griechische Städte. Halikarnassos aber wurde gleichermaßen berühmt durch seinen bedeutendsten Bürger, Herodot, den Vater der Geschichtsschreibung, und durch das Grabmal des persischen Satrapen, der von dort aus bis 353 v. Chr. die umliegende Provinz Karien verwaltet hatte: Mausolus. Seine Frau Artemisia ließ ihm das berühmteste Grabmal der Weltgeschichte errichten, das die Antike zu den sieben Weltwundern zählte. Es wurde zum Vorbild für alle anderen »Mausoleen«, die in den folgenden zweitausend Jahren vom asiatischen Samarkand bis in alle Weltteile erbaut wurden. Damals, zur Zeit Alexanders des Großen, um etwa 350 v. Chr., zählte Halikarnassos zu den Weltstädten. Als die Römer ihre Macht über Kleinasien hin ausdehnten, sank es zur Provinzstadt herab. Im Hochmittelalter erkannten dann Kreuzritter, die Johanniter, die strategisch günstige Lage einer byzantinischen Befestigung, die seit einigen Hundert Jahren auf einer kleinen Insel vor dem Ort gestanden hatte. Sie rissen die Säulen und Mauern des bereits verfallenen Grabmals des Mausolus ein und verwendeten sie zum Ausbau der Festung, die sie »St. Peter« nannten.

Das antike Halikarnassos aber konnten selbst alle Stürme der Zeiten, die darüber hinwegfegten, von Alexanders Heer bis zu den Scharen der Ottomanen und Johanniter, nicht auslöschen.

Heute noch schreitet man über das tief ausgetretene Pflaster von Straßen, die vor Jahrtausenden von Lydern, Griechen, Persern oder auch von Römern angelegt worden waren. Und ein großer Teil der Häuser des heutigen Bodrum ruht auf antiken Fundamenten. Oft können nur Fachleute unterscheiden, welche Mauer, welche Säule eines Hauses nun persisch, römisch, mittelalterlich oder neuzeitlich ist. Und sicherlich hatten den Hafen von Halikarnassos auch jahrtausendelang Kriegs- und Handelsschiffe angelaufen. Sollten die versunkenen Schiffe spurlos vergangen sein?

Als Kapkin und Throckmorton ihr Gepäck im Hotel verstaut hatten, gingen sie sofort zur Schwammtauchertaverne am Hafen. Dort trifft man meist die Taucher, die gerade nicht beim Schwammernten auf See sind. Kapkin und Throckmorton hatten Glück. Der finster dreinblickende Mann, der sich an ihren Tisch setzte, war Kapitän Kemâl Aras – der Kapitän der *Mandalinci,* die vor einigen Jahren die Demeter nach Bodrum gebracht hatte. Vier Stunden saßen sie beisammen, und der Kapitän erzählte ihnen von der Arbeit der Schwammtaucher, den Gefahren, die sie dabei bedrohen, und Geschichten über seltsame Dinge, die er in langen Jahren auf dem Meeresgrund erlebt hatte.

Nein, außer der Demeter gäbe es keine Bronzestatuen in den ihm bekannten Tiefen, aber: »Wenn ihr nur alte Krüge haben wollt, da kann ich euch genug zeigen!«

Kapitän Kemâl lud die beiden Männer ein, ihn und seine Mannschaft einen Monat lang auf der *Mandalinci* entlang der anatolischen Küste zu begleiten.

Recht sicher sah die *Mandalinci* auf den ersten Blick nicht aus. Sie war ein kaum zwölf Meter langer Segler mit einem uralten, spuckenden und ratternden Hilfsmotor, ein Schiffchen, das mit der Luftpumpe für die Helmtaucher, mit Nahrungsmitteln für einen Monat, den Tauchern Kemâl Aras, Amca Seytan, einigen anderen und zwei Schiffsjungen schon überladen zu sein schien. Aber Kapkin und Throckmorton kannten diese bewährten, wendigen und sturmfesten kleinen Segler bereits, die ziemlich genau jahrtausendealten Vorbildern gleichen. Gern nahmen sie die Einladung des Kapitäns an. Sicher hatte er ein wenig übertrieben, als er von zahllosen Krügen an vielen Stellen gesprochen hatte. Aber einige Schiffswracks würde er schon zu bezeichnen wissen!

Das Todesriff von Yassi Ada

Die beiden Schiffsjungen machten die *Mandalinci* vom Kai los, und das Boot nahm Kurs auf die im Kanal von Chuka, zwei Segelstunden von Bodrum entfernt liegenden Karabağla-Inseln. Kemâl ließ Yassi Ada ansteuern, einen winzigen, flachen Felshügel in der Ägäis, die ödeste dieser unbewohnten Inseln. Knappe zwei Steinwurfweiten vom Strand der Insel Yassi entfernt wurde das Segel eingeholt. Der Taucher Çiasim Arslan stieg in den einzigen Taucheranzug, den die Mannschaft des Schwammtaucherbootes besaß. Zehn Minuten später ruckte die Signalleine: Çiasim hatte die Stelle gefunden, zu der Kemâl die beiden Froschmänner führen wollte.

Throckmorton schlüpfte in seine Flossen, nahm Maske und Schnorchel, atmete tief ein und stieß nach unten. Er brauchte nicht weit abzutauchen. Nur etwa acht Meter unter ihm stand Çiasim inmitten eines riesigen Haufens Amphoren und Tonscherben. Mustafa Kapkin folgte Throckmorton auf dem Fuß. Staunend umschwammen sie in dem kristallklaren Wasser den Taucher und das mächtige Amphorenfeld. Als sie zum Atemholen wieder an die Oberfläche kamen, bedeutete ihnen Kapitän Kemâl

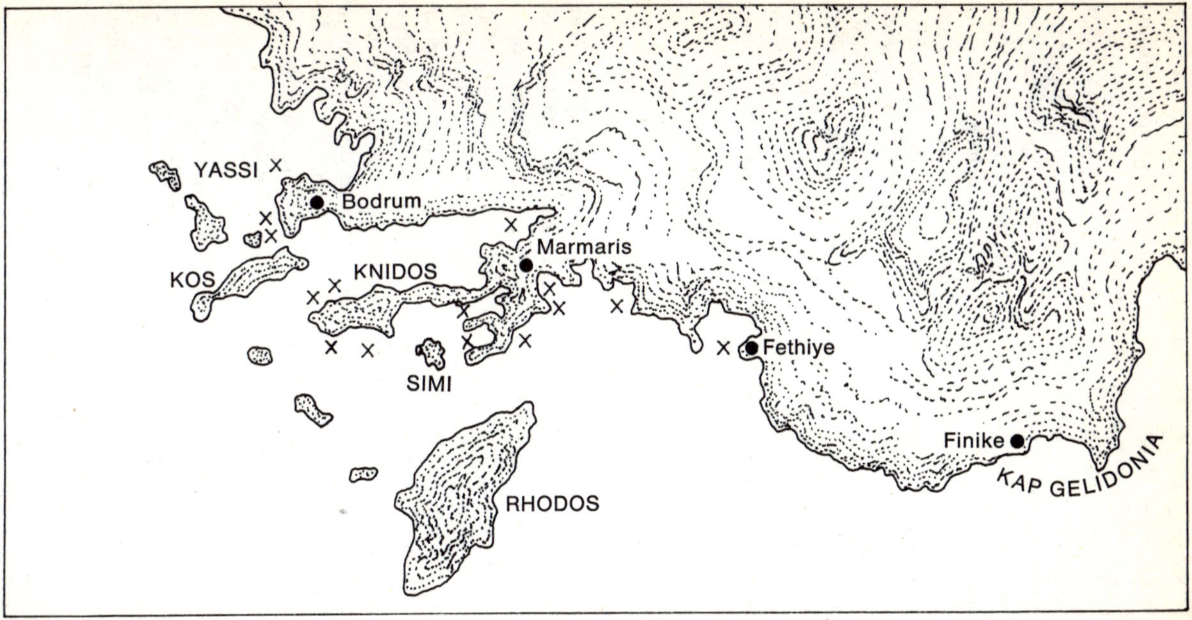
YASSI
Bodrum
KOS
KNIDOS
Marmaris
SIMI
RHODOS
Fethiye
Finike
KAP GELIDONIA

Aras, wieder ins Schiff zu kommen. Er hatte ihnen noch mehr zu zeigen. Çiasim wurde hochgezogen und Ali Zorlu übernahm den Taucheranzug, während der ratternde Hilfsmotor die *Mandalinci* zur Südspitze der Insel schleppte.

Wenige Minuten später trafen sich Ali Zorlu und Peter Throckmorton, der ein Atemgerät umgeschnallt hatte, in rund vierzig Meter Tiefe, bei einem anderen antiken Wrack. Throckmorton sah diesmal ganze Berge von Amphoren. Aber bevor er sie noch näher besichtigen konnte, zog ihn der Türke schon weg – zu einem dritten Wrack. Dessen Ladung bestand aus großen, dickbauchigen, fast kugelförmigen Amphoren, wie sie Throckmorton noch nirgends gesehen hatte. An manchen Stellen lagen auch verkrustete Eisenteile, darunter einige Anker.

Die Entdeckungsfahrt auf dem Meeresgrund ging weiter. Als es dämmerte, hatte Throckmorton bereits mehr als ein halbes Dutzend Wracks, die vor der Insel Yassi versunken waren, in seinem Notizbuch notiert.

Allen diesen Schiffen war dasselbe tückische, messerscharfe Riff zum Verhängnis geworden. Kaum hundert Meter von der Insel entfernt erhebt es sich als langsam ansteigender, langgestreckter Berg, der in einem scharfen Felskamm gipfelt.

Heute warnen Hinweise in den Seekarten den ortsunkundigen Seemann vor dieser Stelle. Der antike Kapitän aber war allein auf seine Augen angewiesen. Bei ruhiger See konnte er das Riff durch das Wasser schimmern sehen. Herrschte aber starker Wellengang oder segelte das Schiff gegen die Sonne, so daß Steuermann und Mannschaft geblendet wurden, bedeutete es eine tödliche Gefahr. Mit aufgeschlitztem Bug versanken manche der Schiffe blitzschnell zu beiden Seiten des Messerriffs in Tiefen von nur wenigen Metern. Andere schleppten sich noch weiter und landeten dann in vierzig Meter Tiefe.

An den folgenden Tagen stellten Kapkin und Throckmorton fest, daß das Todesriff mindestens achtzehn Segler in den Grund gebohrt hatte. Zwei Weinfrachter waren, gegen Ende des ersten Jahrhunderts nach Christi Geburt, seine ersten Opfer gewesen, deren Überreste die Zeiten überdauert hatten. Von einem war eine riesige Fläche von zerbrochenen Amphoren geblieben, der andere zu einem Schiffshügel geworden, aus dem die obersten der fünftausend Amphoren noch herausragten. Später sollte sich herausstellen, daß die beiden Wracks, zu denen die Türken Throckmorton und Kapkin als erste geführt hatten, aus byzantinischer Zeit stammten. Es waren Frachter aus dem sechsten und siebenten Jh. n. Chr. Eine bedeutungsvolle Entdeckung für die Unterwasserarchäologie! Waren doch alle bis dahin gefundenen Wracks in der Zeit vom Ende des dritten vorchristlichen bis zum Ende des dritten nachchristlichen Jahrhunderts gebaut worden – sehr zum Bedauern der Wissenschaftler, denn von Zeugnissen aus byzantinischer Zeit liegt für uns noch nahezu ebensoviel in Dunkel gehüllt wie aus der Zeit der klassischen Altertums, also vor dem dritten vorchristlichen Jahrhundert.

Als letztes großes Schiff war vor Yassi Ada eine türkische Fregatte verunglückt. Sie war auf der Messerschneide des Riffs zerbrochen, die Wellen hatten ihre Trümmer zerstreut. Die Kanonenkugeln aber waren zu beiden Seiten der Felsklinge den Hang hinuntergerollt und hatten sich in Mulden gesammelt. Dort liegen sie heute noch in großen Haufen. Auf einen der Stapel von Kanonenkugeln aber hatte sich erst vor wenigen Jahrzehnten ein ebenfalls vom Todesriff besiegtes türkisches Taucherboot gelegt.

Die beiden Froschmänner sahen, daß dieses Riff allein Forschungsarbeit für Jahre und für gut ausgerüstete Expeditionen bot. Die Schwammtaucher aber mußten weiter, zu Plätzen, die ihnen Schwämme und den Froschmännern weitere Wracks versprachen.

Mit vollen Segeln und tuckerndem Motor kreuzte die *Mandalinci* entlang der in zahllose Inseln, Buchten und Halbinseln zerrissenen Küste Anatoliens. Sobald die Taucher am Ton der Wellen hörten, daß ihr Schiff über Felsgrund schwamm, warfen sie Anker, und das Schwammfischen begann. Throckmorton und Kapkin halfen ihnen fleißig beim Sammeln, wenn sie nicht gerade Wracks suchten und photographierten oder für Bereicherung der kargen Kost sorgten, indem sie Fische schossen und Hummer fingen.

Die Zahl der Wracks wuchs fast noch schneller als der Berg der Schwämme. Die Türken wußten immer wieder eines zu zeigen, und manchmal gaben auch die Mannschaften anderer, vorüberfahrender Schwammtaucherboote Hinweise. Die Geschichte von den beiden »etwas verrückten« jungen Leuten, die »alte Krüge« suchten, hatte sich an der Küste herumgesprochen. Kapkin und Throckmorton konnten gar nicht allen Hinweisen nachgehen, doch sie kamen im nächsten Jahr mit mehreren Tauchern wieder, und am Ende des nächsten Sommers waren bereits achtunddreißig Wracks identifiziert – Wracks aus griechisch-römischer und byzantinischer Zeit, aus den Flotten der seldschukischen und der ihnen nachgefolgten ottomanischen Türken.

Aber zuvor, als die Kreuzfahrt des ersten Jahres beendet war und die *Mandalinci* wieder in Bodrum einlief, kam es zu jenem folgenreichen Abend, an dem das Wort »bakir« – Kupfer – fiel.

Kemâl Aras hatte Mustafa Kapkin und Peter Throckmorton eingeladen, einen Abend mit ihm und einem Freund, einem Dampferkapitän aus Istanbul, zu verbringen. Aber Throckmorton war so müde, daß er die türkisch geführte Unterhaltung vorwiegend den beiden Seeleuten überließ und ihr bald kaum mehr folgen konnte. Die Seeleute hatten zu »fachsimpeln« begonnen, und dabei waren sie auf die Bronzefunde zu sprechen gekommen.

Als Throckmorton dämmerte, was die Schwammtaucher gefunden haben könnten, war Kapitän Kemâl Aras schon wieder mit seiner *Mandalinci* auf hoher See. Doch Throckmorton ließ nun der Gedanke, er sei auf der Spur eines mehr als dreitausend Jahre alten Wracks, nicht mehr los. Geduldig wartete er in Bodrum die Rückkehr der *Mandalinci* ab, um von Kemâl und seinen Tauchern noch mehr über ihren Fund zu erfahren.

Die Taucher dachten auf Throckmortons eindringliche Fragen hin eine Weile nach. Dann erinnerte sich einer von ihnen an zwei kleine Bronzeschatullen. Er hatte sie gehoben, weil er hoffte, darin Gold zu finden. Als sich herausgestellt hatte, daß sie nur schwarze Schmiere enthielten, hatte sie der Taucher wieder in hohem Bogen ins Meer gefeuert – weil sie recht vom Meer zerfressen und unansehnlich waren, wie er sagte.

Amca Seytan hatte ebenfalls einige Funde gehoben. Er legte sein zerfurchtes, von Wind und Wetter gebräuntes Gesicht in noch mehr Falten und meinte zögernd: »Eines der Dinger sah aus wie eine Speerspitze ... ja, dann war da auch noch ein Messer und so etwas Ähnliches wie ein Schwert. Das ganze Zeug war aus Bronze.«

»Wer hat das gekauft?« fragte Throckmorton aufgeregt.

»Ach, irgendein Schrotthändler. So genau weiß ich das nicht mehr«, sagte Amca Seytan.

»Gräm dich deswegen nicht, Peter.« Kapitän Kemâl Aras klopfte ihm freundschaftlich auf die Schulter. »Nächstes Jahr sprengen wir das Zeug vom Felsen los, damit sich eine Bergung lohnt. Ich heb' dir einen Brocken davon auf.«

»Was?« Throckmorton war entsetzt. Er packte Kemâl Aras fest am Arm.

»Versprich mir um Gottes willen, daß ihr das Bronzewrack nicht anrührt, bis ich es gesehen habe. Ich bezahle euch das Doppelte vom Metallwert.«

»Nun gut, wenn du es unbedingt so haben willst«, willigte Kemâl Aras kopfschüttelnd ein. Was Throckmorton mit den alten Bronzebrocken wollte, verstand er freilich nicht ganz.

Abenteurer und Geld gesucht

Der Sommer war vorüber, Throckmorton kehrte in die Vereinigten Staaten zurück und stand nun vor einer schwierigen Frage: Wie findet man einen Mann, der Geld und Zeit in die Erforschung eines Wracks steckt, dessen Vorhandensein, vom Alter ganz zu schweigen, noch nicht einmal bewiesen ist?

Hätte Peter Throckmorton in dieser Angelegenheit bei einem großen archäologischen Institut vorgesprochen, so hätte er, der junge Mann, der ein Schiff aus der Zeit vor der Wende zum ersten vorchristlichen Jahrtausend gefunden haben wollte, nur Belustigung hervorgerufen. Ein Wrack aus der Zeit des Trojanischen Krieges? Das galt als undenkbar, denn bis dahin hatte man höchstens manchmal – so an der Côte d'Azur und bei der Insel Chios – winzige Reste von Schiffen aus dem vierten, fünften und sechsten Jh. v. Chr. entdeckt. Die Gelehrten hätten deshalb Throckmorton, den Laien, kaum ernster genommen als einst Schliemann, den Entdecker Trojas.

Throckmorton war ratlos. Wie sollte er einen abenteuerlustigen Globetrotter finden, der Geld hatte und bereit war, sich auf eine so unsicher aussehende Geschichte einzulassen?

Das Glück half, und er fand ihn: Drayton Cochran, mit dem ihn ein Archäologe bekannt machte.

Drayton Cochran, ein New Yorker, besaß eine hochseetüchtige Yacht von fast fünfundzwanzig Meter Länge und war von dem Gedanken an eine Expedition ebenso begeistert wie sein Sohn John und dessen Freunde John Richter und Stan Watermann. John Cochran und Richter hatten als Tauchsportler bereits einige Unterwassererfahrungen sammeln können, und Waterman arbeitete als Berufstaucher und Unterwasserphotograph. Vier erfahrene Taucher, zu denen noch Susan Phips, eine Tauchsportlerin aus Florida, stieß – das würde für eine Erkundungsfahrt reichen. Die Expedition wurde sofort beschlossen. Mustafa Kapkin, der mit dabei sein wollte, gewann noch Hakki Gültekin, den Direktor des Archäologischen Museums von Smyrna, zur Teilnahme, und im Juni 1959 lag Cochrans Yacht *Little Vigilant* bereits im Piräus, wo sie gerüstet wurde.

Ab Bodrum begann nun eine Kreuzfahrt von Wrack zu Wrack. Die Taucher nutzten die Gelegenheit, alle Wracks noch einmal zu besuchen, die Kapkin und Throckmorton bereits im Vorjahr entdeckt hatten, und weitere ausfindig zu machen.

Als blasser Strich, weit ins Meer hinausragend, auf dessen äußerstem Ende ein dunkler Punkt, der Leuchtturm, hockte, zeigte sich das Kap Gelidonia am Horizont. Vor seinen schroffen Klippen lagen winzige Inseln verstreut, Felsklötzen gleich, die in grauer Vorzeit ein Titan mutwillig ins Meer geschleudert hatte – die Bes-Adalar-Gruppe. In der kaum mehr als zwei Steinwurfweiten breiten Durchfahrt zwischen den beiden äußersten Inseln sollte das Wrack auf dem Felsgrat liegen, der die Bes-Adalar-Gruppe unter Wasser verband, so hatten Kapitän Kemâl und seine Schwammtaucher erzählt. Der Grat war ein Gewirr von Felsspalten, Hügeln und kleinen Sandmulden, das sich in Tiefen von drei bis fünfunddreißig Meter ausbreitete. Nur einen Schritt über den Grat hinaus fiel der Meeresgrund in Tiefen von fünfzig Meter und mehr ab.

Als der Abend dämmerte, ging die *Little Vigilant* über diesem Grat vor Anker. Am nächsten Morgen ließen sich die Taucher kaum Zeit für das Frühstück, sprangen über Bord und schwärmten nach allen Seiten über den Felsgrat zwischen den Inseln hin aus. Aber der erste Eifer hielt nicht lange an, denn die Männer und Susan Phips fanden zunächst nichts außer einem alten, verrosteten Kochtopf.

»In diesem Felslabyrinth können wir eine Ewigkeit suchen, ohne etwas zu finden«, brummte der Sporttaucher Rasim Divanli unwillig, der mit Mustafa Kapkin auf die *Little Vigilant* gekommen war.

So verging der Morgen mit erfolglosem Suchen, und der Nachmittag brachte nichts weiter als einen Stein, den Mustafa Kapkin an einer Stelle aufgehoben hatte, deren Aussehen ganz Kemâl Aras' Beschreibung vom angeblichen Liegeplatz des Wracks entsprach. Bronzepatina hatte den Stein gründlich verfärbt.

»An dieser Stelle scheint jemand mit Dynamit gearbeitet zu haben«, sagte Kapkin. Auf dem Schiff breitete sich tiefe Niedergeschlagenheit aus. Am meisten enttäuscht war Throckmorton. Waren ihm also doch Schwammtaucher zuvorgekommen und hatten die Bronzebarren vom Felsgrund losgesprengt? Trotzdem protestierten er und Mustafa Kapkin entschieden, als die anderen Expeditionsteilnehmer bereits am nächsten Morgen gleich nach Sonnenaufgang Anker lichten wollten. Schließlich konnten die beiden ihre Gefährten doch überreden, noch einen Vormittag zu bleiben. Als dieser Vormittag wieder keinen Erfolg brachte, wurde die Abfahrt endgültig auf den frühen Nachmittag festgelegt. Eine halbe Stunde bevor die Segel gesetzt werden sollten, legten Kapkin und Throckmorton, die fürchteten, so schnell nicht wieder an das von Schwammtauchern selten angesteuerte Kap Gelidonia zu kommen, in letzter Verzweiflung noch einmal ihre

Geräte an. John Cochran und Susan Phips fanden, daß sie eigentlich auch noch einmal tauchen könnten, um einige Unterwasserphotos zu machen.

Kapkin und Throckmorton fanden wieder nichts, gaben endgültig auf und kehrten müde zur *Little Vigilant* zurück – wo die ganze Mannschaft aufgeregt um irgend etwas herumstand. So rasch es ging, kletterten die beiden die Bordwand hinauf und sahen, daß John Cochran zufällig entdeckt hatte, wonach sie alle so lange unermüdlich gesucht hatten. Er hielt zwei unförmige Bronzeklumpen in den Händen, dick verkrustet und von bunten Flechten überzogen.

Sofort begann Throckmorton von einem der Klumpen die Meeresablagerungen abzukratzen. Der Archäologe Hakki Gültekin nahm sich den anderen vor. Nach wenigen Minuten hatten sie zwei Speerspitzen freigelegt, grobe, aus Bronze geschmiedete Waffen. Wie alt? Gültekin zuckte mit den Achseln. »Genau kann man das auf den ersten Blick nicht sagen, aber mindestens dreitausend Jahre.«

»Da ist noch 'ne Menge von dem Zeug unten«, erklärte jetzt John Cochran. »Und ein Stapel großer, flacher Metallbarren, die aussehen wie Doppelbeile.«

»Doppelbeile!« Throckmorton stieß es wie einen Freudenschrei aus. Er wußte inzwischen, daß die Bewohner Zyperns in der späten Bronzezeit das auf ihrer Insel gewonnene Metall häufig in Doppelaxtform gegossen hatten. Die Gelehrten hatten einige dieser Barren in Mykene und auf Sardinien ausgegraben. Sie stammten aus der Zeit von 1600 bis 1200 v. Chr.

Das Wrack war gefunden. Es lag ganz nahe an der Stelle, an der Mustafa Kapkin den vom Grünspan verfärbten Stein aufgelesen hatte. Einige der Taucher mußten mehrere Male ganz nahe daran vorbeigeschwommen sein, ohne die Wrackreste wahrzunehmen.

Aber die Taucher rüttelten vergeblich an den Barren. Meeressedimente und Grünspan, durch die langsame Korrosion abgespaltene Metalloxyde, hatten sie fest miteinander und mit dem Fels verwachsen lassen.

Zum Glück gab es auf der Yacht ein Brecheisen. Stundenlang wurde gemeißelt und gestemmt, bis die Männer einen der Barren vom Fels gelöst hatten und die nahezu

Bronzezeitliche Amphora aus dem Wrack vom Kap Gelidonia

fünfzig Pfund schwere Bronzelast heben konnten. In ihrer Freude über die gelungene Arbeit hätten sie beinahe übersehen, was eine Höhlung im Fels, die bisher der Bronzebarren verdeckt hatte, barg: Stücke Holz von dem versunkenen Schiff, Tonscherben, bronzene Streitäxte, Spitzhacken und Speerspitzen. Selbst ein Schiffstau, aus zähem Riedgras geflochten, lag noch in der Höhlung.

Währenddessen verschlechterte sich das Wetter zusehends. Aus dem Norden blies der Meltem, ein Wind, der zu dieser Jahreszeit häufig die Oberfläche des Ostmittelmeeres peitscht und das Wasser zu scharfen Wellen schlägt. Das Wasser drängte und brandete zwischen den beiden Inseln hindurch, und die Strömung wurde so stark, daß sie jeden Schwimmer sofort abtrieb. Aber von einer Rückfahrt sprach niemand mehr. Die Taucher zogen ein Seil von der *Little Vigilant* in die Tiefe und banden es fest an einen Bronzebarren. An diesem Seil konnten sich die Männer in die Tiefe hanteln, ohne von der Strömung abgetrieben zu werden. In der Tiefe des Wracks blieb das Wasser ruhiger. Zwei Taucher aber, die sich nicht fest genug am Seil angehalten hatten, ergriff die Strömung und trug sie weit davon. Einige Männer mußten sich mit letzter Kraft in die Ruder des Beibootes legen, um die Abgetriebenen wieder einzuholen und zurück zum Schiff zu bringen. Trotz allem arbeiteten die Taucher und Susan Phips zwei Tage unermüdlich weiter.

Es galt jetzt nämlich, möglichst genaue Skizzen und Photos des bronzezeitlichen Wracks anzufertigen und eine

Reihe von charakteristischen Funden zu heben, die man archäologischen Instituten vorlegen konnte, um eines von ihnen zu einer neuen Expedition zu bewegen. Das Wrack vom Kap Gelidonia mußte unter der Leitung erfahrener Archäologen erforscht werden. Denn sie waren sich nun sicher, daß zwischen den beiden unwirtlichen Inseln vor dem Kap ein Wrack aus der Zeit lag, in der die Griechen Troja belagert und gestürmt hatten. Von diesem bis jetzt einzigartigen Fund durfte kein Nagel verlorengehen.

Zwei Tage später setzte die *Little Vigilant* wieder Segel. Die Expedition hatte ihr Hauptziel erreicht. Die Notizbücher der Taucher waren gefüllt mit Zeichnungen. Sie hatten die Fundstätte genau photographiert, und im Schiffsbauch lagerten sorgsam ausgesuchte Fundproben, darunter zwei Bronzebarren, Streitäxte, Speerspitzen, Ackerbaugeräte, ein Bronzespiegel und Teile von Amphoren aus mykenischer Zeit, insgesamt dreißig Tonscherben und fünfzehn Bronzefunde.

Die Yacht lief wieder Bodrum an, und die Männer schleppten die Funde in das Kastell St. Peter, denn die türkischen Gesetze erklären alle archäologischen Funde zum Nationaleigentum und verbieten ihre Ausfuhr. Throckmorton und Kapkin verließen nun die *Little Vigilant* und schlugen ihre Arbeitsstätten in der Zitadelle bei den Funden auf. Tag und Nacht schrieben sie Berichte und zeichneten und photographierten die Fundstücke. Die Berichte und Bilder wurden sofort an archäologische Institute und Zeitschriften gesandt.

Die wichtigste Antwort kam von Dr. Rodney Young, dem Vorstand der Lehrkanzel »Klassische Archäologie« an der Universität von Pennsylvania und des Universitätsmuseums. Dr. Young befand die Bronzebarren als »eindeutig und charakteristisch für die späte Bronzezeit« und beschloß, im nächsten Jahr eine Expedition zum Kap Gelidonia zu senden.

Waffen für Troja?

Als sich ein knappes Jahr später, im Frühling 1960, die kleine Expeditionsflotte dem Inselgewirr vor dem Kap Gelidonia näherte, mischten sich in Peter Throckmortons

Freude bald bange Gefühle. Er begann plötzlich an seiner Entdeckung zu zweifeln. War es wirklich ein Schiff? Er hatte schließlich keinen erkennbaren Wrackhügel gefunden, sondern tausend Trümmer, über Sand und Felsen verstreut. Vielleicht war es gar kein Schiff, sondern nur eine Stätte, an der bronzezeitliche Seeleute im Sturm die schwere Ladung ihres Seglers über Bord gekippt hatten, um wenigstens sich selbst und das Schiff zu retten?

Ein schrecklicher Gedanke für Throckmorton! Schließlich hatte er im Jahr zuvor aus der Lage der Funde eindeutig erkennen zu können geglaubt, vor dem Kap Gelidonia sei ein Schiff versunken. Dr. Rodney Young aber hatte diesen Angaben des jungen Journalisten vertraut, beträchtliche Geldmittel beschafft und das beste Expeditionsteam zusammengestellt, das jemals an einer Fundstätte unter Wasser gearbeitet hatte. Aus fünf Ländern waren Archäologen, Unterwasserphotographen, Zeichnerinnen, Konservatoren und Taucher nach Bodrum gekommen – unter ihnen Frédéric Dumas. Die türkische Regierung hatte Hakki Gültekin und den Archäologen Lütfi Tuğral gesandt. Wer von den Männern und Frauen sich nicht bereits auf den Umgang mit Maske, Flossen und Atemgerät verstand, hatte noch rasch das Tauchen erlernt, wie der Expeditionsleiter George F. Bass vom Archäologischen Institut und Museum der Universität von Pennsylvania, der eigens einen gründlichen Tauchkurs bei den »Philadelphia Depth Chargers« absolviert hatte. Fünfzehn ausgesuchte Fachleute umfaßte die Expedition, einige türkische Schwammtaucher nicht mitgerechnet. Sie alle saßen nun erwartungsvoll auf der *Mandalinci* und der etwa doppelt so großen *Lutfi Gelil,* die Kemâl Aras' Freund Nazif Goymen steuerte.

Die *Mandalinci* ging vor Anker und Throckmorton konnte seine Unruhe kaum noch verbergen. Wenn er sich nun getäuscht hatte? Die Blamage wäre nicht auszudenken gewesen! An den Schaden, den ein Fehlschlag bei Kap Gelidonia dem Fortschritt der archäologischen Forschung unter Wasser zugefügt hätte, mochte Throckmorton gar nicht denken. Ein Fehlschlag hätte sicherlich in Zukunft alle jene Gelehrten von Forschungsunternehmen unter Wasser abgehalten, die bis vor kurzem der Unterwasserarchäologie noch skeptisch gegenübergestanden hatten und der Meinung gewesen waren, die Ergebnisse solcher Unternehmen würden den Aufwand nicht lohnen.

Die Entdeckung zusammenhangloser Bronzefunde auf dem Meeresgrund anstatt des von Throckmorton vermuteten Schiffswracks aber hätte eindeutig einen Fehlschlag bedeutet. Mit Bronzebarren und Werkzeugen allein kann die Wissenschaft wenig beginnen. Zur Ausrüstung einer Expedition hatte Dr. Young nur die Hoffnung bewogen, seine Leute würden ein Schiff aus der Zeit, als Agamemnon, Achilles und Odysseus an der Spitze ihrer Heere in den trojanischen Krieg gesegelt waren, aus der Zeit um 1200 v. Chr. – einer der dunkelsten Perioden der Weltgeschichte –, beim Kap Gelidonia auf dem Meeresgrund vorfinden.

Throckmorton und Dumas tauchten als erste ab. Throckmorton führte den Taucher zu Einzelfunden in einem Sandbecken, das sich zwischen einem Riff, einem mächtigen Felsblock und einer Felsenplattform ausbreitete, und zu dem Stapel bronzener Barren, den er auf der Plattform gefunden hatte. Dumas besah sich den Meeresboden genau, betastete einen Stein, der ein auffällig rundes Loch hatte, und kratzte ab und zu mit seinem Dolch an einem Gegenstand. Dann schwamm er wieder zum Schiff. Erwartungsvoll sahen ihn Throckmorton und die anderen an, als er sich über die Bordwand geschwungen hatte und seine Tauchmaske abnahm. Sie wußten, daß Dumas aufgrund seiner Erfahrungen eine Fundstätte unter Wasser nur kurz zu betrachten brauchte, um sie ziemlich sicher beurteilen zu können.

Dumas nickte zustimmend und meinte scherzhaft: »Ich glaube, wir sind Odysseus auf der Spur.« Dann sagte er ernst: »Das könnte durchaus ein Schiff sein. – Aber wir werden Tonnen von Sand und Stein wegräumen müssen, bis wir es sicher wissen.«

Die Untergangsstelle glich keinem der üblichen Wrackhügel, mit denen es die Unterwasserforscher bis dahin zu tun gehabt hatten. Sie ähnelte viel eher einer Lichtung im Dschungel, auf der ein Flugzeug zerschellt ist. Die Aufgabe der Expedition ließ sich gut mit der von Luftfahrtexperten vergleichen, wenn sie Tausende von weit verstreuten Bruchstücken, die längst dichte Dschungelgewächse überwuchert haben, aufspüren, freilegen und bergen müssen und daraus Aussehen und Herkunft eines Flugzeuges völlig unbekannter Bauart und Nationalität bestimmen sollen.

Die Arbeit der Mitglieder der Kap-Gelidonia-Expedition war sogar noch schwieriger. Abgesehen davon, daß sie es mit jahrtausendealten Gegenständen zu tun hatten, genügt im Dschungel ein scharfes Haumesser zum Freilegen von Funden, während jetzt die Taucher mit schweren Hämmern und Meißeln in dreißig Meter Tiefe arbeiten mußten. Später sollten selbst Hammer und Meißel versagen.

Doch die Mannschaft begann begeistert mit der Arbeit, denn ein Schiff aus Odysseus' Tagen würde sicherlich die schwersten Mühen lohnen. Eine knappe Segelstunde vom Kap Gelidonia entfernt lag ein von hohen Felswänden gesäumter schmaler Strand mit einer klaren Quelle. Hier wurde das Expeditionslager aufgeschlagen. Einige der Männer errichteten Zelte, während andere sofort darangingen, die Felsrinne, durch die der kleine Quellbach floß, mit einem Damm aus Steinbrocken und Sand abzusperren. Der so entstandene Teich sollte zum Waschen der Fundstücke dienen, denn von Funden, die lange im Meer gelegen haben, muß rasch das Salzwasser beseitigt werden; sonst werden sie spröde und zerbrechlich. Joan du Plat Taylor vom Archäologischen Institut der Universität London, eine Bronzezeitspezialistin, baute inzwischen ein kleines Laboratorium auf und stellte die zum Konservieren der wertvollen Funde benötigten Chemikalien bereit. Die Photographen und Zeichner richteten sich Dunkelkammer und Zeichenplätze ein. Die Arbeit am Wrack konnte beginnen!

Jeden Morgen kletterten nun fünfzehn bis zwanzig Personen auf die *Lutfi Gelil*, die mit vollen Segeln und tuckerndem Motor zu den Bes-Adalar-Inseln auslief. Die Taucherinnen und Taucher kletterten dort an dem Tau, das sie zwischen einer fest verankerten Boje an der Oberfläche und den Bronzebarren gespannt hatten, in die Tiefe, denn fast ständig drohte die starke Strömung jeden frei Schwimmenden abzutreiben. Die Türken dagegen schworen auf ihre traditionellen Tauchmethoden mit Anzügen, schweren Helmen und Bleischuhen, bis die Strömung eines Tages Çiasim Arslan erfaßte. In ihrer schweren Ausrüstung konnten sich die Schwammtaucher kaum an der Leine in die Tiefe hanteln. Das war auch meist nicht nötig, denn das Gewicht ihrer Helme und Bleischuhe zog sie rasch zum Grund. An jenem Tag aber jagte die Strömung mit ungewöhnlicher Kraft zwischen den beiden Inseln hindurch, und plötzlich trieb sie Çiasim Arslan davon. Die Besatzung der *Lutfi Gelil* bemerkte es gerade noch rechtzeitig. Die Männer zogen ihn an seiner Sicherheitsleine zurück ins Boot. Fluchend tauchte Çiasim Arslan wieder auf. Kapitän Kemâl Aras machte ihm zum Spaß Vorhaltungen darüber, daß er versucht habe, ohne Erlaubnis einen Ausflug in die nahe Hafenstadt Finike zu unternehmen. Aber dann wurde er ernst. Er wußte, daß sein Taucher eben einer großen Gefahr entronnen war. Wäre der Luftschlauch abgeknickt, wäre Çiasim Arslan wahrscheinlich qualvoll erstickt.

Kemâl Aras sah nun endgültig ein, daß er unrecht gehabt hatte, als er Froschmannausrüstungen als Spielzeug für Touristen angesehen hatte, und die türkischen Schwammtaucher lernten nach und nach den Umgang mit Flossen, Maske, Schnorchel und Atemgerät. Jeden Morgen verwandelte sich so die stille Meerestiefe vor dem Kap Gelidonia in ein Ausgrabungsfeld. Überall saßen auf den Felsen Zeichner; Gruppen von Tauchern maßen aus oder meißelten Fundstücke vom Fels oder entfernten behinderndes Seegras. Dazwischen schwebten Photographen und Fische.

Ab und zu zog der Hebebaum der *Lutfi Gelil* einen Korb mit Bronzegerät oder einen Bronzebarren hoch. Eine Woche war kaum um, als die Taucher bereits fast alle sichtbaren Funde freigelegt und gehoben – aber noch keine eindeutige Spur des Schiffes selbst gefunden hatten. War es also doch kein Schiff? Der anfängliche Eifer drohte schon tiefer Enttäuschung Platz zu machen. »Abwarten«, meinte Dumas dazu nur.

Ihm war schon seit einigen Tagen eine überhängende Stelle der Felsplattform eigenartig vorgekommen. Nun machte er sich mit seinem Spitzhammer daran zu schaffen – und legte das Eck eines Bronzebarrens frei. Staunend stellten die Taucher fest, daß die Hälfte der Felsplattform gar nicht Fels war, sondern Bronze, ganze Stapel von Bronzebarren, von zum Teil mehr als zwei Finger dicken, steinharten Ablagerungen verkrustet und zusammengekittet. Und noch etwas war Dumas aufgefallen. Zwischen der Plattform und dem riesigen Felsblock lag im Sand ein seltsam geformter Stein. Er klopfte mit seinem Hammer einmal kräftig darauf und eine grüne Wolke von Grünspan schwebte davon. Dumas hatte eine weitere Lagerstätte von Bronzefunden entdeckt. Eine nähere Untersuchung ergab, daß die Schlucht zwischen Felsblock und Plattform streckenweise mehr als einen Meter tief mit Bronzebarren und -geräten angefüllt war.

Die Expedition arbeitete also doch an der Untergangsstelle eines bronzezeitlichen Schiffes! Denn auf dem Meeresgrund lagen mindestens zweitausend Pfund Bronze. Diese Menge Metall konnte nur von einem Schiffbruch stammen, denn zweitausend Pfund hatten selbst in äußerster Sturmgefahr so schnell nicht über Bord geworfen werden können. Zudem wären absichtlich ins Meer geworfene Barren und Werkzeuge viel weiter verstreut auf dem Grund gelandet, nicht aber sauber gestapelt. Nein, hier war ein Segler aus der Zeit des Odysseus versunken! Noch am selben Tag fuhr die *Mandalinci* nach dem zwanzig Seemeilen entfernten Finike. Sie trug begeisterte Telegramme an Bord, die über die Entdeckungen nach Philadelphia, London und in alle Städte, von denen aus die Expedition unterstützt worden war, berichten sollten.

Bis zum Abend, als um das Lagerfeuer der »große Kriegsrat« zusammentrat, war die Begeisterung bereits ziemlich verflogen.

»Das ist eine Titanenarbeit!« meinte einer der Taucher. Mit Meißel und Hammer würden sie viele Sommer brauchen, bis sie jeden einzelnen Barren sorgfältig losgelöst hätten, stimmten alle überein. Dann herrschte ratloses Schweigen ringsum. »Eh bien«, sagte Dumas langsam. »Warum nehmen wir nicht einen hydraulischen Wagenheber?«

Zunächst herrschte Verblüffung unter den Expeditionsteilnehmern, auf die Erleichterung folgte. Die Lösung des Problems war gefunden. Aus einer Autowerkstätte in Finike wurde ein hydraulischer Wagenheber beschafft. Nach drei Tagen Arbeit mit Meißel und Hammer war er in Position gebracht, unter einem überhängenden Stapel von Bronzebarren. Zwei der Taucher setzten den Hebel in Bewegung. Mit einer Kraft von drei Tonnen stemmte das Gerät Felsgrund und Bronzebarren auseinander. Es knackte einige Male, dann stieg eine Wolke von Grünspan auf und ein ganzer Stapel Barren hob sich eine Fingerbreite nach der anderen langsam vom Untergrund ab. Der Hebebaum der *Lutfi Gelil* ächzte, als der Stapel gehoben wurde, doch er hielt. Und Stapel um Stapel verließ den Meeresgrund. An Land, wo weder der Druck der Tiefe noch eine eng begrenzte Arbeitszeit die Männer störte, waren die Stapel bald auseinandergenommen.

Mit Meißel und Hammer wurden die Meeresablagerungen von der Bronze entfernt. Selbst besonders hartnäckige Verkrustungen sprangen durch die Behandlung mit einem elektrischen Vibrator und einigen geschickten Hammerschlägen sauber vom Metall ab.

Die letzten Barren von der Plattform schwebten eben zum Boot hinauf, als eine Taucherin aufgeregt auftauchte und dem Expeditionsleiter eine Meldung machte: Unter der Ladung lägen Teile des versunkenen Schiffes! Reste von Planken und Spanten! George F. Bass eilte nach unten und untersuchte die Entdeckung. Es waren zweifellos hölzerne Schiffsreste, doch er war trotzdem ein wenig enttäuscht. Sie waren so schlecht erhalten, daß man nicht mehr unterscheiden konnte, was zu den Spanten und was zu den Planken gehört hatte. Der Fund erlaubte noch keine Rückschlüsse auf die Bauart des bronzezeitlichen Schiffes. Aber immerhin erweckte er die Hoffnung auf weitere Entdeckungen von Schiffsteilen, die vielleicht besser erhalten sein würden.

Aber die Tage vergingen, der Plan der Fundstätte ließ allmählich in großen Umrissen ein Schiff erkennen – doch die ersehnte Entdeckung von aufschlußreichen Schiffsresten stand immer noch aus. Würde sie noch kommen? Die Hoffnungen der Expeditionsteilnehmer schwanden. Dafür vergrößerte sich jeden Tag die Fülle an Bronzefunden. Die Taucher hoben nicht nur Bronzebarren und Waffen, wie Speerspitzen, steinerne Kriegskeulen, Äxte und Messer, nein, auch eine Vielzahl von Hausgeräten, Pflugscharen, Ackergerät, Werkzeug – Hacken, Schaufeln, Pickel, Nadeln und bronzene Schalen –, in Form runder Scheiben gegossene Kupferbarren und Zinn. Dazu kam eine vollständige Schmiedeausrüstung: Ein bronzener

Gesenkblock zum Feinschmieden, Wetz- und Poliersteine, Hämmer und ein hundertsechzig Pfund schwerer steinerner Amboß, wie man ihn in der Bronzezeit benützt hatte. Bereits die Taucher stellten verblüfft fest, daß viel von dem Werkzeug und Ackergerät sich in der Form kaum von eisernen Geräten unterschied, die heute noch in der Türkei im Gebrauch sind. Mancher Meißel und Hammer wäre, aus Eisen geschmiedet, in der Werkzeugkiste der *Lutfi Gelil* nicht aufgefallen.

Peter Throckmorton reinigte gerade eine lange Bronzenadel, als Kemâl Aras dazukam. Throckmorton fragte den Türken, wofür er das merkwürdige Instrument halte.

»Das hier? Das ist ein ›shish‹, ein Bratspieß, wie du ihn in Bodrum in jeder Küche findest.«

Noch manches Mal staunten die Mitglieder der Expeditionsmannschaft über ähnliche Auskünfte der Schwammtaucher. Denn die Ähnlichkeit der bronzezeitlichen Geräteformen mit den heutigen zeigt nicht etwa eine Rückständigkeit der heutigen Kultur Anatoliens. Sie beweist vielmehr eine erstaunliche Höhe der bronzezeitlichen Kultur, die selbst Handwerkszeug in einer Vollendung geschaffen hatte, die auch heute noch nicht übertroffen werden kann.

Alle Funde wurden sofort nach der Hebung vorsichtig gereinigt und sorgfältig studiert. Bis spät in die Nacht hinein saßen George F. Bass und die anderen Archäologen im Schein von rußenden Petroleumlampen tief über Zeichnungen, Photographien und Untersuchungsergebnisse gebeugt. Tausend Fragen waren zu lösen. Woher war das Schiff gekommen? Wohin wollte es segeln? Wie sah es aus? Wer war sein Besitzer? Und viele andere.

Den Fragen standen tausend Indizien gegenüber. Die aber waren ungeordnet, widersprachen sich sogar manchmal. Die Archäologen mußten Widersprüche klären und einzelne Hinweise zusammensetzen wie die Steine eines riesigen Puzzlespiels.

Es war eine Denkarbeit, die von George F. Bass, Joan du Plat Taylor und den anderen ungeheuer viel Geduld und Zeit verlangte, ganz abgesehen von der dazu nötigen umfassenden Kenntnis der versunkenen bronzezeitlichen Kulturen des Mittelmeerraumes. Während der ersten Ausgrabungswochen, ehe noch der »Schatz des Kapitäns« gefunden war, schien das Wrack weniger Probleme bereitet zu haben als nachher. George F. Bass zog in diesen Tagen auf seiner Karte des Ostmittelmeeres einen Kreis um Zypern und von dort aus eine Linie zum Kap Gelidonia. Das Schiff hatte ohne Zweifel eine wertvolle Metalladung von dieser Insel getragen, die im zweiten und ersten Jahrtausend v. Chr. die bedeutendsten Kupferminen aller Mittelmeerländer besessen hatte. Auf Zypern wiesen nicht nur die Formen der in handliche Doppelaxtform gegossenen Bronzebarren und der rund acht Pfund schweren Kupferscheiben hin. Die Archäologen stellten auch fest, daß viele der Werkzeuge und Waffen jenen Funden glichen, die bei Ausgrabungen auf Zypern zutage gekommen waren. Schließlich fanden sie sogar in etliche der gehobenen Geräte Schriftzeichen eingeprägt – Zeichen der noch immer nicht entzifferten zyprisch-minoischen Schrift, die um 1200 v. Chr. auf der Mittelmeerinsel geschrieben worden war.

Aber was sollten Amboß, Schmiedewerkzeug und Steinhammer auf dem Handelsschiff? Einige Zeit wurde hin und her geraten. Heute sind sich die Gelehrten ziemlich sicher, im Beruf des Schiffseigentümers die Erklärung gefunden zu haben. Er war zugleich Bronzeschmied und Händler gewesen, der Bronzewaffen und -gerät verkauft und altes, zerbrochenes Zeug dafür in Zahlung genommen hatte – ähnlich den Kupferschmieden, die heute noch mit ihren Krügen und Töpfen durch Anatolien ziehen. Die Taucher fanden nämlich große Mengen von Bronzeschrott, sorgfältig in Weidenkörbe verpackt, deren Reste noch auf dem Grund lagen. »Also ein Waffenfabrikant und Lieferant für den Trojanischen Krieg«, meinte ein Taucher lachend.

»Warum nicht?« sagte einer der Archäologen. »Wäre er nicht zu den Fischen gesegelt, hätte er etliche Tage später bei gutem Wind vielleicht in Troja eintreffen können.«

Als Kapitän Kemâl Aras hörte, daß die Taucher Schrott gehoben hatten, schüttelte er lachend den Kopf. »Das hätte ich mir früher auch nicht gedacht, daß jemand auf den Meeresgrund taucht, nur um Schrott zu heben, der schon dreitausend Jahre alt ist!«

Der »Schatz des Kapitäns«

Der Juli des Jahres 1960 ging zu Ende. Die Sonne hatte das magere, dornige Gras auf den Höhen um das Expeditionslager ausgedörrt und braun werden lassen. Eine glühende Hitze lastete über dem schmalen Streifen Strand – und noch immer war kein zusammenhängendes Stück vom Rumpf des versunkenen Schiffes entdeckt. Die Männer fluchten und stöhnten unter der Hitze und der Fliegenplage. Kaum stieg ein Taucher aus dem Wasser, stürzten sich schon Fliegen auf Kratzer und Schnitte, die vom Salzwasser immer wieder aufgerissen wurden.

Der Generator des Kompressors brannte aus. Der Kompressor wurde zur Reparatur gebracht, und mittlerweile mußten die Froschmänner mit Luftschläuchen arbeiten, die von den altmodischen Pumpen der Taucherboote Luft in ihre Lungenautomaten schafften. Das war mühsam und gefährlich, denn oft genug knickte ein Luftschlauch ab, und die Luft blieb für eine Weile aus. Der altersschwache Motor der *Lutfi Gelil* lief nur mehr selten. Kapitän Nazif Goymen verletzte sich beim Ankerwerfen seine Hand schwer. Kasim Arslan reparierte eine Nacht lang am Motor der *Mandalinci*, legte sich dann todmüde zum Schlafen nieder und hatte vergessen, wieder Öl einzufüllen. Als Kapitän Kemâl Aras den Schiffsmotor am nächsten Tag anließ, ratterte er nur noch kurze Zeit, bis sich die ohne Schmierung glühend heiß gewordenen Kolben in den Zylindern festgefressen hatten. Der Photograph Herb Green wurde zur gleichen Zeit von der Strömung über dem Wrack erfaßt. Er konnte sich zwar bald wieder freikämpfen, aber seine wertvolle Unterwasserkamera war dabei in dunkle Tiefen versunken. So löste ein Unglück das andere ab. Die Männer dachten insgeheim schon an Aufbruch und taten mißmutig ihre Arbeit, die nichts Neues mehr zu bringen schien.

Dann schwang sich eines Nachmittags der Taucher Waldemar Illing mit vor Freude strahlendem Gesicht über die Bordwand der *Lutfi Gelil.* Triumphierend hielt er ein Stückchen schwarzen Stein von Bleistiftdicke und kaum drei Zentimeter Länge hoch.

George F. Bass sah es und stieß einen Freudenruf aus. Nun blickten auch die anderen von ihrer Arbeit auf und drängten sich um Illing, der den kleinen schwarzen Stein ins Sonnenlicht hielt. Und plötzlich hatte sich die Stimmung der Expeditionsmannschaft geändert. Illing hatte eine Kostbarkeit gefunden, ein Siegel aus der Zeit des 17. oder 18. Jh. v. Chr. Ein nordsyrischer Künstler hatte damals das Bild einer Göttin und zweier Anbeter in den polierten Stein geschnitzt. Mit solchen kleinen Kunstwerken pflegte man Jahrtausende v. Chr. in Syrien und Mesopotamien frisch beschriftete, noch weiche Tontäfelchen zu siegeln. Als das Siegel um 1200 mit dem Schiff beim Kap Gelidonia im Meer versunken war, war es mindestens schon 500 Jahre alt gewesen, wahrscheinlich immer noch im Gebrauch – doch bereits damals eine seltene Kostbarkeit.

Mit frischem Eifer gingen Archäologen und Taucher wieder an die Arbeit. Die Taucher begannen nun, mit Hilfe einer Saugpumpe Sand zwischen den Felsen abzugraben – und fanden weitere Kostbarkeiten. Sie entdeckten die Kapitänskajüte und bargen nacheinander drei feingeschnittene Skarabäen und eine Skarabäus-Plakette, dann drei Gewichtssätze und schließlich sogar Überreste der an Bord mitgeführten Verpflegung! Auch die Skarabäen waren bereits Kostbarkeiten gewesen, als sie versanken, uralt und von ägyptischen und syrischen Künstlern hergestellt – vielleicht alte Familienerbstücke des bronzezeitlichen Kapitäns oder wertvolle Reiseandenken und Glücksbringer. Skarabäusamulette sind Abbilder des Skarabäuskäfers, der in Ägypten und bei den unter ägyptischem Einfluß stehenden Völkern Palästinas als heilig verehrt wurde. Dieser Käfer galt als Symbol der Fruchtbarkeit und des Fortlebens nach dem Tod. Als Talisman begleiteten die Amulette ägyptische Offiziere auf Feldzügen, wohlhabende Kaufleute auf ihren Handelsfahrten und alle reichen Ägypter auf ihrem letzten Weg in die Grabstätten.

Die Skarabäen, die Throckmorton in einem hölzernen Kästchen gefunden hatte, wanderten reihum von Hand zu Hand. Es herrschte nahezu ehrfürchtiges Schweigen, bis George F. Bass, der lange das Bild des falkenköpfigen Gottes Rê auf einem der Talismane betrachtet hatte, meinte: »Ich würde sagen, dieser Skarabäus wurde in der Zeit der XIX. Dynastie in Palästina geschnitzt. – Die

XIX. war die Dynastie des großen Pharao Ramses II., der von 1301 bis 1234 v. Chr. Ägypten regierte, die gewaltigsten Paläste des Nillandes errichten ließ und Ägyptens Herrschaft über Palästina festigte«, erklärte Bass den Tauchern.

Throckmorton schüttelte etwas verständnislos den Kopf: »Bronze aus Zypern – ein Siegel aus Nordsyrien – Skarabäen aus Ägypten und Palästina –, woher kam nun unser Waffenhändler?«

»Ich fürchte, das werden wir nie erfahren. Der Besitzer des hier versunkenen Schiffes war wohl ein Mann, dessen Handel weit über das ganze Ostmittelmeer hin reichte«, vermutete Joan du Plat Taylor. George F. Bass nickte zustimmend.

Keine volle Stunde verging, da lag schon ein Beweis für diese Hypothese auf dem Deck der *Lutfi Gelil:* aus Hämatit, einem Eisenerz, geformte Gewichte, zu denen wohl einst eine hölzerne Handwaage gehört hatte.

Die Archäologen begannen sofort, die Gewichte zu sortieren. Drei verschiedene Sätze ließen sich daraus zusammenstellen. Ein Satz mit eiförmigen Gewichten war rasch identifiziert, denn sein kleinstes Stück wog genau 9,3 Gramm. 9,3 Gramm aber entsprechen dem ägyptischen »quedet«.

Die Herkunft der beiden anderen Gewichtssätze ist noch ungeklärt. Doch gilt als sicher, daß sie keinen ägyptischen Gewichtseinheiten entsprechen und demnach zum Handel mit Völkern gedient hatten, die nicht unter ägyptischer Herrschaft standen. Der Schiffsbesitzer hatte die Gewichte wohl zum Abwiegen von Bronzeschrott und geteilten Bronzebarren verwendet. Halbierte und geviertelte Bronzebarren hatten die Taucher bereits an mehreren Stellen vom Meeresgrund gehoben.

Einige Tage später kam Peter Throckmorton von einem Tauchabstieg wieder auf die *Lutfi Gelil,* und George F. Bass sah, daß Throckmorton etwas in seiner geschlossenen Hand verborgen hielt. »Was ist's?« wollte Bass wissen. Statt einer Antwort fragte ihn Throckmorton lachend. »Was glauben Sie wohl, gab es beim Kapitän unseres Bronzefrachters zu Mittag?«

Der Expeditionsleiter sah Throckmorton etwas verständnislos an. Dieser aber öffnete seine Hand und hielt dem Archäologen ein Häufchen Olivenkerne, Fischgräten und Geflügel hin. Bedeckt von Sand und Meeressedimenten, hatten selbst diese unscheinbaren Reste des Schiffsproviants 3200 Jahre auf dem Grund des Meeres überdauert.

»Jetzt bräuchten wir nur noch ein Stück vom Schiff selbst«, sagte George F. Bass nachdenklich. Schon begannen die Hoffnungen der Expeditionsmannschaft zu schwinden, die für die Forschung so ungeheuer wichtige Entdeckung einiger Teile des Schiffes selbst zu machen, als die Taucher in den ersten Augusttagen in der Schlucht, zu der sich die Sandfläche zwischen den Felsen verengte, wieder einen Klumpen hoben.

Zunächst gab es lange Gesichter. Der Klumpen, den sie so mühsam abgelöst hatten, war nichts als Fels, von Kupferpatina verfärbt. Dann wandten sie sich dem Sand unter dem Klumpen zu, schafften ihn mit dem Sauger weg – und legten einen vollen Quadratmeter Bordwand frei. Und nicht nur dies. Darunter lagen die Ballaststeine, die man einst in den Kielraum des Schiffes geschichtet hatte, um ihm Tiefgang und Kentersicherheit zu geben. Die Lage Steine wurde ausgemessen und nach der Hebung abgewogen. Aus diesen Zahlen und der Lage der bereits gehobenen Bronzeladung und ihrem Gewicht errechneten die Archäologen die ungefähre Größe und Ladefähigkeit des versunkenen Seglers: Rund neun Meter Länge und etwa zwei Meter Breite hatte er gemessen. Zu den zweihundertdreißig Pfund Steinballast hatte er noch etwa eineinhalb Tonnen Bronze und Kupfer getragen. Diese Menge Metall mußte in damaligen Zeiten einen Schatz von fast unvorstellbarem Wert dargestellt haben, denn die Erzgewinnung war mühsam und wenig ergiebig gewesen. Ein gutes Bronzeschwert hatte einen kräftigen Sklaven gekostet.

Drei Wochen meißelten die Taucher, bis sie das Stück Bordwand vom Untergrund befreit und samt Spanten gehoben hatten. Für die Wissenschaftler aber ist dieses Stück zerbrechliches Holz sogar noch wertvoller als die Kleinodien aus dem persönlichen »Schatz des Kapitäns«. Es ist der erste greifbare Beweis für die Schiffsbaukunst der frühen Seefahrervölker, die in jener Zeit im Gegensatz zu den Ägyptern längst hochseefeste Schiffe mit einem stabilen Gerüst aus Kiel und Spanten gebaut und damit die Seeherrschaft im Mittelmeer hatten erringen können – während sich Ägyptens Schiffe auf Grund ihrer Bauart nicht weit ins offene Mittelmeer wagen durften.

Die Planken des Schiffes waren sauber miteinander verdübelt, die Innenseite des Rumpfes mit Reisig abgedichtet. Diese Entdeckung löste ein Rätsel aus der »Odyssee«. Homer beschreibt nämlich ausführlich einen Schiffsbau. Und niemand hatte sich bis jetzt erklären können, wozu Odysseus dabei das Reisig verwendete, von dem in der »Odyssee« die Rede ist.

Zufrieden kehrten Archäologen und Taucher nach einigen weiteren Tagen nach Bodrum zurück, denn ihre Arbeit hatte zum erstenmal Licht in das viele Dunkel gebracht, das die frühe Seefahrt noch umgibt. Die wahre Bedeutung des Wrackfundes erwies sich indessen erst bei wissenschaftlichen Auswertungen der Forschungsergebnisse.

Zunächst wurde noch einmal das Alter des Schiffes getestet: Reisig und Holz vom Wrack wurden nach der Radiokarbonmethode geprüft. Dieser Test ergab wiederum ein Untergangsdatum für das Schiff zwischen 1250 und 1150 v. Chr. Als sich nun die Archäologen die Skarabäen aus der Kapitänskajüte noch einmal vornahmen, machten sie eine merkwürdige Entdeckung. Die Kleinodien waren keine echten ägyptischen Stücke, sondern syrisch-palästinensische Kopien von Originalen. Ebenso ließen sich die Öllampe des Kapitäns, die Kriegskeulen und zwei steinerne Mörser eindeutig als syrisch-palästinensisch identifizieren. Dagegen gab es unter den persönlichen Gegenständen des Kapitäns und Bronzehändlers kein einziges griechisches Stück. Der Seefahrer war also Palästinenser – Angehöriger jenes Volkes, das damals an der Küste Palästinas ansässig war, Phönizier. Das widersprach jedoch dem, was wir bisher über die Seefahrt der Phönizier wußten. In fast allen Geschichtswerken steht zu lesen, daß die Phönizier um diese Zeit vornehmlich mit Ägypten Handel trieben und erst nach der Jahrtausendwende die Küsten Anatoliens, Griechenlands und schließlich des Westmittelmeeres ansteuerten. Zwar zeigen ägyptische Grabmalereien die Darbringung doppelaxtförmiger Bronzebarren als Tribute schon vor der Jahrtausendwende. Doch bisher hatten die Gelehrten stets angenommen, minoische Seefahrer, vielleicht dann später Frühgriechen der mykenischen Epoche, hätten diese Tribute den Pharaonen dargebracht – und auch nach Sardinien gehandelt, wo derartige Barren häufig gefunden wurden. Nun untersuchte und prüfte man eine große Zahl von Grabmalereien noch einmal gründlich. Und die frühere Ansicht erwies sich tatsächlich als Irrtum. Auch die dem Pharao gebrachten Barren waren fast immer syrisch-palästinensische Tribute!

Mit der Entdeckung des 3200 Jahre alten phönizischen Wracks am Kap Gelidonia wurde aber auch eines der wichtigsten Argumente dafür, daß die »Illias« und die »Odyssee« erst spät nach der Jahrtausendwende geschaffen worden seien, hinfällig. Homer erwähnt häufig phönizische Seekaufleute und die Gelehrten hatten argumentiert: Wenn Homer phönizische Kaufleute gekannt hat, dann kann er frühestens nach der Jahrtausendwende gelebt haben. Dieser Beweis ist nun entkräftet – der phönizische Kapitän des Schiffes vom Kap Gelidonia war ein Zeitgenosse der homerischen Helden. Gleichzeitig liefert das Wrack aber auch ein positives Argument für das ehrwürdige Alter der großen Epen: Die Übereinstimmung zwischen seiner Konstruktionsweise und der Baubeschreibung in der »Odyssee« selbst in Einzelheiten. Homer muß den Bau eines derartigen Schiffes miterlebt haben, denn solche technischen Einzelheiten werden nicht über Jahrtausende mündlich überliefert.

Die Unterwasserarchäologen müßten nun herausfinden, wie sich die Schiffsbaukunst nach 1200 v. Chr. weiterentwickelt hat. Hat bald nach 1200 eine modernere Konstruktion die in der »Odyssee« geschilderte Bauweise abgelöst, so ist das Alter dieser Passage des großen Epos nicht mehr zweifelhaft. Dazu wäre freilich die Entdeckung weiterer, etwas jüngerer, Wracks auf dem Meeresgrund nötig. Vielleicht bringt die Erkundung der weiten, noch unerforschten Gebiete des Ostmittelmeeres schon bald die Antwort auf diese Fragen.

Jahrtausende Seefahrt steigen ans Licht

Dem Fremden, der im fünften und vierten Jh. v. Chr. zur Sommerzeit den Piräus, den Hafen von Athen, besuchte, bot sich ein Bild von faszinierender Großartigkeit. Kaufleute, die mit ihren voll beladenen Schiffen die enge, von zwei großen Molen gesäumte Einfahrt des Hafens passiert hatten und von einem Boot des Hafendienstes an einen freien Liegeplatz bugsiert worden waren, mußten nun allerdings zunächst einmal eine unangenehme Prozedur über sich ergehen lassen: Staatsbeamte kamen an Bord, schätzten den Wert der Ladung und erhoben zwei Prozent Zoll, ganz gleich, ob die Waren in Athen verkauft werden sollten oder das Schiff nur angelegt hatte, um Wasser, Proviant und weitere Fracht an Bord zu nehmen. Den Finanzbeamten folgten Hafenbeamte auf dem Fuß. Sie kassierten die Hafengebühr, wie es auch heute noch in allen Handelshäfen der Welt üblich ist. Kapitäne, die Zoll und Gebühren umgehen wollten, liefen deshalb oft eine kleine Bucht etwas abseits des Piräus und außerhalb des Hoheitsgebietes der attischen Zollbehörden an, den »Hafen der Diebe«, wie man ihn im Piräus nannte. Den Handelsmariner aber, der gute Ware im Piräus verkaufen wollte, schmerzten Zoll- und Hafengebühren nicht allzusehr. Er wußte, daß er einen guten Preis bekommen würde. Athen war reich, und seine wohlhabenden Bürger kauften mit Vorliebe Kostbarkeiten aus allen Teilen der Welt.

Hatte ein Seefahrer feine Teppiche aus Karthago, purpurne Gewänder von der phönizischen Küste, Papyrus aus Ägypten, erlesene Weine, Käse von Sizilien, Nüsse aus Kleinasien, goldenen Schmuck oder den begehrten Bernstein der Ostsee geladen, so brauchte er seine Ware nur auf den »Deigma«, den Basar des Hafens schaffen zu lassen. Und wenn seine Ware den Kaufleuten Athens nicht gefiel, so fand er sicher einen Handelsmann aus einem anderen Land, der sie ihm abkaufte, einen Phönizier, Etrusker oder einen Illyrer, denn die Sprachen aller Völkerschaften, die um das Mittelmeer lebten, schwirrten hier auf dem Basar durcheinander. Hatte der fremde Seefahrer seine Güter verkauft, so galt es, sich nach Rückfracht umzusehen, die in seinem Land gefragt war. Er hatte reiche Auswahl, konnte mit anderen Fremden Geschäfte abwickeln, Sklaven, teuere Hölzer, Weihrauch, Schweine und Rinder erwerben oder sein Schiff mit den gefragtesten athenischen Exportgütern beladen lassen, mit Olivenöl, Krügen mit Wein oder Honig, Waffen und anderen Produkten der attischen Handwerkskunst.

Vielleicht stand unser Mariner auch sinnend vor der bei weitem größten der fünf Säulenhallen am Kai des Piräus und überlegte, ob er nicht nach seiner nächsten Reise mit einer anderen Fracht hier festmachen sollte, mit Getreide. Dieses wurde nämlich vor den Säulen dieser Halle in großen Mengen ausgeladen, abgewogen, an athenische Händler verkauft und in die Stadt geschafft. Getreide kaufte Athen immer, denn der karge Boden Attikas konnte die 300000 Einwohner der Metropole längst nicht mehr ernähren. Achthundert Schiffsladungen, so an die 100000 Tonnen, mußte der Stadtstaat jährlich importieren, sollte auch der ärmste Bürger täglich sein Brot haben. Der Getreidehandel lag in den Händen vieler einzelner Unternehmer, die oft riesige Gewinne einstreichen konnten, manchmal aber auch schwere Verluste ertragen mußten. Der Einkaufspreis schwankte, je nachdem die Ernten Südrußlands, Ägyptens und Siziliens ausgefallen waren, und die Größe des Angebots in Athen bestimmte den Wiederverkaufspreis.

Hatte sich ein Handelsmann entschlossen, sein Glück einmal mit dem Getreidehandel zu versuchen, dann verkaufte er sein kleines Schiff und sah sich nach einem geräumigen Getreidefrachter um, den man gebraucht kaufen oder auch bei den Schiffswerften Athens oder einer anderen Küstenstadt in Auftrag geben konnte. Während sein Schiff überholt oder gar gebaut wurde, hatte er Zeit, sich noch fehlende Geldmittel zu beschaffen. War er ein angesehener und ehrenswerter Mann, so bedeutete das keine Schwierigkeit. Er brauchte sich nur an eine große Bank zu wenden, etwa an die »Antisthenes und Archestratus Bank- und Finanzierungsgesellschaft«, die es unter ihrem Inhaber Pasion nach dem Ende der Peleponnesischen Kriege zu höchstem Ansehen gebracht hatte.

Tat er es, so besprach Pasion die Sache eine Weile mit dem Seehändler, überzeugte sich von dessen Ehrlichkeit und beauftragte schließlich einen Schreiber, den üblichen Vertrag mit dem gerade gängigen Zinssatz – er schwankte um fünfundzwanzig Prozent – auf feines Papyrus zu schreiben. Der Kapitän erhielt die Summe in athenischen Drachmen mit dem berühmten Eulenbild oder in Devisen ausbezahlt, wurde mit Empfehlungsschreiben der Bank an deren Geschäftspartner ausgestattet und von Pasion mit den besten Glückwünschen verabschiedet. Der frischgebackene Getreidekaufmann konnte beides gut gebrauchen – Pasions Empfehlungsbriefe und Glück.

Von der Krim bis nach Britannien

In seinen Empfehlungsbriefen bat Pasion seine Geschäftspartner, seinem neuen Kunden in allen Notlagen, sei es Ärger mit kleinlichen Behörden oder gar ein schwerer Sturmschaden am Schiff, nach Kräften behilflich zu sein. Das bedeutete, daß es nun für den Getreidekaufmann in allen großen Handelsstädten des Mittelmeerraumes eine offene Tür gab, in den Getreidehäfen Südrußlands, Ägyptens und Siziliens ebenso wie an den Küsten Spaniens, in Massilia, in Karthago oder in Sidon und Tyrus. Denn die Geschäftsbeziehungen der angesehensten und größten Athener Banken reichten ebensoweit wie das Netz der Schiffahrtslinien, das sich von Kertsch im östlichsten Teil des Schwarzen Meeres bis in den nördlichsten Winkel der Adria – nach Aquileja –, im Tyrrhenischen Meer bis Massilia und jenseits der Säulen des Herakles, wie man die Meerenge von Gibraltar nannte, hinauf bis Südengland zog. An den Endpunkten der Schiffahrtslinien trafen sie sich mit den Handelswegen, die zur Ostsee führten, ins Innere Rußlands oder zum Roten Meer und zum Persischen Golf und damit zu weiteren Häfen, in denen die Waren für Ostafrika, Vorder- und Hinterindien und China wieder auf Schiffe verladen wurden.

Für den Getreidehändler bedeuteten diese weltumspannenden Handelsbeziehungen auch, daß er beim Einkauf besonders wachsam sein mußte, damit er nicht etwa in Sizilien Weizen einer gering ausgefallenen Ernte teuer einkaufte, während in Ägypten und Südrußland eine besonders reichliche Ernte eingebracht worden war und andere Händler Weizen zu ungewöhnlich niedrigen Preisen auf die Märkte Griechenlands brachten.

Was die Güte der antiken Handelsschiffe betrifft, so zeigen uns selbst die wenigen erhaltenen Abbildungen, vornehmlich aber die Ergebnisse der Unterwasserarchäologie, daß die Schiffsbaumeister der Antike denen der Hanse und der Spanier und Portugiesen nicht nachstanden. In den Schiffswerften des fünften und vierten Jh. v. Chr. ließ man meist bauchige Frachter mit einer Kapazität von einhundertdreißig Tonnen, manchmal aber auch solche mit zweihundertfünfzig Tonnen, vom Stapel laufen. Wenn guter Wind ihre großen quadratischen Segel füllte, zogen ihre klassisch geschwungenen Buge mit immerhin vier bis sechs Knoten durchs Wasser. Zwei Wochen segelte ein Schiff mit dieser Geschwindigkeit von Athen bis Syrakus. Die durchschnittlich rund achtzig Tonnen fassenden »Tramper« brauchten natürlich viel länger, denn sie pflegten von Hafen zu Hafen zu segeln und überall einen Teil ihrer Waren zu verkaufen und neue Ladung an Bord zu nehmen.

Diese Tonnagezahlen haben die Schiffahrtsarchäologen nach antiken Aufzeichnungen errechnet. Besonders halfen ihnen dabei die Abrechnungen der Zollbehörden des Piräus. Der amerikanische Gelehrte Lionel Casson errechnete aus den Tonnagezahlen schließlich noch die Länge der Segler jener Zeit: etwa fünfundzwanzig Meter dürfte die Länge eines Handelsschiffes betragen haben.

Daß zeitweise drei, manchmal auch zwei von vier ausgefahrenen Schiffen nicht mehr zurückkehrten, bedeutet keineswegs, daß die antiken Kapitäne ungeschickte Seeleute waren. Die Ausfallrate an Handelsschiffen der Hanse war im 12., 13. und 14. Jahrhundert zeitweise nicht viel geringer. Wie auch später im Mittelalter, wurde in der Antike häufig jedes vierte Schiff, das den Hafen verließ, von Piraten geraubt. Die Seeräuber waren zwar meist auf die Plünderung von Küstenstädten aus, verschmähten aber auch Frachter als Beute nicht.

Eine besondere Blüte erlebte die Handelsschiffahrt immer dann, wenn es einer Seemacht gelang, mit ihren Kriegsflotten bestimmte Schiffahrtslinien vor Piraten zu sichern. Dies glückte den Griechen, insbesondere den Athenern, einige Jahrhunderte lang einigermaßen. Es erforderte den ständigen Einsatz einer Flotte von Kriegsgaleeren, denn der »Beruf« des Freibeuters lockte so viele Abenteurer und Galgenvögel an, daß für jedes gekaperte Piratenschiff bald wieder das Segel eines neuen auf dem Mittelmeer auftauchte. Die vollständige Säuberung des Mittelmeeres von Seeräubern sollte Rom vorbehalten bleiben.

Zudem zeigt das Mittelmeer dem Seemann oft keineswegs das nur sanft bewegte Blau, das der Nordländer von Ferienfahrten her kennt. Die Elemente können dort zuweilen wilder toben als in der Ostsee. Fallwinde wie der Mistral Südfrankreichs oder die Bora der jugoslawischen Küsten, plötzlich hereinbrechende Stürme und Unwetter trafen den Steuermann besonders hart, wenn er sein Schiff auf einer der vielen Routen steuerte, die unter Landsicht an gefährlichen Kaps vorbeiführten.

Die mittelalterlichen Flotten der Venezianer und Araber vermieden diese Routen – sie steuerten ganz einfach über die hohe See. Der antike Kapitän aber konnte diesen Weg nur wählen, wenn ihn ein zu bestimmten Jahreszeiten auftretender beständiger Wind mit Sicherheit immer in die gewünschte Richtung trieb, denn was ihm gegenüber dem mittelalterlichen Seemann an nautischen Instrumenten fehlte, konnte er auf den meisten Routen weder durch Kühnheit noch durch Erfahrung voll ausgleichen. Noch war die Magnetkraft nicht entdeckt; der antike Seemann kannte weder Kompaß noch Sextant. Auf hoher See navigierte er am Tag nach der Sonne, nachts nach dem Stand der Sterne. Längere Schlechtwetterperioden fürchtete er wie die Pest, denn dann blieb ihm zur Positionsbestimmung nur noch die Schätzung der zurückgelegten Fahrtstrecke. Man ist geneigt, dem noch mehr naturverbundenen Seemann des Altertums größerer Fertigkeit zuzutrauen, als sie unsere Seeleute besitzen, die zurückgelegte Fahrtstrecken mit beträchtlicher Genauigkeit abzuschätzen wissen. Aber das ist ein Irrtum, denn dem antiken Navigator fehlte die wichtigste Voraussetzung dazu, ein genaues Zeitmaß. Er pflegte – wie die gesamte antike Welt – die Zeit von Sonnenaufgang bis zur Abenddämmerung in zwölf gleiche Abschnitte einzuteilen. So hatten die Stunden zu jeder Jahreszeit eine andere Länge, und jeder Ort maß seinem Breitengrad entsprechend die Zeit mit einer anderen Einheit. Die Stunde des längsten Tages im Jahr betrug zum Beispiel auf Rhodos zweiundsiebzig Minuten, in Massilia aber sechsundsiebzig Minuten unserer heutigen Zeiteinteilung.

Dementsprechend gaben auch die Schriftsteller der Antike die Reisegeschwindigkeiten der Schiffe ihrer Zeit recht unterschiedlich an. Herodot rechnet, daß ein Frachtsegler seiner Zeit mit gutem Wind etwa siebenhundert Stadien, rund siebzig Seemeilen, zwischen Sonnenaufgang und -untergang zurücklegen könne. Skylax, der Berater des persischen Großkönigs Darius I. in Schiffahrtsfragen, gibt fünfhundert Stadien an, und Marinus schätzt etwa zur selben Zeit die Tagesleistungen der Frachter auf bis zu tausend Stadien, also hundert Seemeilen.

Es blieb den antiken Kapitänen infolge der Tageskürze nichts anderes übrig, als die Hochseefahrt im Herbst einzustellen. Der Piräus bot dann ein trauriges Bild. Bis zum Frühjahr verkehrten nur noch kleine Küstenfrachter und einige Patrouillengaleeren der Kriegsflotten, die sich so dicht an der Küste hielten, daß ihre Kommandanten jederzeit eilig eine geschützte Bucht aufsuchen oder einen flachen Strand anlaufen konnten. Schon frühzeitig bemühten sich Herrscher und Stadtstaaten, einige der Gefahren der Schiffahrt entlang der Küsten zu entschärfen. Neben Tempelchen auf vorspringenden Kaps traten immer mehr Leuchttürme, deren größter und berühmtester, auf der Insel Pharos vor Alexandria, zu den Weltwundern gezählt wurde. Die meisten Hafenverwaltungen richteten Lotsendienste ein, und die ersten mit Schleusen ausgestatteten Landdurchstiche und Schiffshebewerke entstanden. Eines davon wurde dort erbaut, wo heute der Kanal von Korinth der Schiffahrt den Weg um den Peleponnes erspart. Ein kompliziertes System von Flaschenzügen beförderte Galeeren und leichte Segler über eine Straße aus Rollen, die sich in hölzernen Lagern drehten. Während Sklaven ununterbrochen mit Olivenöl die rauchenden Lager schmierten, damit sie nicht zum Glühen kamen, und Ochsen im Joch das schwere Schiff hinauf zur Wasserscheide schleppten, zogen auf der Straße nebenher andere Gespanne große Wagen mit den Handelswaren der Segler. Als dann in hellenistischer und römischer Zeit immer größere Schiffe gebaut wurden, die man nicht mehr über Land schleppen konnte, verlor dieser Diolkos – »Durchzug« – zwar viel von seiner Bedeutung, wurde aber noch lange benützt. Griechenlandfahrer können noch heute seine Überreste sehen.

Der Diolkos von Korinth lag an einer der traditionellen antiken Handelsrouten, deren Kenntnis durch Generationen weitervererbt wurde. Diese mündliche Tradition ersetzte lange Zeit recht gut die noch fehlenden Seekarten und Beschreibungen, denn der Großvater wußte dem Enkel ziemlich genau die Merkmale der Küsten mitzuteilen, nach denen er seinen Standort bestimmen konnte. So erfuhr der angehende Seemann beispielsweise, daß man gegen Ende einer Ägyptenreise nur noch eine Tagfahrt von den Nilmündungen entfernt war, wenn das Lot aus elf Faden Tiefe Schlamm mitbrachte. Und der Seemann, der regelmäßig nach Indien fuhr, wußte, daß er sich vor Barygaza, einem der bedeutendsten Häfen Indiens, befand, wenn er erst große schwarze und dann kleine grüne Seeschlangen sichtete. Auch die Wissenschaftler mühten sich, den Seeleuten nach Kräften zu helfen. In der Mitte des vierten Jh. v. Chr. verfaßte der Geograph Skylax der Jüngere das erste heute noch bekannte Segelhandbuch. Wie der ihm folgende Stadiasmós, der »Stadienanzeiger« des Mittelmeeres, führte dieses Handbuch alle Hafenstädte und Flußmündungen und die Entfernungen zwischen ihnen auf, beschrieb die Häfen, ließ auch kein Erkennungszeichen der Küste aus – kurzum, der antike Kapitän fand darin alles, was für einen Mariner auf Fahrt wichtig sein konnte.

So hieß es im Stadiasmós für die Strecke von Leptis an der afrikanischen Küste bis Karthago: »93. Aus See kommend, siehst du ein flaches Land, vor dem kleine Inseln liegen. Bist du nähergekommen, so erblickst du die Stadt an der Küste, eine weiße Düne und den Strand. Auch die ganze Stadt hat ein helles Aussehen. Einen Hafen hat sie nicht. Du liegst aber sicher bei Harmaion. Die Stadt heißt Leptis.

94. Von Leptis bis Hermaion sind 15 Stadien. Es ist ein Anlegeplatz für kleine Schiffe.« – Und weiter unten im Text schrieb der Verfasser: »113. Von Thapos nach Klein-Leptis sind 170 Stadien. Es ist eine kleine Stadt. Es liegen dort Bänke unter Wasser, und das Anlaufen der Stadt ist schwierig ...«

Im Abschnitt 124 des Buches vermerkt er zusammenfassend noch über die Route nach Karthago: »Von Galabras nach Karthago sind 120 Stadien. Es ist eine sehr große Stadt mit einem Hafen. In der Stadt ist ein Kastell. Ankere zur rechten Seite des Dammes. Alles in allem sind von der Lotophageninsel Meninx nach Karthago 3550 Stadien.« – Das entspricht etwa 355 Seemeilen.

Ähnliche Segelhandbücher gab es bald für alle Meere zu kaufen, über die antike Frachter zogen; für das Rote Meer ebenso wie für die Fahrt durch den Persischen Golf nach Indien. In zahllosen Abschriften taten sie nicht nur den antiken, sondern später auch den arabischen und mittelalterlichen Kapitänen gute Dienste. Einige waren so gut, daß sie noch bis ins letzte Jahrhundert zur Ausrüstung vieler Seefahrer gehörten, so der »Periplous Pontou Euxeinou« des griechischen Kapitäns Artemidor, der Anweisungen für die Seefahrt im Schwarzen Meer gibt. Da sich alle Seekarten des vorigen Jahrhunderts als mangelhaft erwiesen, griffen die Admiräle der englischen und französischen Flotten noch im Krimkrieg – 1853 bis 1856, im Zeitalter der Dampfschiffahrt – zu diesem jahrtausendealten Werk. Die überlieferten Texte der antiken Segelhandbücher sind natürlich Fundgruben für die Gelehrten, nennen sie doch Orte, Städte, Festungen und ganze Stadtstaaten, deren Namen heute niemand mehr kennt, die aber für die Kulturentwicklung und Geschichte des Altertums von erheblicher Bedeutung waren.

Was aber die antike Schiffahrt und die Handelsbeziehungen jener Zeit über die Meere hin betrifft, so geben die Segelhandbücher nur die Umrisse des Bildes an. Welche Schiffe auf den genannten Routen fuhren, was sie in ihren Bäuchen trugen und wie bedeutend der Seeverkehr zwischen den einzelnen Häfen war, darüber schweigen sie. Da die Antike Arbeit, Handel und Gewerbe als dem freien Bürger nicht angemessen empfand – er hatte seine Zeit der Politik, öffentlichen Ämtern und dem Wehrdienst zu widmen –, befaßten sich auch die antiken Schriftsteller wenig mit diesen Dingen. Die Schiffahrtsarchäologen warten deshalb mit Spannung auf weitere Ergebnisse der Arbeiten auf dem Meeresgrund, denn die Unterwasserarchäologie könnte endlich Farbe für das bis jetzt nur in dunklen Umrissen gezeichnete Bild der antiken Handelsschiffahrt liefern. Aus der Zeit der wirtschaftlichen Blüte Athens wurden zwar erst wenige Funde vom Meeresgrund ans Licht befördert, doch sind vornehmlich im Ostmittelmeer weite Küstenstriche noch kaum erforscht. Warum sollten den Froschmännern dort im Verlauf der nächsten Jahre nicht weniger großartige Entdeckungen antiker Wracks gelingen als im Westmittelmeer – an der »Küste der hundert Wracks«?

Diese Küste hat bereits viel Licht in das Dunkel antiker Seefahrt gebracht.

Kampf den Piraten!

Als im zweiten Jh. v. Chr. Markus Sestius' großer Frachter am Felsen Grand Congloué versank, hatten sich die Verhältnisse auf See erheblich geändert. Immer noch drängten sich im Piräus Schiffe und Schiffsvolk von allen Küsten des Mittelmeeres. Aber die meisten der Schiffshäuser im anschließenden Kriegshafen waren leer. Athens stolze Galeeren lagen zerschmettert auf dem Meeresgrund oder fuhren in den Flotten der Diadochen. Im Jahr 322 v. Chr., ein Jahr nach dem Tod Alexanders des Großen, hatte der Stadtstaat versucht, die makedonische Oberherrschaft abzuschütteln, und seine Kriegsmarine gegen die makedonische geschickt. Athen hatte in einer gewaltigen Seeschlacht bei Amorgos nahezu seine gesamte Flotte verloren, und nun begannen neue Handelsmächte die Athener zu überflügeln. Der Seehandel erfuhr eine riesige Ausweitung, aber die zusätzlichen und größeren Schiffe drängten sich in den Häfen von Alexandria und Rhodos. Während Alexanders Nachfolger, die Diadochen, die Kriegsbaukunst der Antike auf ihren Höhepunkt trieben, hielten die schnellen Galeeren von Rhodos die für ihre Insel wichtigen Schiffahrtslinien weitgehend von Piraten rein. Zu Zeiten besonderer Piratenplage fuhren die Frachter in Geleitzügen, die ständig eine Eskorte von Kriegsgaleeren umschwärmte.

Der Handelssegler jener Zeit konnte durchschnittlich zwei- bis dreihundert Tonnen Ladung an Bord nehmen. Und schon liefen die ersten Segelschiffe vom Stapel, deren Kapazität um tausend Tonnen und darüber lag. – So schreibt Professor Lionel Casson. Andere Gelehrte trauten den Schiffsarchitekten des hellenistischen Zeitalters weniger zu, doch die Funde der letzten Jahre auf dem Meeresgrund scheinen Professor Casson recht zu geben. Dem Umfang der Ladung einiger Schiffswracks und der Länge ihres Kiels nach zu schließen, waren Segler mit einigen hundert Tonnen Ladekapazität bereits Jahrhunderte vor Christi Geburt keine Seltenheit mehr.

Was in jener Zeit in den Bäuchen der hochbordigen Schiffe verstaut wurde, können die Archäologen aus den Zollisten ablesen, die besonders von den Beamten der ägyptischen Häfen mit peinlicher Genauigkeit geführt wurden. Im trockenen Wüstensand Ägyptens haben viele der auf Papyrus geschriebenen Ein- und Ausfuhrlisten der Ptolemäerzeit die Jahrtausende überdauert. Neben gewaltigen Mengen Getreide, Olivenöl und Wein nennen sie eine Fülle von Luxusgütern, wie Perlen und Edelsteine aus Indien, Ostsee-Bernstein, chinesische Seide, Kosmetika und Gewürze, vor allem Pfeffer, wie seit alten Zeiten Weihrauch und Myrrhe, und natürlich die Produkte von Ägyptens Handelspartnern im Mittelmeerraum. Groß war die Nachfrage nach kostbaren Möbeln, feinem Tischgeschirr und seltenen, auserlesenen Speisen für die wohlhabende Oberschicht der hellenistischen Großreiche und Stadtstaaten.

Die Zollerklärung von zwei winzigen Küstenfrachtern, die um 250 v. Chr. an einem der Kais von Alexandria festmachten, enthielten allein dreiundsechzig Amphoren Tafelwein, zehn Krüge Dessertwein, sieben Krüge Honig, zehn Krüge getrocknete Feigen, einen Krug und drei Körbe Nüsse, einen Krug Käse, zehn Krüge Wildschweinfleisch, zwei Krüge Wildragout und zwei Krüge Fleisch von jungen Ziegen. Eine schwache Vorstellung von der reichen Fülle von Handelswaren des hellenistischen Zeitalters vermittelt ein Blatt Papyrus aus den Beständen des Berliner Museums. Der Papyrusstreifen ist mit dem Text eines damals alltäglichen Vertrages beschrieben, der um 150 v. Chr. in Alexandria geschlossen wurde. Fünf Griechen, einer davon aus Sparta, ein zweiter aus Massilia (Marseille), planten eine Handelsfahrt durch das Rote Meer und benötigten dazu Kredit. Der Kreditgeber war wieder ein Grieche, der sich fünf Bürgen empfehlen ließ. Einer der Bürgen kam aus Karthago, die anderen vier dienten als Soldaten in der Garnison von Alexandria und wollten sich mit ihrem ersparten Geld einige Drachmen Zins verdienen. Die Geldgeschäfte wurden durch eine Bank abgewickelt. Der Bankier war Römer.

Zum Bedauern der Archäologen war zu jener Zeit das Verwaltungswesen an den Küsten des Westmittelmeeres weniger vollkommen. Dort wurde bis jetzt kaum antikes Schriftenmaterial gefunden, das über die Handelsbeziehungen im hellenistischen Zeitalter erzählen könnte. Wohl gaben Bodenfunde an Land manche wertvollen Hinweise – doch eine Karte der Seehandelsrouten jener Zeit zeigte bis vor wenigen Jahren im Westmittelmeer fast nur leere Flächen, und die wenigen dortigen Eintragungen galten zum Teil als fraglich. Das blieb so, bis der große Frachter des Markus Sestius gefunden wurde und bald darauf weitere Entdeckungen von Amphorenfeldern folgten. Und damit stiegen Jahrhunderte griechisch-römischer Schiffahrt aus der Tiefe, von denen man bis dahin kaum gewußt hatte.

Bis zum Ende des zweiten Punischen Krieges (201 v. Chr.) waren die Griechen Siziliens und Süditaliens, die Seefahrer der italienischen Stämme und die Römer selbst im Westen immer wieder auf die Konkurrenz der überlegenen Karthager gestoßen. Nun lag Karthago darnieder, und die Kapitäne Italiens und Siziliens konnten ungehindert bis zu den Säulen des Herakles und hinaus in den Atlantik segeln und sich allmählich ins Ostmittelmeer voranarbeiten. Römische Kaufleute tauchten zuerst vereinzelt, dann immer häufiger in den blühenden Handelszentren des Ostens auf. Vor allem lockte sie eine »Ware«, an der es nun, in der Zeit der großen Kriege Roms gegen die Mächte des Ostens, keinen Mangel gab: Menschen. – Hunderttausende von Kriegsgefangenen, nicht nur Soldaten, nein, auch Frauen und Kinder geschlagener Völker mußten den bitteren Weg in die Sklaverei antreten. Große Frachter brachten die meisten nach Italien, wo sie als Landarbeiter an Großgrundbesitzer oder an die Herren der nun aufkommenden Manufakturen verkauft wurden.

Die Bürger von Rhodos, sahen diesem Treiben grimmig, doch machtlos, zu. Nicht der Sklavenhandel an sich störte sie, sondern die Tatsache, daß er nicht über ihre Insel abgewickelt wurde. Als Hauptumschlagplatz für Sklaven diente im Ostmittelmeer die winzige Insel Delos, die »Heilige Insel Apollos«. Delos wurde nun auch von der Mehrzahl der Frachter angelaufen, die Luxusgüter geladen hatten. Und das waren mehr als in den glänzendsten Tagen des Hafens von Rhodos, denn die reichgewordenen Bürger Roms konnten davon kaum genug bekommen.

Durch einen Geniestreich der Römer hatte Rhodos innerhalb weniger Jahre seine Stellung als führender Handelshafen des Mittelmeeres verloren. Dieser Streich war vollkommen unblutig verlaufen. Rom hatte die kleine Insel Delos unter seine Oberhoheit bekommen und sie im Jahre 167 v. Chr. seinem Verbündeten Athen übergeben. An das Geschenk war eine kleine Bedingung geknüpft gewesen: Im Hafen von Delos durften keine Zölle und Abgaben erhoben werden. Einen härteren Schlag hätte der römische Senat gegen die widerspenstigen stolzen Bürger von Rhodos kaum führen können. Delos wurde ein blühender Freihafen, der immer mehr Schiffe anzog, und Rhodos' Einnahmen fielen bereits im ersten Jahr des Bestehens dieses Freihafens von einer Million auf hundertfünfzigtausend Drachmen. Rhodos war fast nur noch der Getreidehandel geblieben.

Phönizische, spanische, arabische, ägyptische, jüdische und griechische Seefahrer trafen sich nun auf der winzigen Insel Delos mit italienischen und römischen, von denen einige – darunter Markus Sestius – dort lange vorher Niederlassungen als eine Art »Brückenkopf« Roms im Ostmittelmeer gegründet hatten. Warenhäuser und glänzende Villenviertel wuchsen auf Delos aus dem Boden. Tausende von Sklaven wurden an manchen Tagen dort verladen – doch der Niedergang von Rhodos, der Delos großgemacht hatte, sollte es auch wieder vernichten. Rhodos hatte kein Geld mehr zur Erhaltung seiner berühmten Flotte. Die Armada, einst der Schrecken der Piraten, verfiel. Die Piratenplage nahm ständig zu; die Freibeuter operierten in Flottenverbänden, gründeten in Kleinasien an der Küste Kilikiens burgartig befestigte Städte und verwüsteten weite Landstriche. Im Jahre 69 v. Chr. wurde Delos zum zweitenmal von einer Seeräuberflotte überfallen. Im Jahre 88 v. Chr. hatte bereits Mithradates die Insel plündern lassen. Sie erholte sich nie mehr von diesem Schlag.

Auch Rom litt immer stärker unter dem Unwesen der Piraten. Der Seehandel kam auf vielen Routen fast zum Erliegen, bis sich schließlich die Freibeuter nach der Wende zum ersten vorchristlichen Jahrhundert bis in die Gegend Roms vorwagten und die für die Massen der Riesenstadt lebenswichtige Getreidezufuhr aus Ägypten und Nordafrika sperrten. Vorher hatte manches Senatsmitglied gegen eine Bekämpfung der Piraten gestimmt, denn die Seeräuber hatten die römischen Großgrundbesitzer ständig mit Sklaven versorgt. Und Sklaven waren jetzt, nach dem Ende der großen Kriege, Mangelware. Aber nun mußte Rom zuschlagen. Rom tat es gründlich. Die Aufgabe wurde Gnäus Pompejus übertragen, dem großen Gegenspieler Julius Cäsars. Nach einhundertzwanzig Tagen gab es zwischen Gibraltar und den Dardanellen kein einziges Freibeuterschiff mehr. In allen Häfen konnten die Handelsmariner zu neuen Unternehmungen schreiten, denn von nun an bis zur Völkerwanderung hielt die römische Kriegsmarine das Mittelmeer von Piraten frei.

Die Schiffsbaukunst der Römerzeit

Über die wieder neu auflebende Handelsschiffahrt, die schon nach wenigen Jahrzehnten, im Zeitalter des Kaisers Augustus, die der besten Jahre der Diadochenzeit bei weitem übertraf, sind in antiken Texten wenigstens einige Angaben zu finden. Doch auch hier haben die Entdekkungen der letzten Jahre auf dem Meeresgrund zu neuen Erkenntnissen geführt: Die Gelehrten sahen, daß selbst die kühnsten Schätzungen der Bedeutung des Seeverkehrs im Imperium Romanum zu niedrig lagen.

Auch an Schiffsabbildungen hinterließen uns die Römer glücklicherweise etwas mehr als ihre Vorgänger. Wir finden sie auf Fresken in Pompeji, in Herkulaneum, Ostia, auf Mosaiken und Grabsteinen. Diese Bilder sind wohl sehr stilisiert, doch sie erlauben dem Schiffsarchäologen immerhin noch, einige wesentliche Feststellungen über die Schiffe der Römerzeit zu machen, zumal dann, wenn er auch die Berichte über die Funde unter Wasser zu Rate zieht. Und weiter lassen die Segler dieser Zeit Rückschlüsse auf jene zu, die Jahrhunderte vor ihnen durch das Mittelmeer pflügten.

Schiffsbaumeister sind konservativ. Sie waren es in der Antike noch weit mehr als im Mittelalter und als sie es heute sind. Entscheidende Wandlungen in der Bauweise von Frachtschiffen vollzogen sich stets ganz allmählich, im Laufe von Jahrhunderten. Die Römer taten sich auf dem Gebiet des Schiffsbaues am wenigsten als große Neuerer hervor. Soweit Schiffsbau und Seefahrt im Imperium Romanum überhaupt in der Hand gebürtiger Römer lagen, hielt man sich an die Traditionen des hellenistischen Seevolks. Das Handelsschiff im Zeitalter des Augustus dürfte sich daher nur wenig vom Segler der hellenistischen Zeit unterschieden haben, nur war es mit mehr Luxus ausgestattet. Es lief unter einem riesigen Vierecksegel aus ägyptischem Leinen, das Streifen von Ochsenhaut verstärkten. Ab und zu hatten Frachter einen Hilfsmast auf dem Vordeck, mit einem Vorsegel, sowie ein kleines Bugsprietsegel. Große Schiffe setzten über dem Rahsegel am Hauptmast noch ein dreieckiges Topsegel. Kapitän und zwei Steuermänner – das Schiff besaß auf jeder Seite ein Steuerruder – hatten ihren Platz auf dem Hinterdeck. Dort befand sich eine große, prachtvoll ausgestattete Kajüte für den Kapitän, den Schiffseigentümer oder einen besonders hochgestellten Passagier. Manchmal wurde ihr ziegelgedecktes Dach von schlanken Marmorsäulen getragen. Etwas kleinere Kajüten boten den anderen wohlhabenden Passagieren Raum, während die Besatzung unter dem Vordeck logieren oder überhaupt unter freiem Himmel auf den Decksplanken schlafen mußte. Im Mitteldeck aber war über dem Ballast von Sand oder Quadersteinen die Ladung gestaut.

Die Schiffsrümpfe waren Meisterwerke antiker Technik. Man nagelte nicht einfach Bretter auf das Spantengerüst. Jedes Brett wurde mit dem benachbarten ebenfalls noch einmal verzapft, und der fertige Rumpf wurde schließlich geteert, erhielt eine Auflage aus Fasern und schließlich die an so vielen Schiffsuntergangsstellen wiedergefundene Bleihaut als Schutz gegen den Bohrwurm. Besondere Sorgfalt widmete man dem Schmuck des Schiffes. Den Bug zierte eine bronzene Gallionsfigur, und das Heck endete in einer mächtigen mythologischen Tiergestalt. Farben, Gold und Silber bedeckten das Holz des Seglers, über dem Wimpel und Fahnen flatterten.

Etwas merkwürdig muten uns heute die ziegelgedeckten Dächer der Prachtkajüten auf den Hinterdecks an, die manche Gelehrten auf verschiedenen Schiffsdarstellungen mit Sicherheit zu erkennen glauben.

Ziegeldächer auf Schiffen, die durch Sturm und Wind segelten? Doch die Taucher haben tatsächlich in vielen Fällen gerade an der Stelle tönerne Dachziegel gefunden, wo sich das Heck des antiken Schiffes befunden hatte. Strenggenommen dürfte man nicht von »dem Schiff« der Römerzeit sprechen. Fachleute unterscheiden auf Schiffsdarstellungen jener Zeit eine Vielzahl von Typen, deren Namen sich in antiken Texten wiederfinden. Je nach der Küste, von der sie kamen, und ihrem Verwendungszweck waren sie ein wenig anders gebaut. Alle diese Arten konnte man in den letzten Jahren der römischen Republik und zur Regierungszeit der ersten Kaiser in Puteoli bei Neapel, dem heutigen Pozzuoli, bewundern. Dieser prächtige Naturhafen wurde damals zum Brennpunkt des Seehandels im Mittelmeer. Hier kamen die meisten Frachten für Rom an, bis schließlich Kaiser Claudius im Jahre 42 n. Chr. an der Mündung des Tibers einen neuen künstlichen Hafen anlegen ließ, da der Fluß den überdies viel zu kleinen alten Hafen Ostias immer wieder mit Sand und Schlamm füllte.

Ein Seemann vermochte mit einem Blick zu erkennen, woher die Schiffe kamen, die sich an den Kais von Puteoli drängten: Dieser schnittige Segler, aus dem Sklaven große Leinenballen schleppten, konnte nur ein Alexandriner sein! Daneben lag ein Sarde – dieser scharf geschnittene Steven … ohne Zweifel! Der Reihe gewöhnlicher Frachtschiffe, Phortikos genannt, mit einer Ladekapazität von zweitausend Amphoren, widmete er keine besondere Aufmerksamkeit. Sie waren auf dem Meer so häufig wie die Mäuse in einem Kornspeicher. Nur dieses Schiff hier – das hatte eine gute Fracht: Pfeffersäcke. Sie würde auf dem Markt viel Geld bringen!

Ein Kai war den Getreidetransportern mit der Bezeichnung Corbitae vorbehalten, besonders bauchigen Frachtern mit zwei Masten. Den ganzen Sommer hindurch schleppten sie Getreide aus Ägypten, Nordafrika und Sizilien hierher. Zu einem der großen Schiffe mit 10000 Amphoren Ladefähigkeit, um das sich viele Neugierige drängten, mag selbst mancher Seemann seine Schritte gelenkt haben. Hafenarbeiter, Sklaven, brachten aus dem mächtigen Rumpf dieses nahezu vierzig Meter langen Seglers auf ihren starken Schultern und mit großen Hebebäumen marmorne und bronzene Statuen, Säulen und Reliefs an Land – griechische Kunstwerke. Die Griechen, besonders die Athener, verstanden die Bewunderung der Römer für ihre Kultur und den Heißhunger der wohlhabenden Bürger Roms nach griechischen Kunstwerken gut zu nutzen. Sie nahmen die Massenproduktion von Kopien der Meisterwerke griechischer Künstler auf und verkauften davon Jahr für Jahr ganze Schiffsladungen nach Rom.

Vor der Hafeneinfahrt patrouillierte eine Liburna; mit kräftigen Ruderschlägen trieben die Soldaten das Boot voran. Ihre Lanzenspitzen und Helme blinkten im hellen Sonnenlicht. Die Liburna war eine besonders leichte, schnelle und wendige Galeere mit einer Ruderreihe, eine Erfindung der illyrischen Seeräuber. Die römische Kriegsmarine setzte sie als Küstenwachtboot auf Flüssen und zu raschen Aufklärungsvorstößen ein. Die schweren Galeeren von Roms großer Armada waren etwas abseits von Neapel im Flottenstützpunkt Misenum stationiert.

In den meisten Geschichtsbüchern endet die Antike mit der Völkerwanderung; dem Oströmischen Reich widmen sie nur wenige Seiten. Zu Unrecht! Denn dort lebten die großen Traditionen des Altertums fort, und bis ins Hochmittelalter konnte das Abendland von Byzanz nur lernen.

Zur See gab der oströmischen Kriegsmarine jahrhundertelang das »Griechische Feuer« die Überlegenheit über die Flotten der anstürmenden Araber. Die Oströmer verschossen es in Tonkrügen mit Katapulten von den Decks ihrer Galeeren. Trafen die Gefäße das angreifende Schiff, so zerbarsten sie und die geheimnisvoll gemischte Masse – eine Erfindung des griechischen Arztes Callinicus – flammte auf und sprühte zischend nach allen Seiten. Die Galeeren der Gegner wurden zu lodernden Fackeln, und ihre Besatzungen, nun immer häufiger wieder Piraten, flüchteten verzweifelt in das flammenbedeckte Meer, in dem das griechische Feuer ebenso weiterbrannte wie an Land. Die Byzantiner ersannen Raketengeschosse und bestückten selbst ihre Handelsschiffe mit langen Rohren, die dem Gegner lange Flammen entgegenjagten – die ersten Flammenwerfer der Weltgeschichte!

Noch einmal erlebte der antike Seehandel einige Jahrhunderte der Blüte, bevor ihn die Kalifen übernahmen. Wir wissen nur wenig von diesen Jahrhunderten, doch seit Peter Throckmortons Berichten über die Wracks von Yasi Ada sind Taucher dabei, sie vom Meeresgrund vor den Küsten Anatoliens wieder ans Licht zu holen.

Mit dem U-Boot in die Römerzeit

Das Goldstück glänzte in der hellen Mittelmeersonne, als hätte es eben den Prägestock verlassen.

»Nun können wir sicher sein?« meinte der Taucher Waldemar Illing, als er es mit freudestrahlendem Gesicht George F. Bass, dem Expeditionsleiter, übergab.

Bass besah sich die Münze näher. Sie trug das Profil eines jungen Mannes in Cäsarenkleidung. Ein lateinischer Text gab ihn als Kaiser Heraklius zu erkennen.

»Ja, ziemlich sicher«, sagte Bass erleichtert. »Heraklius regierte das Byzantinische Reich von 610 bis 641 n. Chr. Unser Schiff kann also nicht vor 610 versunken sein. – Mrs. Weinberg hat sich nicht geirrt.«

Bass hatte eigentlich kaum an der Datierung durch Gladys Davidson Weinberg gezweifelt, der er Keramikproben aus dem Wrack von Yassi Ada, das er mit seinem Team ausgraben wollte, vorgelegt hatte. Die Wissenschaftlerin der American School of Classical Studies in Athen gilt als eine der besten Spezialisten auf dem Gebiet antiker Keramik. Sie hatte nach geborgenen Amphoren das Schiff auf das siebte Jh. n. Chr. datiert. Doch die Jahrhunderte nach der Völkerwanderung sind die dunkelsten der Geschichte Europas und des Mittelmeerraumes. Wir wissen bei weitem besser Bescheid über die große Zeit Athens als über das Werden des Abendlandes in dieser Epoche, als über die Renaissance der Antike in Byzanz und die Entwicklung der eigenartigen byzantinischen Kultur aus antikem Erbe, Christentum und Einflüssen des Orients. Den Gelehrten macht bei der Erforschung der Frühgeschichte des Abendlandes vor allem die damalige geringe Verbreitung der Schrift zu schaffen. Außerdem haben Kreuzzüge und jahrhundertelange Türkenkriege das Erbe Byzanz' weitgehend vernichtet. Dazu interessierte sich die Wissenschaft lange Zeit nur für das klassische Altertum, für Kultur und Geschichte der Griechen und Römer. Erst seit einigen Jahren beschäftigen sich die Forscher mehr mit Byzanz und erkennen seine Bedeutung für die Weltgeschichte. So hätte sich auch die Spezialistin Gladys Davidson Weinberg irren können, denn die Angaben der üblichen Bestimmungstafeln über byzantinische Keramik sind weniger zuverlässig als jene über antike. Bass und seine Mitarbeiter hatten jedoch bewußt ein Wrack aus dem siebten Jahrhundert wählen wollen. Sie wollten damit ein wenig Licht in das Dunkel dieses unerforschten Kapitels der Seefahrt und des Welthandels bringen und ein »missing link« finden, ein Wrack, das die Lücke zwischen den bereits besser erforschten Schiffen der Antike und den ebenfalls besser bekannten des Mittelalters füllt.

Ihre Wahl war dabei auf ein Feld von etwa tausend kugeligen Amphoren gefallen, das Wrack eines Seglers, der – wie so viele andere Schiffe vor und nach ihm – am Todesriff von Yassi Ada gescheitert und in sechsunddreißig Meter Tiefe versunken war. Das Wrack lag günstig: sechsunddreißig Meter – damit war es dem zerstörerischen Wirken von Brandung und Strömungen, die vom Wrack vom Kap Gelidonia so wenig übriggelassen hatten, entzogen – aber gleichzeitig erlaubte diese Tiefe noch bequeme Arbeit in Froschmannausrüstung. Das war besonders wichtig, denn das Team wollte nicht nur eine Ausgrabung vornehmen wie viele andere, sondern mit generalstabsmäßiger Präzision der Fundstelle so viele Informationen abringen, wie irgend nur möglich – und neue Methoden der Archäologie unter Wasser entwickeln. Ihr Ziel war: Das byzantinische Schiff aus den Funden wiedererstehen zu lassen. Planke um Planke, Nagel um Nagel, vom Kiel bis zur Kapitänskajüte.

Die Wintermonate vergingen mit gründlicher Vorbereitung: Geld mußte beschafft werden, Ausrüstung und Mannschaft. Nach dem großartigen Erfolg am Kap Gelidonia war die Geldbeschaffung jedoch nicht allzu schwierig.

Im Frühjahr 1961 konnte die Expedition in Bodrum in einem alten Stall ihr Hauptquartier aufschlagen. Fünfzehn Mann umfaßte das Team: Archäologen, Kunsthistoriker, Architekten, Photographen, Zeichner, Studenten, Taucher und je einen Geologen, Techniker, Arzt. Nur einige

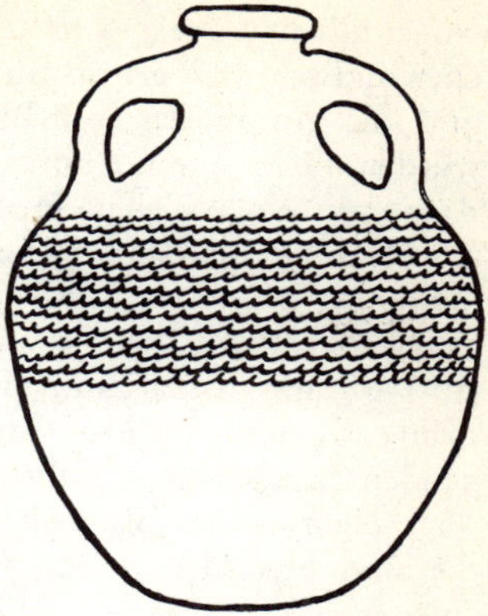

Tausend solcher byzantinischer Amphoren hoben die Forscher bei Yassi Ada

der Expeditionsteilnehmer konnten bereits tauchen. Die anderen mußten bei Yassi Ada einen achttägigen Schnellkurs absolvieren. Bass wollte lieber mit im Tauchen ungeübten Fachleuten als mit archäologischen Laien arbeiten, um die vielen Fehler zu vermeiden, die bisher bei Unterwasserforschungen begangen wurden. Kapitän Kemâl Aras und seine Schwammtaucher wurden als »Hilfstruppe« engagiert.

Bald tuckerte seine *Mandalinci* aus dem Hafen von Bodrum und schleppte einen flachen 80-Tonnen-Lastkahn hinter sich her. Mit drei Ankern wurde er über dem Wrack in Position gebracht, im Windschatten der Insel Yassi. Doch die flache Insel bot nur wenig Schutz vor dem rauh aus Nord blasenden »meltem«, und die Neulinge merkten bald, daß eine Unterwasserexpedition kein Badeausflug an einen sonnigen Strand ist. Mit Windjakken über den Sweatern mußten sie sich durch Gymnastik im Windschatten der Maschinen auf dem Lastkahn aufwärmen, wenn sie ihre zweite »Schicht« auf dem Meeresgrund absolviert hatten. Insgesamt dreiundvierzig Minuten täglich durfte jeder Taucher – in zwei Etappen – unter Wasser verbringen. Damit konnten jeweils vier Taucher pro Tag nur drei volle Arbeitsstunden leisten. Das erforderte schnelle und präzise Arbeit, denn ein gewaltiges Werk war zu vollbringen.

Sand und Schlamm hatten die Amphoren zum Teil

eingehüllt und Seegras hatte alles überwuchert. Die Taucher mußten das Seegras mit blanken Händen ausreißen, und die Amphoren mit Bürsten reinigen. Mittlerweile wurden die Meßgeräte unter Wasser aufgebaut. George F. Bass und sein Assistent Frederick van Doorninck hatten alle bis dahin bei Unterwassergrabungen versuchten Meßmethoden gründlich studiert – das Vermessen mit dem Planquadratnetz, den Versuch, vom Wrack von Le Titan ein Photomosaik zusammenzusetzen und andere Experimente. Keine dieser Methoden hatte zu wirklich befriedigenden Ergebnissen geführt. Vor allem hatte man damit die Höhenverhältnisse nicht erfassen können. Und gerade die sind besonders wichtig, wenn man aus den Resten eines Wracks das antike Schiff wieder rekonstruieren will.

Sondierungen, wie sie Frédéric Dumas vorgeschlagen hatte, wollte Bass nicht vornehmen. Wertvolle Wrackreste und Funde hätten dabei zerstört werden können. Doch Dumas wußte auch hier Rat. Er konstruierte ein Metallgerüst, das sich ähnlich wie ein Leichtmetallbaugerüst zusammensetzen läßt. Planquadrat fügt sich an Planquadrat. Doch die Quadrate liegen nicht in einer Ebene, sondern je nach Verlauf des »Abhanges« erhöht. Dieses Gerüst bildet ein dreidimensionales Koordinatensystem. Wie bei archäologischen Forschungen auf dem Festland läßt sich die Lage jedes Fundes auf Millimeter genau festhalten.

Zwei Wochen lang arbeiteten ein dutzend Taucher auf dem Meeresgrund, dann war das Wrack mit dem Gerüst bedeckt. Die Zeichner konnten mit der Vermessung und Kartierung der obersten Schicht beginnen. Ihre Arbeit war natürlich viel mühevoller geworden als die ihrer Kollegen bei früheren Ausgrabungen unter Wasser. Sie mußten nicht nur die Lage jedes Gegenstandes in der Ebene ausmessen, sondern mit Senkblei und Meterstab auch die Höhenverhältnisse bei jedem Fundstück bestimmen.

Die Taucher steckten inzwischen zwei bewegliche Phototürme über den ersten Quadraten auf. Unterwasserkameras wurden an ihrer Spitze mit dem Objektiv nach unten eingehängt – und die Archäologen gewannen dadurch trotz wechselnder Meeresströmungen exakte Photos, denn die Kameras waren fest montiert. War jeweils ein Planquadrat photographiert, so wurde der Turm über dem nächsten aufgesteckt.

Monate vergingen über diesen Arbeiten. Schließlich war die oberste Schicht vermessen und photographiert. Die Taucher begannen mit der Bergung. Bass überlegte. Sollte er seine Leute den Rest des Sommers und das nächste Frühjahr mit der Bergung von gut tausend Amphoren beschäftigen, die sich zum großen Teil glichen wie ein Ei dem anderen? Bis jetzt war man bei Ausgrabungen auf dem Meeresgrund so vorgegangen. Doch das war unrationell. Sind die Amphoren erst einmal untersucht, auf dem Plan eingetragen und ihr Inhalt geprüft, so interessieren die Wissenschaftler nur mehr Proben jeder Sorte zur Bestimmung ihres Alters und ihrer Herkunft. Bass beschloß deshalb kurzerhand, nur hundert Stück auszusuchen und den Rest beiseite stellen zu lassen. Dort mochten sie stehenbleiben, bis sich irgendein Museum für einzelne Stücke interessierte. Auch die bisherigen Hebemethoden gefielen Bass nicht. Warum sollte man mit einem Kran Zeit und Geld verschwenden? Sporttaucher auf Amphorenjagd haben längst eine einfachere Methode entwickelt: Sie nehmen große Luftballons mit auf den Meeresgrund, hängen Amphoren daran und lassen Preßluft aus ihrem Atemgerät in die Ballons zischen. Blitzschnell tragen die Ballons ihre Last nach oben. Bass entschloß sich für diese Methode.

Von der Arbeitsplattform aus, dem Lastkahn, fischten einige Helfer die Ballons mit ihrer Ladung auf. Vollbeladen mit byzantinischen Amphoren tuckerte die *Mandalinci* jeden Tag nach Bodrum zum Hauptquartier des Expeditionsteams. Unter der ersten Schicht Amphoren hatte sich eine Sandschicht angesammelt. Nun traten zwei Schlammsauger in Aktion. Aber der Sommer ging zu Ende. Der »meltem« pfiff immer heftiger über die flache Felsinsel Yassi und den ungeschützten Lastkahn, der auf den gischtgekrönten Wellen tanzte. Doch konnte man das bis jetzt so mühevoll und sorgsam ausgegrabene Wrack den Winterstürmen und plündernden Sporttauchern überlassen? Es blieb nichts anderes übrig, denn jeder Tag konnte den Beginn der Herbstunwetter bringen.

Bass ließ deshalb das Wrack mit der gummierten Leinwand aufgeschnittener Luftmatrazen abdecken und diese Schutzhülle vorsichtig mit Steinen beschweren. Und tatsächlich bewahrte diese Sicherheitsvorkehrung – zusammen mit den strengen Gesetzen der Türkei gegen Antiquitätenräuber – das versunkene Schiff vor Zerstörungen, bis im nächsten Frühjahr die Mitglieder des Expeditionsteams wieder aus vielen Ländern Europas und den USA nach Bodrum reisten. Ein zweiter arbeitsreicher Sommer wartete dort auf sie, dem noch ein dritter und ein vierter (1964) folgen sollten. Denn Schicht um Schicht mußte abgetragen werden, nachdem alles vermessen, kartographiert und photographiert war.

Mit wachsender Ungeduld beobachteten Bass und van Doorninck den Fortgang der Arbeiten, die sich endlos hinzogen. Gab es nicht eine Möglichkeit, sie zu rationalisieren? Einige Zeit berieten die Archäologen, Photographen und Taucher ohne Ergebnis über das Problem – bis sich einer an eine Veröffentlichung von Dimitri Rebikoff erinnerte, die er vor vielen Jahren gelesen hatte. Rebikoff, ein Pionier der Unterwasserphotographie, hatte im Meer mit Stereophotographie experimentiert und dabei Bilder von eigenartig faszinierender Wirkung erzielt. Mit einer Stereokamera könne man auch ein Wrack ohne Schwierigkeiten photogrammetrisch vermessen, hatte Rebikoff gemeint.

Bass hatte nachdenklich zugehört. Eine Weile überlegte er noch. Dann hellte sich sein Gesicht auf. »Die Idee ist großartig!« rief er. »Wir werden das Wrack mit der Kamera aufnehmen wie ein Luftaufklärer eine Landschaft. – Wenn das glückt, dann ist es der größte Fortschritt in der archäologischen Unterwasserforschung seit Jahren!«

Bass sollte recht behalten. Die Versuche, die sein Team bald begann, führten zu Forschungsmethoden, die es den Gelehrten heute erlauben, mit dem U-Boot in die Römerzeit zu tauchen.

Georgios Schiff

Zunächst schienen jedoch die Schwierigkeiten unüberwindlich zu sein. Die Stereophotographie ahmt das Sehen durch das menschliche Auge nach. Während eine einäugige Kamera nicht plastisch sieht, sieht der Mensch mit zwei Augen gleichzeitig ein einziges Bild aus zwei etwas verschiedenen Blickwinkeln und nimmt damit die Entfernungen zwischen sich und den Gegenständen wahr. Ebenso hat eine Stereokamera zwei parallele Objektive in einigen Zentimetern Abstand voneinander. Die beiden etwas unterschiedlichen Bilder vereinigt der Stereobetrachter zu einem plastischen Bild. Bei der Luftaufklärung, etwa durch die berühmten U-2-Flugzeuge, begnügt man sich freilich nicht mit der Betrachtung der plastischen Bilder. Kennt man den Abstand der Kamera vom Aufnahmeobjekt, bei Luftaufklärern also vom Boden unter den Flugzeugen, die Brennweite der Kameras und den Abstand zwischen den Objektiven, so vermißt man nun die Abweichungen zwischen den beiden Bildern und kann schließlich nach optisch-physikalischen Gesetzen mit einer einfachen Formel genau die Höhenunterschiede berechnen.

Doch wo sollte das Expeditionsteam so schnell eine geeignete Unterwasserstereokamera herbekommen? Derartige Kameras werden noch nicht industriell hergestellt. Doch die Archäologen ließen sich nicht entmutigen. Sie nahmen einen kleinen Trick zu Hilfe: Eine Unterwasserkamera wurde über dem Wrack installiert und nach der Aufnahme ganz einfach ein Stückchen seitwärts verschoben. Freilich ist auf einer normalen, aus sechs Meter Höhe senkrecht nach unten photographierten Unterwasseraufnahme nichts mehr zu sehen. Selbst klares Wasser ist auf diese Entfernung so undurchsichtig wie dichter Nebel an Land. Doch hier konnte Donald Rosencrantz, ein Physiker, der früher bei Eastman Kodak geforscht hatte, helfen. Eine Weile experimentierte er mit speziellen Entwicklungstechniken, dann hatte er die richtige gefunden: Auf dem Tisch im »Hauptquartier« in Bodrum lagen fast glasklare Aufnahmen. Julian Whitlesey, ein Stadtplaner mit großen Erfahrungen in der Landvermessung aus der Luft, der sich der Expedition als Berater zur Verfügung gestellt hatte, konnte mit seinen Messungen und Berechnungen beginnen. Das Experiment war geglückt! Schicht um Schicht wurde nun photogrammetrisch vermessen.

Nun schritt die Arbeit schneller voran. Der Bug wurde freigelegt, dann das Mittelteil, schließlich das Heck. Sechs eiserne Anker lagen im Bug, jeder mannshoch. Nicht weit davon war der siebte auf den Meeresgrund gefallen. Dieser Fund erinnert an die Verse 27, 28–29 des 27. Kapitels der Apostelgeschichte des NT. Über den Schiffbruch des Apostels Paulus auf seiner Romreise heißt es nämlich: »... sie loteten und stellten zwanzig Faden fest, und als sie nach kurzem Abstand es wiederholten, fanden sie nur mehr fünfzehn. Da fürchteten sie, wir gerieten auf Klippen, und ließen von Steuerbord vier Anker nieder ...« Weitere Anker wollten sie vom Bug aus werfen. Das Operieren mit so vielen Ankern ist in der mittelalterlichen und neuzeitlichen Seefahrt ungewöhnlich. Die Ankerfunde von Yassi Ada zeigen indes, daß der Verfasser der Apostelgeschichte auch bei an sich so nebensächlichen Dingen wie der Ankertechnik der Seefahrer ein scharfer Beobachter und getreuer Chronist ist. Auch das Senkblei des Seglers, von dem in der Apostelgeschichte ebenfalls die Rede ist, fand sich bald darauf.

Das erste Goldstück kam ans Tageslicht und immer mehr Holz des Schiffes gab der Sand frei. Doch längst waren die eisernen Nägel weggerostet. Mikroorganismen hatten Planken und Spanten zernagt, der Sand hatte sie zusammengeschliffen, viele davon zu dünnen Splittern. Würde man mit diesen kläglichen Überresten noch etwas anfangen können? Jeder bezweifelte es, aber van Doorninck, der Rekonstruktionsspezialist des Teams, gab nicht auf. Er bestand auf genauester Vermessung selbst der kleinsten Splitter. Die Strömung drohte die freigelegten Holzreste wegzutragen, bevor sie noch vermessen und in die Lagepläne eingetragen waren. Doch das Expeditionsteam fand eine einfache Methode. In Bodrum wurden zweitausend Fahrradspeichen gekauft, angespitzt und zum Annadeln der Holzreste am Grund verwendet. Van Doorninck hatte bald Gelegenheit zu zeigen, daß diese Mühen nicht umsonst waren ...

Inzwischen war die Ausgrabung bei der Kapitänskajüte angelangt. Würde sie sich ebenso wie die Kajüte des Wracks vom Kap Gelidonia als Schatzkammer erweisen? Die Archäologen hatten große Hoffnungen, denn in diesem Teil des Wracks hatten sie die erste Goldmünze gefunden. Und es dauerte nicht lange, bis ein Froschmann auftauchte und triumphierend ein weiteres Goldstück zeigte. Sechzehn Goldstücke und zweiunddreißig Kupfermünzen lagen in der Kajüte. Und fast alle trugen das Bild des Kaisers Heraklius. Die Schiffsküche befand sich ebenfalls in der Kajüte. Einen tönernen Herd fanden die Taucher dort und nicht weit davon Teller, Tassen, Krüge, Kochtöpfe, einen kupfernen Kochkessel und einen Steinmörser. Der Wasserbehälter des Schiffes stand gleich hinter der Kajüte. Manche Gefäße waren so zerbrochen, daß Besucher der Ausgrabungsstätte lachend den Kopf schüttelten, als sie sahen, wie die Taucher sorgsam jeden Splitter numeriert hatten und bargen. Doch mit geübter Hand setzte Ann Bass, die Frau des Expeditionsleiters, im Hauptquartier in Bodrum daraus wieder feine Keramik zusammen.

Zwei Handwaagen – zu einer fanden sich Bronzegewichte mit Silbereinlage in den Maßeinheiten von einem Pfund bis zu einer Unze – dienten sicherlich zum Verkauf von kleinen Mengen Wein aus den Amphoren. Der Verkauf von Flüssigkeiten nach Gewicht ist ja heute noch in der Türkei üblich.

Allmählich wurden die Taucher auch mit einzelnen Personen der Schiffsbesatzung bekannt: Georgios presbyteros naukleros, Georg der Ältere, hatte der Schiffskapitän in griechischen Buchstaben auf eine der Waagen eingravieren lassen. In ein Bleisiegel war der Name »Johannes« eingekratzt, ein Glasmedaillon trug das kreuzförmige Monogramm eines gewissen Theodor. Dieser Kapitän Georg war offensichtlich ein frommer Mann, der es mit der neuen Lehre des Christentums ernst nahm. Vielleicht gab es auf seinem Schiff sogar gemeinsame Gottesdienste. Aus der Kajüte bargen die Taucher nämlich nicht nur ein bronzenes Kreuz, sondern auch ein Weihrauchgefäß.

Während einige Taucher in der Kajüte arbeiteten, registrierten und hoben andere im weiten Umkreis jeden auffälligen Steinbrocken. Das Material wanderte nach Bodrum in eine kleine Werkstätte, die der Archäologiestudent Michael Katzev dort eingerichtet hatte. Mit einer Steinkreissäge, deren Blatt eine Diamantschneide besaß, halbierte er die Brocken. Es war jedesmal ein spannender Augenblick, wenn das Sägeblatt kreischend in einen Klotz schnitt. Vielleicht bestand er nur aus Kalkablagerungen und Muschelschalen – vielleicht aber war es die Versteinerung eines eisernen Gegenstandes. Über einhundertfünfzig dieser Brocken hatten einen interessanten Kern: Um ein Werkzeug oder einen Nagel hatten sich steinharte Sedimente angelagert, während der Gegenstand selbst zu schwammigem Eisenoxyd zerfiel. Die nun gewonnene Gußform füllte Katzev mit einer synthetischen Gummiverbindung. War sie erstarrt, so konnte er ein Werkzeugstück in Form des verrosteten aus hartem Gummi herausnehmen: eine Doppelaxt, Sense, Pickelhacke, eine Schaufel oder auch nur einen Nagel. Das versunkene Schiff besaß eine reiche Ausstattung an Werkzeug und Gerät, um jederzeit in einer geschützten Bucht ankern und seinen Feuerholzvorrat ergänzen oder Bauholz zur Reparatur von Sturmschäden an Bord nehmen zu können.

Mit vorgeplanter Präzision liefen die Forschungen ab. Niemand dachte an die Möglichkeit eines Unglücks, denn alle hielten sich streng an die Vorschriften des Biologen und Tauchlehrers Larry Joline, der seine Leute nach exakten Dekompressionstabellen tauchen ließ. Deshalb gab es auch keine Dekompressionskammer auf dem Lastkahn, um einen von der Caissionkrankheit Befallenen wieder unter Überdruck zu setzen, die einzige Rettung bei schweren Anfällen dieser Krankheit. Doch die Gesetze der Meerestiefe sind immer noch rätselhaft. Eines Tages wand sich Joline selbst in Krämpfen. Er selbst und die Taucher hielten den Anfall für einen Magenkrampf. Hatte er nicht alle Sicherheitsvorschriften genau befolgt? Doch Kapitän Kemâl Aras schüttelte den Kopf. Joline war nicht das erste Opfer der Caissonkrankheit, das er gesehen hatte. Er hatte Taucher zusammenbrechen und sterben sehen und drängte auf sofortigen Abtransport des Kranken. Mit äußerster Kraft legte die *Mandalinci* die sechzehn Meilen nach Bodrum zurück. Als sie in den Hafen einlief, waren Jolines Beine bereits gelähmt. Nun fürchteten seine Kameraden ernstlich für sein Leben. In Bodrum gab es nur eine kleine tragbare Dekompressionskammer. Joline wurde hineingelegt, doch seine Beine blieben gelähmt. Der Überdruck der Kammer reichte nicht aus.

Daraufhin eilte Bass zum Postamt und alarmierte das amerikanische Konsulat in Izmir. Während ein Volkswagenbus die Kammer mit dem Kranken über die holperige Straße von Bodrum in das fünf Stunden entfernte Izmir brachte, landete dort bereits ein Flugzeug. Joline war kaum in der Maschine, als sie auch schon startete. Im Tiefflug jagte der Pilot über das Meer, denn der verminderte Luftdruck in normaler Flughöhe hätte seinen Zustand nur noch verschlimmert. Achtunddreißig Stunden lag Joline in der großen Überdruckkammer der türkischen Kriegsmarine in Istanbul, dann war er gerettet. Die Lähmung seiner Beine war behoben, doch sein linkes blieb für immer geschwächt.

Mit doppelter Vorsicht arbeiteten die Männer weiter. Die Taucher bargen nun das Holz des Wracks. Eilig wurden die Fragmente wieder in Wasserbassins gebracht, um das Verschrumpfen des 1300 Jahre alten morschen Holzes zu verhindern. Schließlich wurden die Teile des Schiffsrumpfes in Polyäthylenglycol (PEG) konserviert. Dieses Mittel verdrängt das Wasser, setzt sich an seiner Stelle im Holz fest und erstarrt dort. »Soviel Aufwand um so kümmerliche Holztrümmer«, meinten die Taucher kopfschüttelnd.

Doch einige Monate später legte Frederick von Doorninck dem staunenden Team die Ergebnisse seiner Auswertungsarbeit vor: Es war ihm gelungen, das Aussehen des byzantinischen Schiffes vom Bug bis zum Heck, vom Kiel bis zur Kapitänskajüte wieder zu rekonstruieren! Und noch mehr! Das Wrack war genau das gesuchte »missing link« zwischen antiker und mittelalterlicher Schiffsbaukunst! Seine unteren Partien hatte man noch nach antiker Bauweise errichtet: Zuerst wurde die Außenhaut aus miteinander verzapften Planken erbaut, anschließend zog man die Spanten ein. Der obere Teil des Rumpfes aber war bereits nach mittelalterlicher, heute noch beim Bau hölzerner Schiffe angewandter, Methode gezimmert worden: Zuerst wurden die tragenden Spanten erstellt, anschließend die Planken aufgezogen.

Ein U-Boot für die Wissenschaft

Während das Team noch das Wrack von Yassi Ada ausgrub, kreisten Bass' Gedanken schon um ein anderes Schiff: Um den versunkenen Segler, der einst die Demeter von Smyrna (Izmir) getragen hatte. In den Gewässern bei Marmaris mußte er in 60–90 Meter Tiefe liegen. Wo, das wußte Bass nicht, denn der Fischer, der die Bronzeplastik gefunden hatte, hatte sich den Ort nicht genau gemerkt. Vielleicht barg das Wrack weitere Kunstwerke? Der Gedanke an dieses Schiff ließ Bass nicht los. Und seine Hoffnung, vor den Küsten Anatoliens würde noch mancher Schatz in der Tiefe ruhen, erhielt neue Nahrung, als sich 1962 ein aufgeregter Fischer im Expeditionshauptquartier einfand, einen verhüllten Gegenstand auf den Tisch legte und ihn langsam auswickelte: Es war die Originalbronze eines Negerjungen, eine kostbare Bronze aus hellenistischer Zeit. Aus gut hundert Meter Tiefe hatte der Türke die Statue mit dem Fischernetz heraufgezogen – und dazu noch eine kleine Fortuna-Statuette.

Doch wie sollte man die Schatzschiffe finden? Immer wieder diskutierten die Männer dieses Problem, bis eines Tages einer einen verrückten Vorschlag machte: »Ganz einfach. Wir brauchen ein U-Boot. Ein Forschungs-U-Boot mit Unterwasserkameras, Scheinwerfern und allem Drum und Dran.« Ein Forschungs-U-Boot – die Archäologen fanden den Vorschlag großartig. Damit könnte man nicht nur schnell weite Flächen Meeresgrund nach versunkenen Schätzen der Antike absuchen, man könnte auch in für Froschmänner unzugängliche Tiefen vordringen. »Damit könnten wir auch Wracks im ›Überflug‹ photogrammetrisch vermessen – wie ein Luftaufklärer die Landschaft unter ihm«, meinte einer von Bass' Photospezialisten.

Die Archäologen und Taucher gerieten richtig in Begeisterung. Doch die Ernüchterung kam schnell. Woher sollten sie die gewaltigen finanziellen Mittel nehmen? Würde man für ein derartig »verrücktes« Projekt Geldgeber finden? Und noch mehr: Alle befragten Fachleute hielten den Plan technisch für undurchführbar. Aber Bass und seine Freunde ließen sich nicht entmutigen. Die Idee eröffnete zu faszinierende Aussichten für die archäologische Unterwasserforschung. Es mußte gelingen!

Dann fanden sie in Professor Harold Edgerton vom Massachusetts Institute of Technology einen ausgezeichneten Spezialisten, der sich von ihrer Begeisterung anfeuern ließ, sich mit dem Projekt näher befaßte und sie mit Plänen und Ratschlägen unterstützte. Auch die Ingenieure von General Dynamics, der Herstellerin der amerikanischen Atom-U-Boote, die bis dahin nur militärische Fahrzeuge gebaut hatten, reizte die neue und ungewohnte Aufgabe. Und bald hatten sie eine detaillierte Projektstudie fertig. Ihr Urteil lautete ebenfalls: Der Plan bereitet keine besonderen technischen Schwierigkeiten. Nun erklärten sich auch die National Geographic Society und die National Science Foundation bereit, das University Museum der Universität von Pennsylvania finanziell zu unterstützen. Die *Asherash*, so sollte das Forschungs-U-Boot nach einer phönizischen Meeresgöttin heißen, wurde auf Kiel gelegt.

Bereits am 28. Mai 1964 lief das U-Boot vom Stapel. Seine ersten Probefahrten bestand es glänzend. Die *Asherash* ist bei 4,80 Meter Länge 4,5 Tonnen schwer und bietet zwei Mann Besatzung bequem Platz. Mit einhundertachtzig Meter erreicht sie die Tauchtiefe eines durchschnittlichen militärischen U-Bootes. Batterien im Gewicht von einer Tonne versorgen die beiden Seitenmotoren der *Asherash* mit Kraftstrom für zehn Stunden. Ihre Propeller verleihen ihr unter Wasser vier Knoten Fahrt. Die beiden U-Boot-Fahrer können durch sechs Bullaugen den Meeresgrund überblicken und dunkle Tiefen mit starken Außenscheinwerfern aufhellen. Sie haben etwa dieselben Instrumente abzulesen und zu bedienen wie in einem großen U-Boot: Geschwindigkeits-, Tiefen- und Druckmesser, Anzeiger für den Gehalt der Atemluft an Sauerstoff und Kohlendioxyd, Voltmesser und Kreiselkompaß. Ein Atemluftregenerator versorgt sie mit frischer Luft, die Verbindung zur Wasseroberfläche hält eine Art Funkgerät aufrecht. Das wichtigste an der Ausrüstung des U-Boots aber sind zwei abgeänderte FB-1-Luftaufnahmekameras in wasserdichten Gehäusen, die vor dem Bug in 1,80 Meter Abstand mit den Objektiven senkrecht nach unten montiert sind, ähnlich wie bei einem Luftaufklärer. Der Ko-Pilot im Innern des Bootes bedient sie mit elektrischer Fernsteuerung. Dazu hatten sich die Ingenieure in Groton noch etwas Besonderes einfallen lassen. Damit die *Asherash* interessante Einzelheiten eines Wracks besonders exakt aufnehmen kann, konstruierten sie Propellerantrieb und Steuerung so, daß sie sich wie ein Hubschrauber auf der Stelle halten, drehen, seitwärts wegrücken oder senkrecht aufsteigen kann – und das auf Zentimeter genau.

Noch im Sommer 1964 wurde dieses Meisterwerk an die anatolische Küste transportiert. Nach einigen Probefahrten steuerten der türkische Archäologe Yöksel Eğdemir und sein amerikanischer Kollege Donald Rosencrantz zweimal über das Wrack eines spätrömischen Schiffes, das unweit des Todesriffs von Yassi Ada in zweiundvierzig bis fünfundvierzig Meter Tiefe lag. Bei jedem »Überflug« nahm der Ko-Pilot Donald Rosencrantz eine Serie sich überschneidender Stereophotos auf. Die ganze Operation dauerte weniger als eine Stunde. Allerdings waren im International Training Centre for Aerial Surveys noch einmal sechsundfünfzig Stunden Arbeit mit denselben Instrumenten, wie sie für die Auswertung der Aufnahmen von Luftaufklärern verwendet werden, nötig, um das gewonnene Filmmaterial aufzubereiten und auszuwerten. Doch dann lag ein ausgezeichnetes Vermessungsergebnis des Wracks vor, für das Dutzende von Tauchern und Archäologen bei Handarbeit viele Wochen, wahrscheinlich sogar Monate, gebraucht hätten.

Seitdem taucht die *Asherash* jeden Sommer in die Meerestiefen vor der türkischen Mittelmeerküste, forscht nach neuen Wracks, vermißt und sucht nach den Schatzschiffen, aus denen die kostbaren Bronzen geborgen wurden. Es ist eine mühsame Arbeit, denn die zu bewältigenden Flächen Meeresgrund sind auch für ein Forschungs-U-Boot riesengroß. Doch die Archäologen sind sicher, daß sie in nicht allzulanger Zeit Erfolg haben werden.

Die Ereignisse an den anderen Küsten des Mittelmeeres bestätigten inzwischen die Meinung der amerikanischen Archäologen: Nur mit modernsten Methoden können die Forscher der Meerestiefe ihre Geheimnisse entreißen. Ohne sie muß die Wissenschaft zahllose interessante und wertvolle Wracks der Vernichtung überlassen, denn reine Handarbeit ist bei Forschungen auf dem Meeresgrund zu umständlich und langwierig. Eine einzige Fundstätte beschäftigt ein großes Team Jahre – und jedes Jahr werden neue Fundstätten bekannt und gehen unter, wenn die Wissenschaftler nicht den Andenkenjägern und Antiquitätenhändlern zuvorkommen. So konnten Archäologen und Sporttaucher im Dienste der Forschung in den letzten Jahren nur einige der am meisten versprechenden Wracks auswählen und untersuchen: Wie etwa das bronzezeitliche Schiff von Béziers in Südfrankreich und das Kirchenwrack bei Marzamemi an der Ostküste Siziliens.

Das bronzezeitliche Wrack von Béziers wählten die Forscher, da es versprach, wiederum eine Lücke in der antiken Seefahrtsgeschichte – zwischen den ältesten bisher ausgegrabenen griechisch-römischen Wracks und zwischen dem Schiff vom Kap Gelidonia – zu schließen. Sie waren deshalb etwas enttäuscht, als sich herausstellte, daß vom Schiff selbst nichts die Jahrtausende überdauert hat. Die Ladung entschädigte sie jedoch für ihre Mühen und Kosten: Sie bestand aus siebenhundertsechzig Stück Waffen, Werkzeug und Schmuck sowie aus sechshundert Kilo Kupfer- und Bronzebarren. Das Schiff war zu Ende der Bronzezeit, im achten Jh. v. Chr., versunken, als das Eisen schon bekannt, aber noch so kostbar war, daß man es noch als Schmuck und ansonsten nur für chirurgische Instrumente und für die Waffen der vornehmsten Krieger verwendete. Immerhin wirft der Fund ein Licht auf den Umfang des Bronzehandels in der Frühantike, zumal bereits 1923 bei Huelva in Spanien ein ähnliches Schiff gefunden worden war. Das Schiff von Huelva war mit einer Ladung Bronzegeräten, darunter Schwerter, Speere, Pfeilspitzen, Fibeln und Bronzeschrott in einer Flußmündung untergegangen. Das Unglück muß im siebten Jh. v. Chr. geschehen sein.

Eine versunkene Kirche des Frühchristentums

Bei Fischern und Schwammtauchern, auf Booten, in Schenken und Tavernen erhaschen Archäologen und Sporttaucher auf Jagd nach antiken Schätzen manche wertvolle Hinweise. Der deutsche Unterwasserforscher Gerhard Kapitän und sein italienischer Kollege Pietro N. Gargallo verdanken einem von ihnen, dem Sizilianer Alfonso Barone, einen Fund, der weit hinein in die wenig erforschte Geschichte des frühen Christentums führt und bis jetzt das bedeutendste Beispiel eines weiteren Typs von Wrack ist, der Wracks mit einer Ladung antiker Bauteile aus Marmor, Zeugnisse eines bedeutenden Marmorhandels der Spätantike.

Dieser Alfonso Barone sticht vor der Küste Ostsiziliens, bei Marzamemi, von seinem Boot aus Tintenfische und kennt den Meeresboden dort bis in einige Meter Tiefe wie kaum ein anderer. Eines Tages nahm er Gerhard Kapitän, der in Syrakus eine private Forschungsstation für archäologische Unterwasserforschungen unterhält und bei Marzamemi bereits mehrere Wracks erforscht hat, beiseite und erzählte ihm von Quadern, Säulen und verzierten Platten, die er beim Sepiafang unweit der »Secca« von Marzamemi entdeckt habe. Geheimnisvoll fügte er hinzu, auf einer der Platten habe sein ältester Sohn, der gelegentlich taucht, ein Kreuz gesehen. Gegen eine kleine Belohnung wollte Barone den Fundort preisgeben. Der Bericht klang so vielversprechend, daß Gerhard Kapitän gern einwilligte. Barone strahlte. Er lud die beiden Forscher in sein Boot. Hinter der Hafeneinfahrt ging es nach Norden aufs offene Meer hinaus. Als sie auf der Höhe der Punta Bove Marino angelangt waren, hielt der Fischer nach Landmarken Ausschau, stellte schließlich den Motor ab, sah durch den Guckkasten, ruderte noch ein wenig und warf seinen Anker. Kapitän und Gargallo blickten durch den Guckkasten. Unten auf dem Grund lagen tatsächlich behauene Marmorblöcke.

Einige Minuten später glitten die Männer mit ihren Tauchgeräten ins Wasser. Der Meeresboden unter ihnen war felsig und etwa sechs bis sieben Meter tief. An einer Stelle fiel er fast senkrecht zu einer mit Geröll und Sand gefüllten großen Senke ab, und in ihr lagen, zwischen Steinen, teilweise fast begraben, zahlreiche Blöcke, Quader und Teile von Platten und Säulen. Es gab keinen Zweifel. Es war eine Fracht von Bauteilen. Der Fischer zeigte den Tauchern einen Graben, in dem ein großer Steinanker liegen sollte. Alfonso Barones »Steinanker« war ein großer verzierter Quader, geformt wie die Bodenplatte eines Balkons. Daneben ruhten die Trümmer eines zweiten, ähnlichen Stückes. Am Ende des Grabens stieß Gerhard Kapitän auf drei Pfeiler. Und überall gab es verzierte Platten. Nach dem Stil der Ornamente mußten es

Bauteile aus spätantiker Zeit sein. Aber von welchem Bauwerk?

Die beiden Forscher bargen einzelne Teile, setzten sie in Syrakus wieder zusammen und einige Tage später konsultierte Gerhard Kapitän mit Zeichnungen und Photos Professor J. B. Ward-Perkins, den Direktor des Britischen Archäologischen Instituts in Rom. Der Professor ist Spezialist auf dem Gebiet der antiken Architektur. Er identifizierte das Gestein als grünen Marmor aus Larissa in Nordgriechenland, dieses Material fand vor allem in frühchristlicher Zeit in der Kirchenarchitektur Verwendung. Und eine der aus dem Meer geborgenen Platten war nach seiner Meinung eindeutig die Treppenverkleidung eines Ambon; so nennt man die zum Vorlesen dienende Kanzel im Mittelschiff einer byzantinischen Basilika. Nach der byzantinischen Liturgie versammelten sich die Gläubigen beiderseits des Ambons, Männer und Frauen getrennt, die einen rechts, die anderen links. An Land sind Funde solcher byzantinischen Kirchenausstattungen selten, durch häufige Überbauungen kennen wir kaum mehr die Gestalt und das Aussehen frühchristlicher Kirchen. Doch durch Vergleiche mit der Kirche des hl. Kirikos auf der griechischen Insel Delos und einer anderen frühchristlichen Kirche in Notion an der kleinasiatischen Küste fand Gerhard Kapitän heraus, daß Professor Ward-Perkins die Funde richtig identifiziert hatte. In beiden Basiliken gibt es noch ähnliche Kanzeln. Eine ganz ähnliche Platte fand Kapitän auch in den St.-Markus-Dom in Venedig eingebaut. Kreuzfahrer hatten diese Platte, wie viele andere Bauteile von St. Marco während der barbarischen Plünderung und Zerstörung Ostroms im vierten Kreuzzug 1204 geraubt und nach Venedig gebracht. Lag bei Marzamemi also eines der mit Beute beladenen Kreuzfahrerschiffe? Weitere Taucherarbeiten sollten diese Frage beantworten.

Im folgenden Jahr stellte Gerhard Kapitän fest, daß auf der Secca von Marzamemi eine vollständige frühchristliche Kirche in Einzelteilen lag. Ihre Bergung würde zum erstenmal eine dieser byzantinischen Kirchen frei von allen späteren Änderungen und Zutaten ans Tageslicht bringen, hoffte er. Es gelang ihm nun, den amerikanischen Luftfahrtpionier E. A. Link für diese Forschung zu interessieren. Link und seine Frau hatten sich bei Unterwasserforschungen in Port Royal in Jamaika für die Unterwasserarchäologie begeistert.

1962 hob Links *Sea-Diver* die wichtigsten Teile der Fracht, eine Tonschale aus dem Bordgeschirr, mit dem Bild der christlichen Figur eines Oranten mit segnend erhobener Rechten auf dem Boden, war das gesuchte Beweisstück für Herkunft und Alter der Fracht. Diese Schale folgt nach ihrer Form und der Zusammensetzung des Tons noch ganz römischer Tradition. Die Kirche muß also bald nach ihrer Fertigstellung im fünften Jh. n. Chr. verschifft worden sein.

Als die Forschungen in den letzten Jahren mit Hilfe des Council of Underwater Archeology in San Francisco von Kölner Sporttauchern unter der Leitung von Gerhard Kapitän fortgeführt wurden, bestätigten weitere Tonfunde und kleine Schiffsteile diese These.

Immer mehr Bauteile kamen an die Oberfläche und allmählich gelang es, die wesentlichen Teile der byzantinischen Kirche zu rekonstruieren. Zum erstenmal erstand wieder eine Kirche der frühen Zeit des Christentums, der Justinianischen Epoche, rein und unverfälscht, die sich deutlich von den vorangegangenen Bauten der Spätantike abhebt und den Geist der neuen – nach den blutigen Verfolgungen nun siegreichen – Religion verkörpert. Der Marmor der Kirche war im fünften Jahrhundert von Steinmetzen aus Konstantinopel – ihre Steinmetzzeichen fanden sich auf einigen Bauteilen – bearbeitet worden. Dann hatte man die vollständige Kirche auf den Weg zu einer neuen Christengemeinde im Westmittelmeerraum geschickt. Zu dieser Zeit pflegten die schon früher und tiefer vom christlichen Geist durchdrungenen Völker im Ostmittelmeergebiet ihre neuen Glaubensbrüder im Westen auch auf diese Weise materiell zu unterstützen. Zu welchem Hafen das gescheiterte Schiff unterwegs war, wissen wir freilich nicht.

Der Marmorhandel der Antike steigt erst seit einigen Jahren ans Licht. Früher hatten auch die Sporttaucher den häufig vollständig bewachsenen Marmorfrachten wenig Beachtung geschenkt. Die Erforschung von Marmorfrachten trägt nicht nur zu unseren Kenntnissen über das antike Wirtschaftsleben bei, auch dem Kunsthistoriker

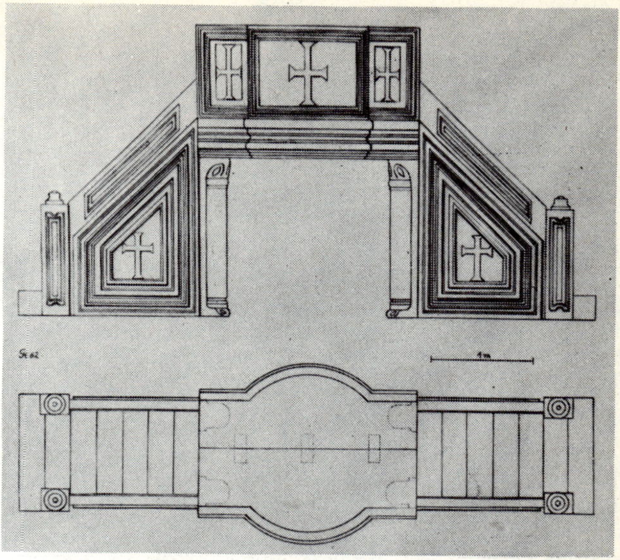

Grundriß und »Ambon« der frühchristlichen Kirche vom Wrack von Marzamemi

dienen sie. Und schließlich besteht auch eine gewisse Chance, daß ein Marmorfrachter eventuell kostbare Kunstwerke geladen hatte. So war es beim Wrack von Antikythera und beim Wrack von Mahdia, dessen Hauptfracht, Marmorkapitelle und Säulen, heute noch auf dem Meeresgrund liegt.

Den Anstoß zur Jagd auf Marmorfrachten gaben die Erkundungen des italienischen Istituto Mediterraneo di Archeologia Sottomarina in Rom und einer deutschen Tauchergruppe unter Leitung von Gerhard Kapitän. Sie erkundeten 1958 und 1959 Marmorfrachten bei der Isola Correnti und bei Marzamemi an der Küste Ostsiziliens. Und ähnlich wie bei Yassi Ada folgte ein Wrackfund dem anderen, Marmorfrachten, Amphorenwracks, die frühchristliche Kirche. Einigen Schiffen war der gleiche tükkische Felsen, eine Meile vor der Küste bei Marzamemi, der auf der »Secca« in der Antike bis etwa ein Meter unter der Wasseroberfläche aufragte – heute liegt er drei Meter tief – zum Verhängnis geworden. Zu den Wracks von Ostsizilien kamen inzwischen weitere Funde von Marmorfrachten in Italien und Griechenland. Dazu zählt das bereits erwähnte, von Peter Throckmorton mit einem kleinen Team erkundete Wrack von Kap Spitha bei Methone im Südwestpeleponnes. Die spätrömischen Säulen dieser Fracht wurden auf einem mittelalterlichen Schiff, zu einem noch unbekannten Ziel, transportiert.

Nicht weit davon lagen vier Granitsarkophage und die Reste eines Schiffes, das nach der Form eines geborgenen Glasgefäßes im zweiten oder dritten Jh. n. Chr. gescheitert sein muß. Noch mehr Glück hatte eine Gruppe Schweizer Sporttaucher, die sich mit einem italienischen Archäologen zusammentat, um vor der Südspitze Italiens, in der Straße von Otranto in die Vergangenheit zu tauchen. Sie verbuchte: Ein versunkenes Schiff mit römischen, eines mit griechischen Amphoren, eine Ladung von fünf mächtigen Tempelsäulen, deren Alter nach abgeschlagenen Marmorproben über 2000 Jahre betragen dürfte, und bei dem kleinen Ort St. Pietro an der Südspitze Italiens siebzehn weiße Marmorsarkophage aus Aphrodisias in Kleinasien, die Fracht eines gescheiterten Seglers. Entdeckte Marmorfrachten müssen allerdings meist auf dem Meeresgrund bleiben, denn die zur Hebung erforderlichen Mittel sind selten vorhanden. Doch dies schmälert ihren Wert nicht, denn meist genügen eine gründliche Vermessung, das Absuchen des Grundes nach weiteren Funden wie Tonzeug und Schiffsresten und das Abschlagen von Marmorproben für die wissenschaftliche Auswertung der Funde. Marmorproben lassen verblüffende Schlüsse zu, die verständlich werden, wenn wir bedenken, daß jeder antike Steinbruch etwas anderes Rohmaterial lieferte. Die bedeutendsten antiken Marmorbrüche kennen wir. So braucht der Archäologe nur auf die Analyse des Labors zu warten, um die Herkunft des Rohmaterials der Bauteile oder Sarkophage auf dem Meeresgrund zu ermitteln.

Versunkene Städte

Der Mann im dunklen Gewand des Jesuitenordens hielt kurz sein Pferd an; dann gab er ihm die Sporen und sprengte die Düne hinauf. Von dort aus blickte er lange sinnend hinüber zu der kleinen Fischerstadt auf der Halbinsel.

Der Reiter – es war der Armeepriester und Archäologe Antoine Poidebard – stand am Ende eines langen Weges. Jahre hindurch war er frühen Handelsstraßen der Menschheit gefolgt und hatte ihren Verlauf erkundet. Die Suche nach der Seidenstraße, auf der Jahrtausende, bevor Rom zur Weltmacht geworden war, und noch lange nachher die Karawanen des Indien- und Chinahandels gewandert waren, hatte ihn in die Wüsten Syriens geführt. Wüstensand bedeckte die alten Handelsrouten und machte sie unkenntlich. Aber Poidebard hatte sich nicht geschlagen gegeben, sondern sich bei der französischen Levantearmee Flugzeuge ausgeliehen, Luftaufklärer, und sie die »fundverdächtigen« Stellen abfliegen lassen.

Und tatsächlich! Wo das bloße Auge nur eintönigen Sand erkennen konnte, zeigten die Luftaufnahmen dunkle Schatten. Poidebard hatte auf diese Weise die uralte Straße gefunden, die längst verschütteten Rastplätze, die Festungen der römischen Wachtposten und die zerstörten und vergessenen Dörfer entlang der Handelsroute! Zu Pferd war er immer und immer wieder der aus der Luft entdeckten Karawanenstraße gefolgt, um durch Ausgrabungen die Ergebnisse der Luftphotographien zu bestätigen – fünf Jahre lang. Nun lag der Endpunkt der jahrtausendealten Handelsstraße vor ihm, diese verschlafene kleine Fischerstadt, die heute noch den Namen trägt, der einst so viel bedeutet hatte: Tyrus.

2550 Jahre v. Chr. hatten nach dem Bericht des griechischen Geschichtsschreibers Herodot Einwanderer aus

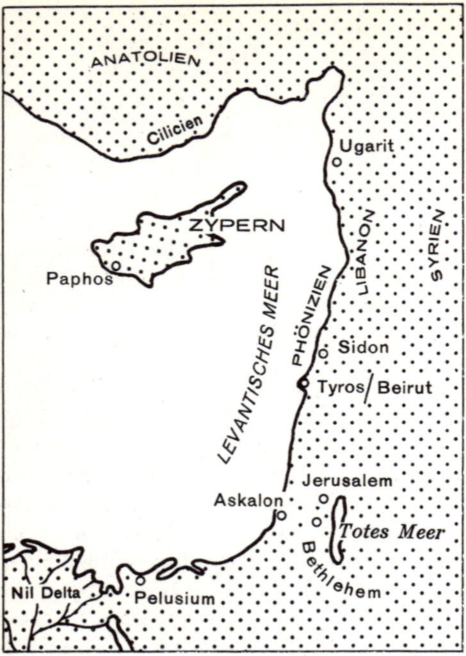

dem Bergland Kanaans diese Stadt auf drei Inseln vor der Küste des heutigen Libanon gegründet. Die Lage war gut und ihre späteren Bewohner, die Phönizier, verstanden sich auf Schiffsbau und Seehandel. Seit der Wende zum ersten Jahrtausend überragte Tyrus alle Städte der Mittelmeerwelt an Größe und Reichtum. König Hiram von Tyrus hatte bereits im zehnten vorchristlichen Jahrhundert die Meeresarme zwischen den drei Inseln zuschütten und die Inseln auf diese Weise vereinigen lassen. Ständig wurden die Mauern und Befestigungen der Stadt verstärkt. Zusammen mit einer riesigen Flotte machten sie die Inselstadt zu einer nahezu unüberwindlichen Bastion, gegen die selbst die riesigen Armeen des babylonischen Großkönigs Nebukadnezar II. (605–562 v. Chr.) dreizehn Jahre lang vergeblich anrannten.

Macht und Reichtum hatte Tyrus nicht kriegerischen Eroberungen, nicht dem zweifelhaften Kriegsglück zu verdanken. Sie beruhten auf dem Geschick seiner Schiffsbaumeister, auf dem Wagemut seiner Seeleute und dem Unternehmungsgeist, der Erfahrung und den guten Handelsverbindungen seiner Kaufleute. Tyrus war der Knotenpunkt der großen Handelsstraßen. Von Sonnenaufgang bis zum Sonnenuntergang trotteten ununterbrochen die schwer beladenen Tragtiere langer Karawanen über den Steg, der die Insel mit dem Festland verband, machten Schiffe an den großen Kais fest und verließen andere die Häfen und Molen der Stadt.

Pater Poidebard blickte zurück auf den uralten Weg, den er gekommen war, und hinunter auf die Stadt und das Meer. Er dachte an die Worte des jüdischen Propheten Hesekiel, der dem hochmütigen Tyrus seinen Untergang prophezeit und mit zugleich staunenden und verdammenden Worten das bunte Leben und Treiben geschildert hatte, das die Stadt erfüllte.

Selbst Alexander der Große mußte dieses Tyrus sieben Monate belagern, ehe er mit riesigen Belagerungsmaschinen die Mauern von Tyrus brechen konnte. Doch auch von diesem Schlag erholte sich die Stadt wieder. Im Römerreich zählte sie noch zu den bedeutendsten Hafenstädten des Mittelmeeres, und nur allmählich erfüllte sich die Prophezeiung Hesekiels: »Dein reicher Besitz ... deine Tauschwaren ... deine Seeleute ... und die gesamte Besatzung in deiner Mitte, sie sinken in die Tiefe des Weltmeeres, am Tage, da du fällst.«

Heute steht kaum noch ein Stein des alten Tyrus auf dem anderen, Erdbeben haben einen Teil seiner Mauern zum Einsturz gebracht, die anderen verfielen, wurden in den Kriegen zwischen Byzanz und den Arabern, den Kreuzfahrern und Türken verwüstet. Neuansiedler brachen aus den letzten Resten die Steine zum Bau ihrer bescheidenen Häuser. Tyrus ist »ein Platz zum Trocknen der Fischernetze« geworden, wie der Prophet vorausgesagt hatte. Nur der große Alexanderdamm hat die Zeiten überdauert. Schlamm und Sand haben sich an seinen Steinquadern angelagert, ihn verbreitert und Tyrus zur Halbinsel gemacht.

Der felsige Boden von Tyrus versprach dem Archäologen kaum noch große Entdeckungen, lediglich die Sanddünen mochten noch einige Mauerreste aus römischer

Zeit verhüllen. Aber dem Reiter auf der großen Düne war ein anderer Gedanke gekommen, der ihn nicht mehr losließ: Der Hafen! – Der einzigartige Hafen der Stadt! Der Prophet Hesekiel, Sohn eines Priesters und Angehöriger eines Volkes, das von der Schiffahrt nichts verstand, hätte ihn nicht mit Schweigen übergangen, wäre er ein Mann aus einem Seefahrervolk gewesen. Denn diese Hafenanlage war ein Wunderwerk der Baukunst, wie es wenige gab. Wahrscheinlich hatte Hesekiel Tyrus nie gesehen, sondern es nur durch Berichte anderer gekannt, sonst hätte er wenigstens die gigantische Größe der Hafenanlagen geschildert. Aber noch bewundernswerter als die Größe der Hafenwerke von Tyrus war ihre geniale Anordnung, mit der die Phönizier einer für die Schiffahrt äußerst ungünstigen Küste einen dauerhaften Hafen abgerungen hatten, wie ihn die Baumeister späterer Zeiten nie wieder errichten konnten.

Daran dachte Pater Poidebard, denn wie dies den Phöniziern hatte gelingen können, war ein noch unenträtseltes Geheimnis, als er nach langen Forschungen in der Wüste Tyrus vor sich liegen sah. Jahr für Jahr toben Stürme über die flache Küste des Libanon hin. Sturmwellen, die starken Gezeiten, die ständig rollende Brandung und Meeresströmungen schütten in kurzer Zeit jedes neuerbaute Hafenbecken mit Sand und Schlamm zu. Viele Baggerschiffe haben heute damit zu tun, die wichtigsten Häfen Palästinas und des Libanon offenzuhalten. Die Phönizier aber hatten noch keine Bagger gekannt, und doch war Tyrus weit über tausend Jahre lang ein blühender Hafen gewesen. Die Hafenbaumeister von Tyrus, Sidon und den anderen Phönizierstädten hatten es also offensichtlich verstanden, ihre Hafenbecken mit anderen Mitteln schlammfrei zu halten – mit Hilfe einer ausgeklügelten Anlage der Molen, Kais und Wellenbrecher, die Sturmwogen, Brandung und Meeresströmungen teils abhielten, teils in bestimmte Bahnen lenkten.

Vergeblich suchte Pater Poidebard mit bloßen Augen die glitzernde Wasserfläche vor sich ab, ob nicht vielleicht an der einen oder anderen Stelle ein Schatten versunkener Hafenwerke durch das Wasser zu sehen sei. Nichts. Er gab seinem Pferd die Sporen und ritt über den Alexanderdamm. Er umrundete die ehemalige Insel und verglich die wenigen knappen Beschreibungen der uralten Hafenanlagen von Tyrus mit dem, was er sah. Hier – im Anschluß an die Reste der kleinen Hafenbecken innerhalb der Stadtbefestigung – müßte sich der Südhafen, der ägyptische, weithin erstreckt haben! Aber nichts war zu sehen, nur das unruhige Spiel der Wellen deutete an einer Stelle ein langgestrecktes Riff an. Sollten die gewaltigen Hafenanlagen von Tyrus spurlos vergangen sein? Der Gelehrte dachte daran, daß eine Reisebeschreibung, die gegen Ende des 17. Jahrhunderts verfaßt worden war, immerhin noch einige Hafenanlagen erwähnt, die in Tyrus zu sehen seien.

Vielleicht waren die phönizischen Hafenbauten der Stadt versunken und lagen jetzt unter der Wasseroberfläche? Luftaufnahmen müßten es an den Tag bringen!

Auf Luftphotographien würden sich versunkene Hafenanlagen deutlich abzeichnen und Sand und Schlamm mit sich führende Strömungen erkennbar werden. Vielleicht könnte man auch Taucher auf den Meeresgrund schikken und sie nach antiken Überresten suchen lassen, überlegte Poidebard.

Er beschloß, die französische Syrienarmee – Syrien und der Libanon waren 1934 französische Mandatsgebiete – bei der nächsten günstigen Gelegenheit um ihre Unterstützung für die Erforschung des Hafens von Tyrus zu bitten.

Das Meer läßt versunkene Städte erkennen

Die Gelegenheit kam schnell, denn die französische Mandatsverwaltung wollte ebenso wie Poidebard das Geheimnis der frühen Hafenanlagen Phöniziens erkundet wissen. Ihre Ingenieure schafften nämlich trotz aller Hilfsmittel unseres Jahrhunderts nicht, was den Phöniziern offensichtlich vollendet gelungen war: vor Versandung sichere Häfen zu bauen.

Einige Jahre konnten Schiffe die modernen Hafenbecken anlaufen, dann mußten Bagger ans Werk gehen. Doch warum sollte man nicht von den Phöniziern lernen?

Admiral Rivet, der Kommandeur der französischen Seestreitkräfte an der Levanteküste, stimmte dem Pater begeistert zu, als dieser ihm sein Forschungsprojekt unterbreitete. Auch die Luftwaffe versprach, zu helfen und Poidebard die für die Luftaufnahmen nötigen Aufklärungsflugzeuge zur Verfügung zu stellen. Als schließlich die französischen und libanesischen Regierungsbehörden genügend Geldmittel bewilligt hatten, konnten die Forschungsarbeiten beginnen.

1934 startete eine der Aufklärungsmaschinen, die sich Poidebard bei der Luftwaffe ausgeliehen hatte, zum ersten Flug über Tyrus. In einer Höhe, aus der die Häuser des Fischerstädtchens wie Sandkastenmodelle aussahen, glättete sich das unruhige Bild der Wasseroberfläche und das Meer um Tyrus wurde zu einem Teppichmuster mit scheinbar verwirrenden Linien und Strukturen. Aber bei genauerem Hinsehen enthüllte sich die Bedeutung dieser Linien und dunklen Schatten: Da zeichneten sich die Riffe, Klippen und Untiefen des Meeres ab, manche Stellen ließen den Verlauf von Meeresströmungen erkennen, und an einigen Stellen waren die Strukturen auffällig rechteckig und geradlinig. Noch deutlicher ließ sich dies auf den Luftaufnahmen feststellen. Lange saß Poidebard über die ersten Luftaufnahmen gebeugt, die aus dem Labor kamen. Er war überzeugt: Diese mächtigen, regelmäßigen Strukturen konnten keine Naturgebilde, vom Meer zernagter Fels, sein. Das waren Hafenwerke! Und er begann, in eine Karte die ersten verschwundenen Hafenanlagen der Stadt einzuzeichnen. Bald kamen weitere dazu, und so wurde das Bild des einstigen Hafens immer klarer und umfassender.

Aber vielleicht war doch das eine oder andere der »Hafenwerke« eine bizarre Schöpfung der Natur? Man mußte es an Ort und Stelle überprüfen – das bedeutete: Tauchen auf den Meeresgrund! Dazu hatte sich Pater Poidebard vorsorglich der Unterstützung durch die Kriegsmarine versichert, die ihm Boote und Helmtaucher zur Verfügung stellte. Die Taucher sollten die Ergebnisse der Luftphotographie überprüfen und gleichzeitig die Konstruktionsweise der Bauwerke erkunden. Aber der Archäologe verließ sich nicht allein auf die Marinetaucher. Er wußte, wie schwerfällig sich Helmtaucher auf dem Meeresgrund fortbewegen, und warb zusätzlich einen der erfahrensten Schwammtaucher des Küstenstriches an. Die Schwammtaucher des Libanon besaßen noch keine Tauchanzüge. Wie ihre Vorfahren, die Murex-Taucher Phöniziens, die nach den Purpurschnecken getaucht hatten, gingen sie nur mit einem Lendenschurz bekleidet auf den Grund. Zwölf Meter schaffte der Mann in Poidebards Expeditionsteam, und für volle eineinhalb Minuten Arbeitszeit in dieser Tiefe reichte der Luftvorrat seiner Lungen!

Dieser Freitaucher stieg immer als erster ins Wasser. Er hatte die »fundverdächtigen« Stellen näher zu untersuchen, zum Teil zu vermessen, und geleitete die schwer gerüsteten Marinetaucher zu ihrem Arbeitsplatz. Auf sie wartete dann die Schwerarbeit. Nicht nur, daß Sand und Schlamm Teile der in der Tiefe liegenden Hafenanlagen bedeckt hatten – auch viele der sand- und schlammfreien Gesteinsformationen waren nicht leicht zu identifizieren. Waren es Felsen oder Mauern? Das Meer hatte ihre Oberfläche teils zernagt, teils mit einer dichten Kruste aus Ablagerungen, Algen, Muscheln und Schwämmen überzogen. Die Marinetaucher mußten ihnen mit der Spitzhacke zu Leibe rücken und viele Tauchstunden arbeiten, bis sie zum ursprünglichen Gestein vordringen konnten. Dann erst folgte die ebenfalls schwierige Arbeit des Vermessens und Zeichnens. Immer wieder mußte der Libanese eingreifen und die Luftschläuche der Marineleute entwirren oder sie selbst zum Boot zurückgeleiten, wenn sie sich in dem Labyrinth von Riffen, Klippen und Steinbrocken verirrt hatten.

So vergingen drei Sommer mit Forschungsarbeiten, und danach saß Pater Poidebard noch lange über den Forschungsergebnissen, die ausgewertet und zu einem klaren Bild zusammengefaßt werden mußten. Aber die Arbeit lohnte sich. 1939 konnte Père Antoine Poidebard der staunenden Fachwelt ein Buch vorlegen, das einen fast vollständigen Plan der einstigen Hafenanlagen der stolzen Stadt Tyrus enthielt. Diese Karte zeigte nicht nur die Reste des Nordhafens der Stadt, sondern auch den gesamten Südhafen, den riesigen ägyptischen Hafen mit seinen Molen, Wellenbrechern, Kais, Becken und Festungstürmen. Allein die Lage des Südhafens gab zum Staunen Anlaß genug. Die Baumeister des vergangenen Tyrus hatten keineswegs vor der Tatsache kapituliert, daß es im

Bannkreis ihrer Stadt keine für die Anlage eines Hafens geeignete Bucht gab. Sie hatten auch gar nicht lange versucht, in mühsamen Grabarbeiten dem Land genügend große Becken abzuringen, sondern sich als wirkliche Herren des Meeres erwiesen. Ihr Blick war auf die Riffketten gefallen, die sich um die Insel zogen. Auf diese Riffketten wurden mächtige, wellenbrechende Molen gesetzt. Eine scheinbar verwirrende Fülle von weiteren Bauten vervollständigte das Werk, und dem Meer war ein ruhiger Ankerplatz von vielen Quadratmeilen mit Erfolg abgerungen worden.

Mehr als tausend Jahre hielten diese Bauwerke dem Toben des Meeres stand. Erst als Tyrus zu einem kleinen, unbedeutenden Ort herabgesunken und seine große Seefahrertradition vergessen war, konnte die See sie langsam überwinden. In stetigem, jahrhundertelangem Ansturm zerfraß das Meer die Riffe, und die großen Hafenwerke sanken langsam in die Tiefe. Die gewaltigen Granitblöcke der Molen aber konnte es nicht zerstören. Die große Mole, die einst den Südhafen gegen die offene See hin abgeschirmt hatte, mißt immer noch ihre siebenhundertfünfzig Meter Länge. Zehn bis zwölf Tonnen etwa wiegen die Quader, aus denen sie einst erbaut worden war. An manchen Stellen aber konnte Poidebard sogar noch erhaltenes Mauerwerk photographieren. Er benützte dazu eine Unterwasserkamera, die kurz vorher der französische Unterwasserpionier Yves le Prieur konstruiert hatte. Den Ingenieuren unserer Zeit aber vermittelten die Forschungsergebnisse von Tyrus wertvolle Anregungen für die kommenden Hafenbauten an den Küsten Palästinas.

Fundstellen an allen Meeresküsten

Streng genommen war Pater Poidebard nicht der erste, der auf den Gedanken gekommen war, in der Tiefe des Meeres die Reste versunkener Bauwerke zu suchen. Er hatte drei ebenfalls erfolgreiche Vorgänger, den italienischen Ingenieur Guiseppe de Fazio, den Oxforder Archäologen Robert Theodore Günther und seinen französischen Kollegen Gaston Jondet. De Fazio war bereits in der ersten Hälfte des letzten Jahrhunderts mit einem Schiff und einer ausgesuchten Mannschaft von geübten Schwammtauchern die Ufer der Bucht von Neapel entlanggefahren und hatte die versunkenen Hafenanlagen von Puteoli und der römischen Flottenbasis Misenum aufgespürt. Günther, ein Professor der Universität Oxford, setzte die Arbeit des Ingenieurs in den Jahren 1901 und 1903 fort. Er ließ sich von erfahrenen einheimischen Fischern zu Stätten versunkener Ruinen antiker Bauten rudern und studierte und zeichnete sie durch einen Guckkasten. Der »Guckkasten« ist im Grund nichts weiter als ein wasserdichtes Kistchen mit einem großen Glasfenster im Boden. Die Fischer vieler Mittelmeerküsten legen ihn vom Boot aus aufs Wasser; wie das Glas einer Tauchmaske öffnet das Guckkastenfenster nun die »Schweigende Welt« für Blicke in eine Tiefe von mehreren Metern, und der Fischer im Boot kann mit einem langen Speer nach den schmackhaften Seespinnen stechen. Durch den Guckkasten sah Günther an vielen Stellen die Ruinen antiker Prachtvillen, kleiner Pavillons und säulengeschmückter Tempel, die das Meer überflutete, seit sich das Land gesenkt hatte.

Gaston Jondet glückte es schließlich im Jahr 1910, die Ruinen des großartigen alten Hafens von Pharos bei Alexandria wiederzuentdecken. Minoische Baumeister hatten diesen Hafen in Zusammenarbeit mit Pharao Sensuret geschaffen. Die Größe seiner Anlagen hatte noch jene der Hafenwerke von Tyrus übertroffen. Allein seine Wellenbrecher maßen nahezu tausend Meter Länge. Doch dieses gewaltige Werk scheint nicht lange Bestand gehabt zu haben. Wahrscheinlich verfiel es, als die minoische Seemacht verging und die Ägypter als traditionelle »Landratten« nicht viel damit anzufangen wußten. Als die Armee Alexanders des Großen im vierten Jahrhundert in Ägypten einmarschierte, war der Hafen jedenfalls schon versunken und vergessen. Man wußte nicht einmal mehr, wo er gelegen hatte, und der Eroberer ließ an einer viel ungünstigeren Stelle, bei Alexandria, einen neuen Hafen anlegen. Jondet gelang nicht nur die Wiederentdeckung, im Jahr 1915 hatte er bereits einen recht genauen Plan des Hafens von Pharos fertig.

Aber sowohl die Forschungsarbeiten von Guiseppe de Fazio wie auch die von Günther und Jondet fanden wenig Beachtung. Die Zeit war noch nicht reif für derartige

Entdeckungen. Ein großer Teil der Archäologen war ausschließlich mit Kunstarchäologie beschäftigt, und auf die anderen warteten so viele Stätten an Land, über denen noch der Schutt der Jahrtausende lag, daß sie sich nicht auch noch mit der Erkundung im Meer versunkener Bauten befassen konnten.

So waren es doch erst die Arbeiten Poidebards bei Tyrus, die nun die Aufmerksamkeit vieler Gelehrten auf die Unterwasserwelt lenkten und in den folgenden Jahren manchen von ihnen in die Straßen versunkener Städte führten.

Schon zu Beginn der dreißiger Jahre waren dem sowjetischen Archäologen Professor Grinewitsch eines Tages merkwürdige Gerüchte zu Ohren gekommen, und schließlich ging er ihnen nach. Bei Sewastopol seien Schwarzmeerfischer mit ihren Netzen an Mauerresten im Meer hängengeblieben, hieß es. Grinewitsch schickte an der von den Fischern genannten Stelle vor der Halbinsel Krim Taucher auf den Grund. Es zeigte sich, daß die Fischer sich nicht getäuscht hatten. Die Taucher berichteten dem Professor, sie hätten in der Tiefe Türme und Häuser und die Ruinen vieler anderer Bauwerke gesehen. Aber Grinewitsch war noch immer mißtrauisch, zog selbst einen Tauchanzug an, ließ sich den Kupferhelm aufsetzen und sprang ins Meer. Wenige Minuten später stand er in den Straßen der verschwundenen griechischen Kolonialstadt Chersones.

Nach dem Ende des Zweiten Weltkrieges führte schließlich Pater Poidebard eine zweite große Expedition an die Küste Palästinas. Diesmal war der Hafen von Sidon, der zweiten großen Phönizierstadt, das Ziel. Auch er wurde genau erforscht und es gelang sogar, noch tiefer in die Geheimnisse phönizischer Hafenbaukunst einzudringen. Die Expedition entdeckte ein ausgeklügeltes System von Schleusen, die aus dem Fels von Riffen geschnitten waren und die Gegenströme zu den Schlamm und Sand mit sich führenden Meeresströmungen lenkten.

Wie Poidebards Untersuchung des Hafens von Tyrus, waren auch diese Forschungen nur möglich, weil es dem Pater gelungen war, Regierungsstellen und Armee für seine Arbeit zu gewinnen. Ohne ihre Mitwirkung und die zur Verfügung gestellten Helmtaucher, Schiffe und Flugzeuge hätten die Expeditionen für wissenschaftliche Institute unerschwingliche Summen gekostet.

Und vielleicht wären auch Poidebards und Grinewitschs Forschungsarbeiten ohne Nachahmung geblieben und langsam in Vergessenheit geraten, hätte sich nicht in den Nachkriegsjahren das Froschmanntauchen rasch ausgebreitet. Tauchmasken, Flossen und autonomes Tauchgerät öffneten dem Froschmann auch die Schweigende Welt der versunkenen Häfen und Städte der Antike. Und bald begannen die ersten Taucher durch ihre Ruinen zu streifen.

Nach und nach wurden an den Küsten des Mittelmeeres immer mehr Häfen und Städte entdeckt, von denen man bis dahin nur aus antiken Schriften und alten Überlieferungen die Namen gekannt hatte. Fos-sur-Mer, Cäsarea, Chesonisos, Mochlos, Apollonia ... Und wie viele mögen noch folgen? Das Mittelmeer hat erst einen winzigen Teil seiner Geheimnisse preisgegeben. Ganz zu schweigen von anderen Meeren! Im Schwarzen Meer haben russische und georgische Archäologen auf dem Grund der Bucht von Suchumi die Ruinen zweier versunkener Griechenstädte entdeckt. Dioskuria und Sebastopolis hießen sie einst, doch bisher hatte man sie nur aus legendären Überlieferungen gekannt.

Die Forschungen bei Fos-sur-Mer hatten 1948 begonnen. Vier Jahre lang trugen Taucher unter der Leitung des kühnen französischen Archäologen Dr. Beaucaire auf dem Grund der Rhônemündung nahe Marseille eine Schicht Schlamm und Sand nach der anderen ab, bis sie schließlich auf die Fundamente der römischen Häuser stießen.

Die Erforschung der versunkenen Hafenbauten von Cäsarea, dem heutigen Cherchel an der algerischen Küste, verdankt die Wissenschaft dagegen der Arbeit eines begeisterten Einzelgängers, der des französischen Journalisten Diolé. Cäsareas Lage war bekannt, denn Cherchel erhebt sich über seinen Fundamenten; aber trotzdem gab es der Wissenschaft Rätsel genug auf. Sein uralter Hafen soll den Römern als größte Flottenbasis zwischen Gibraltar und Karthago gedient haben. In scharfem Gegensatz zu dieser Angabe antiker Schriften schienen die örtlichen Gegebenheiten zu stehen. Cherchel besitzt nur einen kleinen Ankerplatz. Der französische Gelehrte René Cagnat berechnete, daß darin höchstens dreizehn Galeeren hätten

Platz finden können. Dann tauchte Philippe Diolé auf den Meeresgrund und fand dort die versunkenen Anlagen eines großen Hafens.

Apollonia schließlich war das Ziel eines gut gerüsteten Teams der Universität Cambridge. Im Jahre 1958 erreichten die Briten auf dem Weg über eine staubige Wüstenpiste das armselige Fischerdorf, das sich heute an Stelle des antiken Apollonia an der Küste der lybischen Halbinsel Cyrenaika erhebt. Das Nest hat nur wenige Häuser, die Armen leben in Ruinen antiker Bauten. Das Land ringsum ist trocken und unfruchtbar – Wüste. Wenn die Archäologen den Arabern erzählen würden, daß hier einst bester Weizen braungolden reifte, so weit das Auge reichte, ernteten sie ungläubiges Staunen.

Aber es war so. Das Land war fruchtbar, als Phönizier den Hafen Apollonia und in den nahen Bergen die prächtige Stadt Cyrene gründeten. Die Cyrenaika zählte einige Jahrhunderte später zu den fruchtbarsten Kornkammern Roms. Einige Zehntausend Bewohner hatte Apollonia damals, und jedes Jahr segelten aus seinem Hafen zahllose Getreidefrachter, Corbitae, schwer beladen in Richtung Puteoli und Ostia. Aber im Gegensatz zu den anderen Orten vergangener antiker Städte erinnern in Apollonia nur noch wenige Ruinen an seine große Zeit. Wo sind die anderen? Sie sind versunken. Etwa die Hälfte der Stadt mit allen Hafenwerken und Hafenbefestigungen liegt auf dem Grund des Mittelmeeres. In mühevoller Arbeit gelang es den Briten in den Jahren 1959 und 1960, dort die versunkenen Stadtteile Apollonias aufzuspüren und einen genauen Plan der antiken Stadt und ihrer zwei Häfen anzufertigen. Die unglückliche Stadt hatte das gleiche Schicksal ereilt wie manchen anderen antiken Ort: Sie versank bei einem gewaltigen Erdbeben.

Ein gutes Dutzend versunkener Städte finden wir vor den Küsten des Peleponnes, darunter eine Reihe von Siedlungen aus mykenischer Zeit, die ein Expeditionsteam 1967 bei einer einzigen Kampagne lokalisierte. Vor der Küste des Peleponnes ruhen im flachen Wasser bei Palao-Epidauros, vor der Halbinsel Nisi, die versunkenen Teile des antiken Epidauros, in dem in der Antike Tag für Tag Pilgerscharen landeten, um im Asklepios-Heiligtum in den Bergen – das heute oft als »das Epidauros« bezeichnet wird – Linderung und Heilung zu suchen. Auf dem Peleponnes führte auch ein schnauzbärtiger Wirt in Plytra den jungen österreichischen Sporttaucher Horst Moosleitner und seine Freunde zu einem Ufer, vor dem sich weit hinaus ins Meer Ruinen des antiken Plytra erstreckten. Die Sporttaucher schwammen über Steinmauern, Tempelfundamente und durch gemauerte Bogen. An nahezu allen Küsten des Mittelmeeres kann der Sporttaucher auf versunkene Bauwerke stoßen, selbst dort, wo heute grenzenlose Einsamkeit ist. Denn viele Landstriche waren in der Antike viel dichter besiedelt als heute.

Selbst in vielbesuchten Unterwassergebieten lohnt es sich, die Augen offenzuhalten. Denken wir nur an die Entdeckung römischer Statuen in der Blauen Grotte von Capri 1964! In römischer Zeit war die Grotte ein Nymphaeum. Es geriet in Vergessenheit. Um 1700 sollen nach einer alten Legende zwei Männer in die Grotte eingedrungen und entsetzt geflüchtet sein, als sie einen großen Altar mit »heidnischen Götzen« vor sich sahen. Die Geschichte war in Vergessenheit geraten, die Statuen waren längst ins Wasser gestürzt als der Tourismus Capri eroberte. Legionen von Touristen fuhren in Booten über sie hinweg, Taucher schwammen vorbei. Niemand entdeckte sie auf dem dunklen Grund.

Ebenso vergessen war Metamauco, die prachtvolle Vorgängerin Venedigs, über die wir in zahllosen alten Chroniken Berichte finden. 1110 soll die Stadt bei einem Seebeben unter Wasser verschwunden sein, in der Lagune Venedigs, nur drei Kilometer vom Lido entfernt. Tatsächlich fand man dort vor einigen Jahren ihre Reste. Fischer hatten immer von der versunkenen Stadt gewußt.

Vor Jahrtausenden und noch vor wenigen Jahrhunderten hatten die Menschen in Naturkatastrophen das bewußte Wirken der Götter, Strafgerichte über sündige Städte gesehen. So waren die Sagen entstanden, die heute noch an vielen Küsten erzählt werden.

Heute wissen die Geologen für derartige Katastrophen, für das Versinken ganzer Städte in die Tiefe, sehr natürliche Erklärungen. Sie haben erkannt, daß die Festigkeit des Bodens unter unseren Füßen von Natur aus trügerisch ist. Nur eine dünne Kruste überzieht den – wahrscheinlich flüssigen – glühenden Kern der Erde. Diese Kruste ist nicht glatt »gewachsen«, sondern besteht aus einer wirren Masse von Bruchschollen, oft überlagert von Sedimentgesteinen und dem Schutt der Gebirge. Wenn sich im tieferen Teil der Erde Schollen bewegen und verschieben, schwankt und erzittert die Erdoberfläche. Berge heben sich, Inseln verschwinden. Manche Bewegungen laufen langsam ab – ganz allmählich versinkt dann Land im Meer oder steigt neues aus der Tiefe. Andere gewaltsame Veränderungen vollziehen sich in plötzlichen Erdkatastrophen mit Vulkanausbrüchen und Erdbeben. Die Erdrinde hat einen deutlich feststellbaren Erdbebengürtel, der sich über den Mittelmeerraum hin zum fernen Osten zieht, eine »dünne«, von vielen Vulkanen gesäumte »Nahtstelle«. Dazu kommt die ständige Änderung des Erdklimas. Die meisten Siedlungen, die heute auf dem Meeresgrund liegen, dürften durch den eustatischen Meeresspiegelanstieg untergegangen sein. Als die Eiskappen der Pole in den letzten Jahrtausenden durch Schwankungen des Erdklimas abschmolzen, wurden gewaltige Wassermassen frei. Zwischen der klassisch-griechischen Zeit und der römischen Kaiserzeit, stieg der Spiegel des Mittelmeeres um 0,5 bis 0,8 Meter an. So schätzt Dr. Hafemann vom Mainzer Geographischen Institut. Den eustatischen Meeresspiegelanstieg von der römischen Kaiserzeit bis heute gibt er mit etwa zwei Meter an. Daraus resultiert für die Zeit von der Mitte des ersten Jahrtausends v. Chr. bis heute ein Anstieg um 2,50 bis 2,80 Meter.

Die Suche nach versunkenen Städten der Vergangenheit ist oft sehr schwierig, denn von manchen ist nicht viel geblieben. So suchen in Griechenland Taucher und Archäologen seit 1950 vergeblich die Städte Helike und Bura, die im Jahr 373 v. Chr. bei einem Erdbeben im Golf von Korinth versanken. Antike Schriftsteller berichten, daß nach dem Erdbeben viel Volk zum Golf gekommen sei, um die Ruinen der Städte bei ruhiger See unter dem Meeresspiegel zu sehen. Heute liegt dichter Schlamm über dem Grund. Bis jetzt konnten die Taucher nur einige Amphorenscherben und die Bruchstücke eines silbernen griechischen Kelches finden.

Epidauros – Fata Morgana auf dem Meeresgrund?

Ist eine versunkene Stadt aber erst einmal entdeckt, so müssen erfahrene Fachleute an die Arbeit gehen. Denn die Forschungen erfordern ebenso viel Sorgfalt wie die Ausgrabung antiker Schiffswracks, und die Wahrnehmungen unerfahrener Taucher auf dem Meeresgrund können trügerisch sein. Das Meer vermag ihnen manche Fata Morgana vorzuspiegeln. Ein gutes Beispiel dafür ist die heftig umstrittene »Entdeckung« der Mauern des versunkenen illyrischen Epidauros an der Küste Dalmatiens, unweit von Dubrovnik, dem mittelalterlichen Ragusa.

Dieses illyrische Epidauros war eine Tochterstadt des griechischen Epidauros, eine der vielen Kolonien Griechenlands an den Küsten des Mittelmeeres. Vierzigtausend Menschen lebten in seinen Mauern, bis das Meer einen großen Teil der Stadt verschlang. Das Wissen um die genaue Lage der versunkenen Stadt ging im Verlauf der Jahrtausende verloren. Auch in unserer Zeit kümmerte sich niemand darum, bis eines Tages die Abenteurer Ted Falcon-Barker und Hans van Praag in einem Café auf der spanischen Baleareninsel Ibiza zusammentrafen.

Falcon-Barker besaß eine bescheidene Yacht, Baujahr 1927, und war Sekretär des Londoner Unterwasserforscher-Klubs, als er mit Urlaubern, die ihre Ferien mit Tauchen im Mittelmeer verbringen wollten, zwischen den Balearen kreuzte. Der Holländer Hans van Praag, ein 56jähriger ehemaliger Kolonialoffizier, Geologe, Amateurarchäologe und Kunsthändler, der schon ein Dutzend Expeditionen ins Innere von Neuguinea, Celebes und Borneo hinter sich hatte, erzählte Falcon-Barker von einem merkwürdigen Urlaubserlebnis. Als er vor einigen Jahren Ferien bei Dubrovnik in Jugoslawien verbrachte, hatte ihn eines Tages ein alter Fischer hinaus aufs Meer gerudert und ihm die Mauern einer versunkenen Stadt gezeigt, die man durch das glasklare Wasser auf dem Grund erkennen konnte.

Rasch war eine Expedition beschlossen, um das Geheimnis der untergegangenen Stadt zu enträtseln. Freunde liehen den beiden Geld, und viele englische Tauchsportler und der holländische Archäologe Dr. Arend Hubrecht meldeten sich an, um den beiden Männern und Falcon-

Barkers Frau Bel bei den Forschungsarbeiten zu helfen. Während die Expedition ausgerüstet und die nötigen Geräte beschafft wurden, kramten die vom Gedanken einer Expedition begeisterten Gelehrten des Serbischen Archäologischen Institutes in Belgrad sämtliche Archive durch. In alten Schriften fanden sie, daß die versunkene Stadt Epidauros hieß. Aber über das Land waren seit dem Altertum so viele Kriege hingegangen, daß die Annalen von Epidauros unbekannt waren. Man nimmt an, daß die Stadt im sechsten Jh. n. Chr. wahrscheinlich von Germanen zerstört worden war. Wahrscheinlich hatten die Germanen aber nur noch einen Teil der Stadt zum Plündern vorgefunden, der Rest war im Meer bereits vorher verschwunden.

Wo einst das blühende Epidauros lag, steht heute das kleine Städtchen Cavtat, das Ragusa Vecchia des Mittelalters, zu Füßen von Hügeln mit Ölbaumterrassen und Zypressenhainen. Die *Pagan II*, das Expeditionsschiff, ging in einer der beiden Buchten bei Cavtat vor Anker. Und nun zeigte sich, daß selbst eine ganze Stadt auf dem Meeresgrund nicht so leicht zu finden ist. Drei Stunden suchten die Taucher, bis Hans van Praag aufgeregt winkend aus der Tiefe kam. Eine Boje wurde ausgeworfen, die Maschinen der *Pagan II* gestoppt. Eine Gruppe ging ins Wasser. Rasch tauchte vor Falcon-Barkers Augen der seltsam geformte Hügel auf, den van Praag entdeckt hatte. Er wühlte in dem weichen Schlamm – und zog erschreckt seine Hand zurück. Sie hatten ein totes Pferd gefunden! Nun mußte der alte Niko helfen, der Hans van Praag vor Jahren die Mauern gezeigt hatte. Doch wo Niko die Expedition hinführte, waren unter Wasser nur Schlammhügel und Wälle zu sehen. Lagen die Mauern darunter? Hatte sie damals nur ein Sturm für kurze Zeit vom Schlamm befreit?

Ein anderer Fischer erinnerte sich, vor langer Zeit einmal nach einem Sturm Mauern gesehen zu haben, die größer waren als er selbst, und eine mit Steinplatten belegte Straße.

Die Taucher stocherten mit Eisenstangen und fanden, daß der Schlamm metertief war. Aber Falcon-Barker und seine Freunde glaubten, aus den Maßen und Formen der Hügel abschätzen zu können, daß der Schlamm Häuser verberge, eine Straße und Getreidesilos. Sie nahmen eine ungefähre Karte der Hügel und Wälle auf.

Ein großer Teil des Bodens war von dichtem Seegrasdschungel bedeckt, der alles mit einem undurchdringlichen Grün überzog. Trotzdem ging neben dem Kartographieren der Hügel und Wälle die Suche nach freiliegenden Mauern unermüdlich weiter – und hatte schließlich Erfolg. Nur ein Dutzend Meter von einem Kiesstrand entfernt verliefen fünf Mauern kerzengerade ins tiefe Wasser, wo sie in einem großen Schlammhügel verschwanden.

Als der Archäologe Dr. Arend Hubrecht bei der Expedition eintraf, war er begeistert, denn überall an Bord stapelten sich Töpferwaren, die von den Tauchern bei den Hügeln und Mauern gefunden worden waren, Amphoren, Krüge, Tonschüsseln, Vasen, Scherben, Öllampen und Ziegel. Doch nicht alles, was verkrustet und mit Korallen besetzt aus der Tiefe kommt, ist antik. Mit bekümmertem Blick sahen die Taucher zu, wie Dr. Hubrecht ein antik aussehendes Stück nach dem anderen schwungvoll über Bord warf und dabei Worte murmelte wie: »Nachttopf aus dem achtzehnten Jahrhundert«, oder: »Hm, vielleicht ein paar Jahrzehnte alt.« Doch nach der strengen Siebung blieben bei Beendigung der Expedition immerhin noch 357 Funde, die von den jugoslawischen Archäologen in ihre Institute gebracht wurden, darunter seltene griechische Stücke, wie man sie bis dahin noch nie in Dalmatien gefunden hatte.

Doch wie sollte man jetzt eine Pumpe herbekommen, um den Schlammantel von der Stadt abzuziehen? Da half die Feuerwehr von Cavtat weiter. Sie hatte noch eine klapprige, alte, ausgediente Feuerspritze mit spuckendem und hustendem Benzinmotor in ihrem Zeughaus. Das war nicht viel, doch die Taucher konnten damit wenigstens einen Zipfel des Schlammantels lüften. Sie richteten den Wasserstrahl auf den Schlamm. Er wirbelte davon und der Strahl drang weiter vor. Sekunden, nachdem der Taucher auf dem Meeresgrund mit seiner Arbeit begonnen hatte, färbte sich das Meer ringsum schwarzgrau. Er mußte sich blind vorwärtstasten. Erst am nächsten Tag war das Meer wieder klar, und das Ergebnis der Mühen vom Vortag konnte begutachtet werden: Es waren meist nicht mehr als ein bis eineinhalb Meter breite Mauern, einen halben Meter tief freigelegt. Ted Falcon-Barker rechnete sich aus, daß er mit einem guten Team und selbst mit besten Geräten fünf Jahre brauchen würde, um die ganze versunkene Stadt vom Schlamm zu befreien. Doch die viermonatige Expedition ging zu Ende. Die Taucher mußten sich damit begnügen, die Schlammhügel anzukratzen, um sie auf Mauern untersuchen und die Ergebnisse in die Karten eintragen zu können. Die weißen Stellen der Karten füllten sich allmählich mit Häusern, Stadtmauer, einem Kastell; Aquädukte und ein Marktplatz kamen dazu.

Falcon-Barker und seine Freunde entdeckten vor einer der beiden Buchten ein antikes Schiffswrack und einen Ankerplatz. Tiefer in der Bucht fanden sie Reste der Hafenanlagen. Und überall gab es Tonfunde und Münzen, die vom blühenden Seehandel des einstigen Epidauros erzählten, einunddreißig Amphorenarten, in denen zu verschiedensten Zeiten von allen Mittelmeerländern Handelsgüter nach Epidauros gebracht worden waren, und Münzen, die man viele Tage Seereise von Epidauros entfernt geprägt hatte. Wann und wie versank Epidauros? Eine örtliche Legende nennt das Jahr 375 n. Chr. In der Schrift eines unbekannten italienischen Mönchs fanden die jugoslawischen Archäologen berichtet, nach dem Tod des Kaisers Julian Apostata hätte ein Erdbeben die Stadt heimgesucht und das Meer sei mit einer Flutwelle in die Stadt eingedrungen und habe sie zum größten Teil verschlungen. Julian Apostata fiel im Jahr 363 n. Chr. in einer Schlacht gegen die Perser, und viele Gelehrte zweifeln nicht daran, daß die Ortslegende und die Schrift des Mönchs das Untergangsjahr ziemlich genau angeben.

Sehr bezweifelt wird jedoch von manchen Wissenschaftlern das gesamte Forschungsergebnis von Falcon-Barkers Epidauros-Expedition.

Einem bekannten deutschen Unterwasserarchäologen genügte ein Blick auf die Aufnahmen der versunkenen Mauern von Epidauros, um sie als »Fälschung« zu entlarven. Als eine »Fälschung« aus der Werkstatt der Natur, auf die nach Meinung der Wissenschaftler Ted Falcon-Barker und seine in der archäologischen Unterwasserforschung ebenfalls unerfahrenen Mitarbeiter hereingefallen waren. Der Forscher verweist auf Entdeckungen »versunkener Mauern« bei Syrakus und Porteferraio auf der Insel Elba, die denen von Epidauros glichen. Bei genauer Untersuchung hatte sich herausgestellt, daß es dort Basaltfelsen waren, Schichten quaderförmig kritallisierten Gesteins, die aus dem Meeresgrund aufragten. Einige jugoslawische Archäologen teilen die Ansicht des deutschen Unterwasserforschers. Entschieden ist der Gelehrtenstreit um die Mauern von Epidauros freilich nicht. Und vielleicht liegt die Wahrheit in der Mitte: Ein Teil der Mauern ist nichts weiter als natürlicher Basaltfels, die anderen aber zählen zu den Ruinen der versunkenen Stadt

Baiae – ein versunkenes Pompeji

Fast alle bis jetzt wiederentdeckten versunkenen Städte enttäuschten denjenigen, der glaubt, jede versunkene Stadt müßte in ihrem Erhaltungszustand Pompeji gleichen. Aber nur fast alle ... Eine Stadt macht hier eine Ausnahme: Baiae.

Baiae ist heute ein stiller kleiner Ort in der Bucht von Pozzuoli im großen Golf von Neapel. Der Strom der Fremden fließt nach Neapel, Capri, Amalfi und Sorrent oder in die Ruinen von Pompeji. Das war anders, als auf den Kilometersteinen entlang der Römerstraße noch »Puteoli« stand.

Mit dem Baiae jener Zeit läßt sich keine Stadt unserer Tage vergleichen. Wenn wir uns die Millionärsvillen von Hollywood, einige Spielhöllen von Las Vegas und Roms Via Veneto nach Nizza verpflanzt denken und man noch einen Teil des Montmartre dazugäbe, so würde dieser Mischung immer noch der Glanz fehlen, den die vielen Feste der römischen Kaiser dem Badeort Baiae gegeben hatten.

Dem Beispiel der Kaiser und Senatoren folgend, widmete sich die »High Society« des Römerreichs in dieser prunkvollen Stadt der heilenden Wirkung der Thermalquellen, dem Luxus und dem Vergnügen. Von Griechenland, Kleinasien und Nordafrika brachten Schiffe Marmor für die pompösen Villen der reichen Römer nach Baiae. Die Reichsten der Stadt lagen beim Schlemmermahl an kostbaren Tafeln, die aus riesigen mauretanischen Zitrusbäumen gefertigt und mit Einlegearbeiten aus zentralafrikanischem Elfenbein geschmückt waren und für den Gegenwert von etlichen Dutzend Sklaven verkauft wurden.

Perlhühner aus Numidien in Nordafrika, französische Fischsauce und geröstete Drosseln speiste man zu diesen Mählern, germanischen Honig und Austern, die ein findiger Römer in der Nähe züchtete. Auf dem Rücken von Kamelen und im Bauch von Frachtseglern waren edle Hölzer aus dem fernen Osten und Wandteppiche aus Innerasien Monate unterwegs, bis sie die Salons von Baiae schmückten. Wohin ist das Baiae der Römerzeit verschwunden? Die Archäologen fanden Ruinen der Stadt unter dichten Erd- und Schuttschichten begraben, doch einen guten Teil der Fläche des einstigen Baiae bedecken heute die Fluten des Tyrrhenischen Meeres. Aber immer wieder berichteten Fischer, die Mauern, Säulen und Straßen der versunkenen Stadt seien nicht vergangen und zerstört, sie hätten sie an ruhigen, windstillen Tagen noch vom Meeresgrund aufragen sehen.

Im Jahre 1930 beseitigten Funde bei Hafenbaggerarbeiten schließlich jeden Zweifel an den Angaben der Fischer. Die Archäologen schickten nun Helmtaucher auf den Grund der Bucht von Baiae. Sie fanden tatsächlich Gebäude und Straßen und bargen mehrere Marmorplastiken aus den Ruinen. Die Kunstwerke sind Teile des prunkvollen Zierrats, mit dem die Paläste und Villen Baiaes geschmückt waren.

Die Gelehrten ahnten nun, daß Baiae ein Pompeji auf dem Meeresgrund sei. Doch das fast ständig trübe Wasser im Golf von Pozzuoli verhüllte den in ihren Anzügen sowieso schon schwer beweglichen Tauchern bald die Sicht. Das Wasser war so trüb, daß sie oft die ausgestreckte Hand vor ihren Augen nicht mehr sehen konnten.

Die Jahre vergingen, und Baiae war beinahe wieder in Vergessenheit geraten, als im Jahr 1958 Raimondo Bucher, ein Forscher und Taucher aus Neapel, einen aufsehenerregenden Bildbericht veröffentlichte. Bucher hatte sich an einem Tag mit ruhigem, klaren Wasser und guter Sicht von einem Boot durch die versunkene Stadt ziehen lassen. Dabei waren ihm sensationelle Aufnahmen gelungen.

Als Professor Dr. Nino Lamboglia, der Chef des »Centro Sperimentale di Archeologia Sottomarina« in Albenga, sie sah und Raimondo Buchers Bericht hörte, beschloß er für das nächste Jahr eine Expedition.

Im September des Jahres 1959 steuerte das Forschungsschiff *Daino* des Unterwasserforschungszentrums den Golf von Pozzuoli an. Auf der Korvette, die während der Wintermonate in der italienischen Kriegsflotte Dienst tut, waren die Kanonen und Maschinengewehre abmontiert, statt dessen hatte Professor Lamboglia die für wissenschaftliche Forschungsarbeiten unter Wasser nötigen Geräte an Bord bringen lassen, Preßluftkompressoren, Saugpumpen, Bergungskörbe und Unterwasserfahrzeuge. Professor Lamboglias Taucher schwammen durch eine gespenstisch anmutende Welt. Kilometerweit erstreckt sich die Stadt auf dem Meeresgrund. Immer neue Mauerzüge, Säulen, Stufen, Kanäle, die das Wasser der Thermalquellen zu den Bädern brachten, Galerien, Unterkünfte von Bediensteten und Sklaven, Marmortreppen, die zum Meer führten, tauchten vor den Augen der erstaunten Taucher aus dem Dunkel auf. Dazwischen erhob sich der Altar eines Tempels.

Es ist still geworden in diesen Straßen. Immer noch glatt und fest liegen die schweren Pflastersteine der großen Via Herculea im Boden, an manchen Stellen so sauber wie frisch gefegt. Leichte Schlammschwaden bedecken die kostbaren Mosaik- und Marmorfußböden vieler Villen. Doch das Wühlen eines Fisches am Grund oder ein leichtes Reiben mit der Hand genügt, um ihre prächtigen Muster und Farben aufzudecken. Manche Salons sind meterhoch von Schutt und Schlamm bedeckt, andere sind blitzblank. Sie wirken, als ob sich gleich eine fröhliche römische Gesellschaft zu einem lukullischen Mahl einfinden wollte. Die kleinen Bühnen der Prunkräume scheinen auf den Auftritt einer der beliebten Komödiantentruppen oder Gruppen bunt gekleideter spanischer Tänzerinnen zu warten.

Etwa einhundertfünfzig Jahre lang war Baiae das Sündenbabel des Römerreiches gewesen. Unter Kaiser Nero hatten Prunk und Vergnügungssucht der Bewohner der Stadt ihren Höhepunkt erreicht, doch das Ende war bereits nahe. In den Augusttagen des Jahres 79 n. Chr. begann die Erde zu erzittern und zu beben. Über dem Vesuv schwebte eine riesige Rauch- und Feuerwolke. Sie wölbte und wälzte sich über die Bucht von Neapel, bis hin nach Capri. Ein dichter Regen von Asche und Steinen fiel auf das Land. Als schließlich die Sonne bleich aus dem Dunst kam, hatte der Vulkan Pompeji, Herculaneum und Stabiae vernichtet. Baiae war noch verschont geblieben. Doch das Land hatte sich gehoben. Das Meer war zurückgewichen und hatte einen breiten Streifen Boden hergeben müssen. Es rächte sich bitter. Das gehobene Land sank später allmählich wieder in die Tiefe, immer weiter, und mit ihm verschwand Baiae. Das Meer wusch seine Straßen rein und schlug schließlich über seinen Villen, Hotels und Palästen zusammen.

Professor Lamboglia nahm im Jahr 1959 mit Hilfe seiner Taucher einen genauen Plan von Teilen der Stadt auf, doch eine Ausgrabung nach dem Vorbild Pompejis stößt auf unüberwindliche Schwierigkeiten. Zehntausende Tonnen Schlamm müßten entfernt werden – und der nächste Sturm könnte die ganze Arbeit wieder vernichten. Vielleicht aber wird die versunkene Stadt eines Tages, in Jahrhunderten oder Jahrtausenden, wieder auftauchen. Das Land im Golf von Neapel befindet sich in ständiger Bewegung. Deutlich hat der steigende und sinkende Meeresspiegel seine Zeichen in die Säulen des Serapistempels von Pozzuoli eingegraben. Sie stehen heute tief im Wasser. Doch bis zu mehr als einem Meter Höhe über dem heutigen Meeresspiegel ist der Marmor von Bohrmuscheln zerfressen. Bis zu dieser Höhe waren die Säulen des Tempels einst versunken. Bei einem Ausbruch des heute erloschenen Vulkans Monte Nuovo bei Pozzuoli im 16. Jahrhundert hatte sich das Land wieder gehoben, aber seit dem 18. Jahrhundert sinkt es von neuem in die Tiefe. Wer die versunkene Stadt sehen will, muß sich mit Tauchmaske, Flossen und Schnorchel ausrüsten, in Pozzuoli oder Baiae eine Fischerbarke besteigen und Glück und klares Wasser haben.

Ein Welthafen der Wikinger

Etwa 1000 Jahre sind vergangen, seit sich in den Straßen Haithabus Araber und Juden, Franken aus dem Karolingerreich und Wikinger zum Handel mit allen Kostbarkeiten der damals bekannten Welt trafen. Heute erinnern an die einstige Metropole an der Schlei bei Schleswig nur noch Erdwälle und Hügel.

Im Jahre 1930 hatte der Vorgeschichtsforscher Professor Dr. Herbert Jankuhn in Haithabu, beim heutigen »Danewerk«, seinen Spaten zu umfassenden Grabungen angesetzt. Aus seinen Funden und der Auswertung von Entdeckungen, die bereits vor dem Ersten Weltkrieg dort gemacht worden waren, erwuchs allmählich wieder ein Bild des Lebens dieser Weltstadt der Frühgeschichte. »Weltstadt« ist nicht zuviel gesagt. Haithabu hatte im zehnten Jahrhundert die Größe Kölns, das damals mit vierundzwanzig Hektar Baufläche zu den größten Städten Europas zählte. Haithabu war in Spanien und Griechenland bekannt, seinen Namen nannte man auf dem Basar im Bagdad Harun-al-Raschids.

Haithabu verdankte seine Bedeutung seiner einzigartigen Lage. Wie noch bis zur Neuzeit, scheuten nämlich die Seeleute des frühen Mittelalters die gefährliche Umseglung Dänemarks und die Fahrt durch Skagerak und Kattegat, um von der Nordsee zur Ostsee und zurück zu gelangen. Sie fuhren statt dessen die Eider und ihren Nebenfluß Treene hinauf bis Hollingstedt. Kleinere Schiffe kamen sogar über die Rheider Au bis zum heutigen Dorf Groß-Rhede. Dort entstand ein für damalige Zeiten großartiges Werk der Technik, dem Diolkos von Korinth ähnlich, ein System von Gleitbahnen, Walz- und Rollenwerken, auf dem die Schiffe die sieben Kilometer des Landrückens bis zur Schlei überwanden. Sklaven und Ochsen trugen indessen die Waren nach Haithabu.

Die Wikingersiedlung an der Schlei riß fast den gesamten Handel des Nordens an sich. Unermeßliche Reichtümer wurden in Haithabu gekauft und verkauft, Schiffsladungen Bernstein, Pelze, Honig, Wachs, Wein von Rhein und Mosel und den Mittelmeerländern, friesisches Tuch und chinesische Seide, eiserne Schwerter und Helme, Rinder, Pferde und Sklaven. Bezahlt wurde mit anderen Tauschwaren oder mit Geld, das der Kalif von Bagdad aus afghanischem Silber hatte münzen lassen. Für einen Brustharnisch aus Eisen mußte man sechs Ochsen oder zwölf Kühe bezahlen, ein Schwert kostete sieben Ochsen. Endlose Reihen gefesselter Sklaven marschierten in die Stadt. Wikinger hatten sie bei ihren zahllosen Raubzügen eingefangen oder sie waren die Beute nordischer Sklavenhändler aus dem Gebiet der Slawenstämme östlich der Elbe. Die Männer kamen als Knechte auf die großen Gutshöfe der Wikinger oder als Ruderer auf die Schiffe. Die Mädchen wurden in die Harems der islamischen Welt, von Spanien bis Bagdad, verkauft. Da die endlosen Raubzüge und Kleinkriege der Zeit reiche Beute an Menschen erbrachten, waren Sklaven billiger als eiserne Waffen. Eine Mark Silber, das waren vierhundert Gramm, bezahlte man für eine Sklavin – den Wert eines Reitpferdes oder zweier Kühe.

Im Jahre 1939 wurden die Ausgrabungen in Haithabu durch den Krieg unterbrochen. 1950 stand der Museumsleiter von Schleswig, Professor K. Kersten, auf den alten Wällen der Stadt, die vor tausend Jahren versunken war, nachdem König Heinrich I. sie 934 erobert hatte und schließlich Hamburg und Lübeck mit der Hanse im Schutz des Reiches den Handel an sich gezogen hatten.

Professor Kersten fiel auf, daß Haithabu eine für mittelalterliche Städte seltsame Anlage besitzt. Während Städte damals allgemein kreisförmig erbaut worden waren, nimmt die Wikingerstadt die Fläche eines Halbkreises ein, der zum Noor hin offenliegt. Das Noor, eine Art Fjord, von dem aus man das Meer durch die Schleimündung erreicht hatte, war im frühen Mittelalter tiefer gewesen, als es heute ist, und hatte Haithabu als Hafen gedient. Professor Kersten kam ein Gedanke. Vielleicht setzte sich die Befestigung Haithabus im Wasser als Hafenbefestigung fort und schloß seine Fläche zum Kreis? Man müßte einmal dort tauchen!

Der Professor verpflichtete einen Taucher und bat ihn, ihm bei der Erforschung des Noors zu helfen. Die beiden Männer tauchten in einen Welthafen des frühen Mittelalters. Die Palisaden, die einst auf den Festungswällen Haithabus gestanden hatten, setzten sich unter Wasser fort. Noch gut erhalten, steckten die tief eingerammten Pfähle im Grund. Überall lagen die Zeugnisse des einstigen Hafenbetriebes verstreut, Mahlsteine, Geräte und Gefäße aus Hirschhorn, Ton, Speckstein und Waffen. Im Jahr 1953 wurden die Taucharbeiten fortgesetzt. Und nun fanden die Männer im schlammigen Wasser, in dem schon in eineinhalb Meter Tiefe völlige Finsternis herrscht, ein Wikingerschiff!

Mit seiner gesamten Fracht war es vor tausend Jahren bei der Hafeneinfahrt brennend im Noor versunken. Einen der Wikinger, die mit dem Schiff untergegangen waren, fand man mit schweren Schädelverletzungen auf dem Grund des Noors. Das Schiff aus Eiche, mit eschenen Spanten und mit Rindertalg abgedichteten Planken, war noch weitgehend erhalten. Als schwedische Wissenschaftler von den erfolgreichen Taucharbeiten im Hafen Haithabus hörten, erinnerten sie sich daran, gelesen zu haben, daß im 17. Jahrhundert in Birka, wo einst eine der mächtigsten Wikingerstädte gelegen war, zahlreiche Eichenpfähle aus dem Wasser gezogen und an einen Schreiner verkauft worden waren. Sicherlich hält der Hafen von Birka ebenfalls einige Geheimnisse für die Wissenschaft bereit.

Flotten auf dem Ostseegrund

Schwedischen Tauchsportlern verdankt die Wissenschaft die nächste bedeutende Entdeckung unter Wasser aus Wikingerzeiten. Im Sommer des Jahres 1959 fanden die Taucher in der Bucht Landfjärden, fünfunddreißig Kilometer südlich von Stockholm, eine gesunkene Flotte. Drei Schiffe sind in geringer Tiefe deutlich sichtbar, weitere zeichnen sich draußen im Meer im Schlamm ab. Es steht noch nicht fest, ob es Wikingerschiffe sind. Doch der Fund erinnert an einen Bericht in der altnordischen »Heimskringla«. Das Geschichtswerk Snorri Sturlusons (1178 bis 1241) erzählt über einen Krieg, den der norwegische König Olaf der Heilige im Jahr 1007 in der Ostsee geführt hatte: »In dem Herbst kämpfte Olaf seinen ersten Kampf bei Sotaskär in den schwedischen Schären ... Er legte seine Schiffe zwischen einige Riffe, wodurch die Wikinger (die Schweden) schwer angreifen konnten. Aber die nächstliegenden Schiffe (der angreifenden Wikinger) griffen die Norweger mit langen Enterhaken an, zogen sie zu sich und versenkten sie. Die Wikinger flohen und hatten viele Krieger verloren.«

Liegen die bei dieser Schlacht untergegangenen Schiffe und Krieger vielleicht auf dem Grund der Bucht Landfjärden? Der Name eines Ortes dort, »Sotholmen«, läßt die Annahme zu, daß hier der Ort Sotaskär stand.

Eine zweite Flotte von Wikingerschiffen fand Olaf Olsen, ein Kustos des Dänischen Nationalmuseums in Kopenhagen, als er der Sage vom »Schiff der Königin Margarethe« nachging. Das »Schiff der Königin« lag im Roskilde-Fjord, an der Nordwestküste der Insel Seeland. Die Fjordfischer wußten seine Position genau anzugeben, und eine alte Sage berichtete, die berühmte skandinavische Königin Margarethe, die von 1363 bis 1412 lebte und über Dänemark, Norwegen und Schweden herrschte, habe es im Fjord versenken lassen, um Seeräubern den Weg zur Plünderung der reichen Domstadt Roskilde zu sperren. Einige Holzteile, die bei dem Wrack aufgefischt wurden, ließen Olsen aber vermuten, daß das Schiff einige Hundert Jahre älter sei.

Das Nationalmuseum rüstete deshalb eine Tauchexpedition aus, die unter Olaf Olsen vom Jahre 1957 an im Roskilde-Fjord arbeitete. Das erste, was die Dänen fanden, war nichts weiter als ein fünfzig Meter langer Steinhaufen, über und über mit Algen und Muscheln bedeckt, der in ein bis drei Meter Tiefe die Fahrrinne sperrte.

Aber Olaf Olsen erkannte: Es war nicht ein Schiff, das war eine großangelegte Sperre, die aus mehreren Schiffen bestand. Die Schiffe waren, mit Steinen gefüllt, neben- und übereinander versenkt worden.

Bevor man an die Hebung eines Schiffes denken konnte, wartete unter Wasser eine gewaltige Aufgabe auf die Taucher. Ein Arbeitsfloß, das eine Schiffswerft gestiftet hatte, wurde an der Untergangsstelle vertäut, und mit einer

Darstellung einer Wikinger-Knorr auf dem ältesten Siegel von Danzig (1299)

Feuerspritze gingen die Männer daran, Schlamm und Muscheln von den Steinen und Schiffen abzuspülen. Dann begann das Steineschleppen. Fünf Schiffsladungen voll lagen ja auf dem Grund, die größten Brocken dreihundert Pfund schwer. Vorsichtig mußten die Steine – die schwersten mit einer Steinzange – wegbewegt werden, denn das Holz der Schiffe, die ein rundes Jahrtausend im Meer gelegen hatten, war weich und empfindlich. Die Schiffe wurden genau untersucht, ausgemessen und gezeichnet. Bereits jetzt bestätigten die Forschungen Olaf Olsens Vermutung: Es sind Wikingerschiffe. Sie waren im Fjord versenkt worden, um die mächtige Häuptlingsstadt Lejre, westlich des späteren Roskilde gelegen, vor feindlichen Angriffen zu schützen, während die Wikinger der Stadt selbst auf Kriegs- und Raubzügen unterwegs waren.

Eine weitere Feststellung des Museumskustos ließ die Wissenschaft aufhorchen: Die fünf Schiffe sind Handelssegler! Die Handelssegler der Wikinger, »Knorr« genannt, waren bis dahin nur durch Schriftquellen bekannt. Das berühmte Osebergschiff, das 1899 bei Oslo gefunden wurde und einer Fürstin als Grabkammer gedient hatte, war für rasche Fahrt in den Schären und Fjorden gebaut worden, aber kaum als seetüchtiges Fahrzeug. Das ebenfalls bei Oslo 1910 entdeckte Gokstadtschiff war zwar ein tüchtiger Schnellsegler, aber sicherlich ebenfalls nicht für lange Hochseefahrten gedacht gewesen. Die Drachenboote waren vornehmlich als Kriegsschiffe zur Fahrt in der Ostsee und entlang der Küsten auf den Flüssen bestimmt. Man hatte damit selten auf hoher See gekämpft. Dazu lagen die Wikingerschiffe zu leicht auf den Wellen. Für Handelsfahrten und für Reisen nach Grönland und Vinland (Amerika) hatten die Wikinger bauchige, hochbordige Schiffe mit vielen Segeln und bis zu hundert Bruttoregistertonnen Wasserverdrängung gebaut – die Vorläufer der Hansekoggen.

Die Wikinger waren ja keineswegs nur die barbarischen Räuber in zottigen Fellen und mit Hörnerhelmen auf dem Kopf, die auf ihren Drachenschiffen nur Raubzüge unternahmen. Abgesehen davon, daß sie auf einer hohen Kulturstufe standen, Hosen, Wams und Jacke und elegante Umhänge aus Biber- und Zobelpelz trugen, waren sie auf ihren seetüchtigen Knorrs überall gerngesehene Kaufleute. Diese Schiffe lassen auch die Berichte über Amerikafahrten der Wikinger durchaus glaubwürdig erscheinen.

Bald mußte Olaf Olsen einsehen, daß eine Bergung der Schiffe durch Froschmänner unmöglich war. Die schlechte Sicht auf dem Grund des Fjords und die starken Strömungen hätten jeden Versuch mißlingen lassen. So blieb nur ein Weg: Einen Kasten um die Wracks bauen – ähnlich dem des Professors Reinerth in Sipplingen. Im Sommer des Jahres 1962 wurde das gesamte Fundgebiet mit wasserdichten Wänden aus Stahlplatten und Pfählen umgeben und ausgepumpt. Und was nun am Grund des Kastens auftauchte, übertraf selbst die kühnsten Erwartungen! Gut erhalten lagen da die Wracks von fünf Wikingerschiffen, nicht von irgendwelchen Wikingerschiffen, nein, von fünf verschiedenen Fahrzeugen, die einen ziemlich guten Querschnitt durch die Schiffsbaukunst ihrer Zeit bieten. Die Schiffssperre bestand aus einem leichten, einem mittleren und einem großen Handelsschiff, dazu lagen ein Fährboot und ein umgebautes Kriegsschiff in der Fahrrinne versenkt. In vierzehnwöchiger Arbeit hoben die Archäologen die Einzelteile der Wracks, die aus dem elften Jahrhundert stammen. Sie wurden in luftdichte Plastiksäcke gehüllt und zur Konservierung gebracht. Die konservierten Einzelteile der Wikingerschiffe wollen die Wissenschaftler wieder zusammensetzen und dann in einer großen Schiffshalle in Roskilde ausstellen.

Im heiligen Todesbrunnen der Mayas

»In diesen Brunnen pflegten sie zu Dürrezeiten lebende Menschen zu stürzen ... Sie warfen auch viele andere Dinge hinein, wie Edelsteine ...« So erzählt der Franziskanermönch und Bischof von Merida, der spanischen Hauptstadt der mexikanischen Halbinsel Yukatan, Diego de Landa, in seinem Buch über das geheimnisvolle, von den spanischen Konquistadoren unterworfene Volk der Mayas. Diese Worte gingen mir durch den Kopf, als ich in der Glut der Mittagshitze auf den Trümmern eines kleinen Tempels am Rand des Opferbrunnens von Chichén Itza saß und munter auf die düstere Wasserfläche der Opferstätte sah. Senkrechte Felswände fielen haushoch ab zu dem kreisrunden Teich von etwa sechzig Meter Weite. Drüben, über dem anderen Ufer stand dunkel die Mauer des Urwaldes in der vor Hitze flimmernden Luft. Es war fast totenstill. Es war die Stunde, die man in der Antike am Mittelmeer die Stunde des Pan nannte, zu der sich im von der Hitze fast betäubten Kopf Traum und Wirklichkeit mischen. Ich dachte an die Szenen, die sich an dieser Stätte ereignet hatten, an Diego de Landas Bericht, an den Forscher und Abenteurer Edward Herbert Thompson, an den Taucher Alberto Gabilondo, der bald nach seinem Vorstoß in die Tiefen dieses Opferbrunnens verstarb, und an viele andere, die versucht haben, Chac, dem Regengott der Mayas, seine düstere Beute wieder zu entreißen.

Vor mehr als fünfzig Jahren hatte man das lange Zeit vergessene Buch Diego de Landas im Madrider Archiv wiederentdeckt. Doch die Wissenschaftler hatten den spanischen Bischof für einen phantasievollen Fabulierer gehalten, der die Geschichte vom Opferbrunnen erfunden oder einem indianischen Sagenerzähler geglaubt hatte. Zweifellos waren Menschenopfer in den indianischen Kulturen Mittelamerikas gebräuchlich. Ein spanischer Chro-

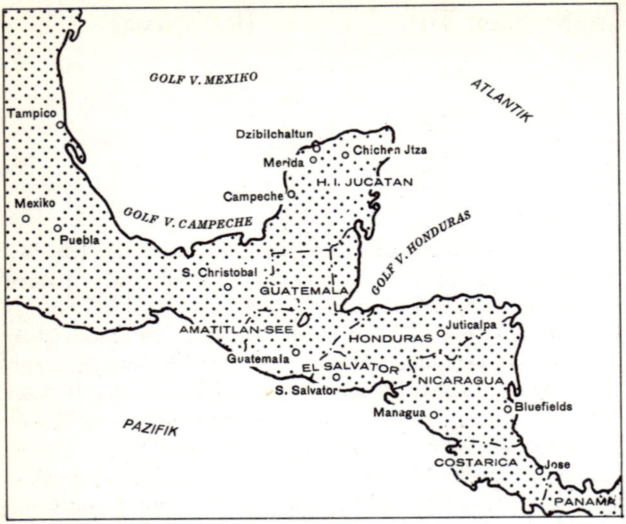

Fundorte von Maya-Kunstschätzen

nist berichtet, an einem Tag seien in der Hauptstadt des antiken Reiches zwanzigtausend Menschen auf den Altarpyramiden geschlachtet worden. Aber alle Schriften der Spanier nennen Stufenpyramiden und Tempel als Opferstätten. Außer Diego de Landas Buch erzählt keine Quelle von denen, die bis zur Jahrhundertwende bekannt geworden waren, von Opferbrunnen. Thompson hatte dem Franziskaner trotzdem geglaubt, 1885 war er nach Chichén Itza gereist. Er hatte nur kurz bei den großartigen Bauwerken des einstigen Religionszentrums des »Neuen Reiches« der Mayas verweilt und war zum Opferbrunnen weitergeeilt.

Dieser Opferbrunnen ist wie zahllose andere Brunnen Yukatans eine fast senkrecht abfallende Höhle im Kalkgestein der Halbinsel, wie sie der Jugoslawienreisende vom Karst Dalmatiens kennt. Neben Regen füllt diese Höhlen Sickerwasser aus dem umgebenden Kalk und macht sie zu nicht versiegenden Brunnen, die auch dann noch das lebenswichtige Wasser geben, wenn Dürre über dem an Wasserläufen und Quellen armen Yukatan lastet. Die Erforschung der dunklen Tiefen des Opferbrunnens von Chichén Itza war eine Aufgabe, die sich nur mit guter technischer Ausrüstung lösen ließ.

Thompson hatte sich enttäuscht anderen Dingen zugewandt und Yukatan nach von Schutt und Dschungel begrabenen Zeugnissen der Mayakultur durchforscht. Doch der düstere Opferbrunnen hatte ihn nicht mehr losgelassen. Er war 1904 wiedergekommen, als ihm Freunde Geld für die nötige technische Ausrüstung geliehen hatten. Er hatte zu baggern begonnen. Ohne Erfolg, zunächst. Der Bagger hatte nichts als Schlamm und Unrat gefördert. Und nach vielen Tagen zwei helle Klümpchen. Thompson hatte sie ans Feuer gehalten und süßlich betäubender Duft war aufgestiegen. Er hatte Copal gefunden. Es war Harz vom Pom-Baum, wie es die Mayas als Weihrauch verbrannten. Eine Stelle mit Opfergaben! Goldschmuck, Jade, Tongefäße, Waffen und Werkzeuge und schließlich das erste Mädchenskelett hatte der Bagger nun aus der Tiefe gezogen. Später war Thompson zusammen mit einem griechischen Schwammtaucher auf den Grund gestiegen. Und immer weitere Funde waren an die Oberfläche gekommen: Figuren, Goldschmuck, Skelette junger Mädchen. Aber Thompson hatte seinen Mut mit einem Anfall von Caissonkrankheit, der schwere Lähmungen zurückgelassen hatte, gebüßt. Er hatte Yukatan verlassen müssen. Mexikanische Taucher hatten seine Arbeit fortgesetzt, doch ohne Erfolg. Trotzdem war Thompson immer der Meinung gewesen, daß der größte Teil der versunkenen Schätze noch im Brunnen lag.

Jahrzehnte vergingen, bis wieder jemand den Mut zu einer Expedition zum Opferbrunnen von Chichén Itza fand: Dr. Juan Igarrola Buhl, Präsident des mexikanischen Sporttaucherverbands, der für diese Expedition nicht nur unter seinen Taucherfreunden Freiwillige fand, sondern auch Emilio Portes Gil, den angesehenen Expräsidenten Mexikos, als Förderer gewann. Doch das Unternehmen scheiterte. Das Wasser des Brunnens erwies sich als so trüb, daß unter Wasser keine Arbeiten ausgeführt werden konnten. 1960 wurde der nächste Versuch unternommen. Das Nationalinstitut für Anthropologie und Geschichte Mexikos hatte nach Beratungen mit Ed

Link, dem Entdecker und Erforscher der versunkenen Stadt Port-Royal auf Jamaika zusammen mit dem mexikanischen Unterwassersportverband eine Expedition ausgerüstet. Link hatte die Mexikaner mit der von Cousteau und Dumas entwickelten Technik des Schlammsaugers vertraut gemacht und seinen eigenen Expeditionsingenieur Norman Scott ausgeliehen.

Im Sommer 1960 rollten die Lastwagen mit dem Expeditionsmaterial durch die sonnendurchglühten Maisfelder Yukatans, vorbei an den Ruinen der Tempel, Stufenpyramiden und Paläste der einst prachtvollen Mayastadt Chichén Itza, durch einen schmalen Streifen Dschungel hin zu der alten Opferstätte. Am Rand des Brunnens wurden Kräne aufgebaut, die Taucher und Geräte in die Tiefe bringen sollten. Dann wurde ein viereckiger Ponton als Arbeitsplattform hinuntergelassen. Ein Ruderboot und ein großes Floß für den Schlammsauger folgten. Tag um Tag arbeiteten die Männer, mexikanische Sport- und Marinetaucher, Wissenschaftler aus Mexiko und den Vereinigten Staaten, und als Hilfskräfte angeheuerte Indianer, Nachkommen des Maya-Volkes. Dann kam der entscheidende Augenblick: Der Schlammsauger war bereit. Unten, auf dem Grund des dunklen Wassers, drückten zwei Taucher seinen Rüssel in den Schlamm. Die Maschine sprang an. Was würde man zu Tage fördern? Gespannt betrachtete der Expeditionsleiter Ponciano Salazar die schmutzigbraune Fontäne, die aus dem oberen Ende des Saugschlauches sprühte und Steinbrocken, Holzstücke, modriges Laub, vom Wind und Regen in den Teich getragenes Zeug aus dem umliegenden Urwald hochschleuderte. Und plötzlich ein kleiner, heller Klumpen. »Copal«, rief jemand. Salazar fischte den Klumpen aus dem Schlamm. Er prüfte ihn. »Copal, tatsächlich.« Kündigte das Stückchen Copal weitere Funde an?

Thompsons Ansicht, der Brunnen sei noch voller Schätze, hatte das Nationalinstitut zur Expedition bewogen. Doch sicher waren sich die Forscher eines Erfolges nicht gewesen. Aber nun spuckte der Schlammsauger mehr Copal aus, dann die ersten Tonscherben. Schließlich tauchte einer der Taucher auf. Fröhlich schwenkte er eine tönerne Schale in der Luft. Salazar hatte sie eben entgegengenommen, als Norman Scott in einen Jubelruf aus-

Oben: Kupfermedaillon, mit dem Bild einer Gottheit
Links: Knochenmesser mit Goldgriff aus dem Brunnen von Chichén Itza

brach. »Ein Idol«, rief er und zog dabei eine merkwürdig geformte Statuette aus dem Schlamm. »Gummi«, sagte er. Einer der Archäologen faßte sie ebenfalls an. »Das dürfte einer der ältesten Gummigegenstände der Welt sein.«

Jeder brachte nun weitere Überraschungen. Die Taucher legten eine hölzerne Figur frei, die ein Künstler des geheimnisvollen Volkes der Tolteken geschaffen haben mußte. Die Mayas waren ein rege handelndes Volk und Taucher fanden Tag für Tag auch Kostbarkeiten anderer Hochkulturen Mittelamerikas, wertvolle Hinweise für die Erforschung der Kulturverbindungen im vorkolumbianischen Amerika. »Pre-kolumbianisch« ist der zusammenfassende Ausdruck der Gelehrten für die Kulturen Süd- und Mittelamerikas, die vor der Ankunft der Spanier und Portugiesen blühten. Meist sind sie erst zu einem winzigen Teil erforscht. Von manchen wissen wir nicht einmal ungefähr, wie alt sie sind.

Schließlich stießen die Taucher auf den ersten Schädel. Er ist der Überrest eines etwa achtzehnjährigen Mädchens, zweifellos einer Geopferten. Ein Taucher brachte ihn aus der Tiefe und mancher der Männer, die ihn schweigend betrachteten, sah in Gedanken die gespenstische Szene vor Augen, die sich vor vielleicht nur wenigen Hundert Jahren hier abgespielt hatte: Eine feierliche Prozession zog zum Brunnen, Trommeln und Bläser voran, mit Blau, der Opferfarbe, bemalt und verbundenen Augen wurde das Mädchen von bunt aufgeputzten Priestern hinterhergeführt. Sie hörte zum letztenmal die Ermahnung, beim Regengott Chac um den für die Felder des Volkes bitter benötigten Regen zu bitten, bekam die Augenbinde abgenommen, sah die Felswände und die dunkle Wasserfläche vor sich und stürzte in die Tiefe. Jahrhundertelang wiederholte sich dieser grausige Ritus am Brunnen von Chichén Itza, bis die Spanier einfielen, einen großen Teil der Bevölkerung töteten und Ordensbrüder die Überlebenden des Maya-Volkes zum Christentum bekehrten.

Mit viertausend Fundstücken kehrte die Expedition nach einigen Monaten wieder nach Mexiko-City zurück. Aber immer noch war nur ein Bruchteil der Schätze des Brunnens gehoben. Trotzdem hatten die Archäologen auf Beendigung der Ausgrabungen gedrängt, denn im trüben Wasser bestand stets die Gefahr, durch den starken Sog des Schlammsaugers wertvolle, zerbrechliche Funde zu zerstören. Außerdem wollten sich die Wissenschaftler nun daran machen, die genaue Schichtung des Bodens des Brunnens zu ermitteln, da sie hofften, daraus Rückschlüsse auf das Alter vieler nicht eindeutig identifizierbarer Funde machen zu können. Die mexikanischen Forscher nahmen sich die Expeditionsberichte aller bisherigen archäologischen Forschungen unter Wasser vor. Das half ihnen nicht viel weiter, denn der Fall des Brunnens von Chichén Itza war mit keinem anderen Fall vergleichbar. Jahrelang wurde diskutiert, wurden Pläne ausgearbeitet und verworfen. Die Archäologen wollten den Brunnen am liebsten auspumpen, trockenlegen und seinen Grund mit denselben Methoden erforschen, wie eine Ausgrabungsstätte an Land. Aber dieser Plan war nicht unproblematisch, denn man mußte damit rechnen, daß ständig Grund- und Sickerwasser nachdringen und den Brunnen wieder auffüllen würde. Eine Pumpanlage, die mit einem sehr starken Grundwasserstrom fertig wird, ist nicht nur außerordentlich kostspielig, sondern erzeugt auch soviel Strömung, daß dadurch Funde zerstört und der gesamte Grundschlamm durcheinander gewirbelt werden können. Man mußte damit rechnen, daß schließlich trotzdem Taucher die Ausgrabungs- und Bergearbeit übernehmen müßten. Wie sollten sie im trüben Wasser zuverlässig arbeiten können? Doch es gab eine verblüffend einfache, allerdings sehr teure Lösung. Die Frage, wie man Wasser reinigt und klarhält ist technisch längst zuverlässig gelöst. Entsprechende Filteranlagen werden bereits in vielen Wasserreservoirs und Badeanstalten verwendet.

Taucher des mexikanischen Tauchsportverbandes erklärten sich ebenso wie Norman Scott wieder bereit, die Taucharbeiten bei einer neuen Expedition zu übernehmen. Schwierig war die Finanzierung, denn die Kalkulation der Archäologen sah Ausgaben in Höhe von mehreren Millionen Mark vor. Doch im Herbst 1967 waren alle Vorbereitungen geschafft. Eine wahre Invasionsarmee rollte auf Yukatan zu: Ein Kran von fünfundzwanzig Tonnen auf ein Chassis von mehr als dreißig Tonnen, Lastwagen mit mehr als vierzig Tonnen Material, Wohnwagen für das Expeditionsteam, Jeeps, ein 8-Tonnen-Werkstattwagen, Generatoren, ein Transporter mit den Bauteilen für ein Floß und die gesamte Maschinerie zur Reinigung des Wassers. Ein Teil der Wagen kam aus Florida, die Fahrer waren zehn Tage und Nächte unterwegs gewesen, als sie vor Yukatan eintrafen. Der Zyklon Beulah hatte eben die Holzbrücke von Champoton, den einzigen Zugang zur Halbinsel Yukatan, teilweise zerstört. In fieberhafter Eile brachten Techniker und Arbeiter des mexikanischen Straßenbauamtes Verstärkungen an. Die Brücke wankte, als die schweren Expeditionswagen darauf rollten. Aber sie hielt. Bald konnte der Aufbau der Geräte beginnen. Die Expeditionstechniker brachten die Pumpanlage an. Tag und Nacht arbeiteten die Pumpen. Langsam sank der Wasserspiegel. Eine Erhebung aus dem Brunnenboden wurde sichtbar, eine Insel. Ringsum wurden noch vier Meter Wassertiefe gemessen. Aber nun reichte die Kraft der Pumpen nicht weiter aus, nachdringendes Grundwasser hielt den Wasserspiegel konstant.

Die Archäologen begannen sofort mit der Erkundung der Insel und stellten überrascht fest, daß sie damit die Stelle gefunden hatten, an der schon Thompson gearbeitet hatte. Thompson hatte gründlich gearbeitet, doch einige kleine Gegenstände aus Gold und Jade waren ihm trotzdem entgangen. Der erste Erfolg der Expedition! Nun wurde die Wasserreinigungsanlage installiert. Das abgepumpte Wasser ersetzte man durch frisches Quellwasser. Auf der Wasseroberfläche wurde ein Floß zusammengebaut, eine Plattform mit fünfzig Tonnen Tragfähigkeit. Die Plattform schwamm auf großen Platten aus dem Kunststoff Styrofoam. Dann wurde ein großer Schlammsauger zur Wasseroberfläche hinuntergehievt. Die Ausgrabungsarbeit der Taucher begann.

Die Reinigungsanlage funktionierte ausgezeichnet. Sie hielt das Brunnenwasser stets kristallklar. Nun begann der Schlammsauger zu arbeiten. Der Sog schnitt tief in den Grundschlamm des Brunnens. Der geförderte Schlamm wurde an der Oberfläche durch feinmaschige Netze getrieben, bevor er aus dem Brunnen gesaugt wurde. An den Netzen standen ständig einheimische Hilfskräfte, Indianer, Nachkommen der Mayas, und wachten darüber, daß auch nicht das kleinste Fundstück verlorenging. Die Taucher hatten ihre Arbeit mit dem Schlammsauger von der Südseite des Brunnens begonnen, unter den Tempelresten hoch oben am Ufer.

Als der weiche Grundschlamm beseitigt war, erwies sich der Brunnenboden an dieser Stelle als übersät von Bauteilen von Gebäuden, Tempel vor allem, die im Lauf der Jahrhunderte in die Tiefe gestürzt waren. Beinahe pausenlos hievte der Kran kunstvoll gehauene Steine aus der Tiefe. Als die Statue eines Jaguars, von einem Maya-Künstler mit außerordentlichem Geschick aus Stein geformt, aus der Tiefe kam, waren die Archäologen verblüfft über ihre indianischen Helfer. Denn die Indianer erklärten ohne zu zögern, die Taucher hätten die Jaguarmutter gefunden. Jetzt fehle noch der Vater. Und tatsächlich; einige Tage später kam ein Gegenstück der Plastik ans Licht, ein etwas schlanker geformter muskulöserer Jaguar. »Das ist der Vater, jetzt fehlt noch der Sohn«, sagten die Indianer. Und die Archäologen und Taucher wunderten sich schon kaum mehr, als wenige Tage später ein kleiner Jaguar gefunden wurde, der offensichtlich aus der Hand desselben Künstlers stammte wie die beiden anderen Plastiken. Die beiden großen Statuen waren etwa einen Meter hoch, die kleine dreißig Zentimeter. Sie trugen sogar noch die Reste der ursprünglichen Bemalung. Wenige Tage später kamen noch zwei weitere Jaguarstatuen zum Vorschein. Sie waren jedoch gröber gearbeitet und stammten offensichtlich aus der Werkstatt eines anderen Bildhauers. Zu den besonders kostbaren Funden, die unter dem Tempelschutt lagen, zählen auch drei fein gearbeitete Schlangen, die einen bunten Überzug von roter, blauer, gelber, schwarzer und grüner Farbe tragen.

Dann stießen die Taucher auch in diesem Teil des Brunnens auf die Zeugnisse des Opferkults. Die Mayas hatten in den Brunnen geworfen, was ihnen kostbar und geeignet erschien, die Gunst des Regengottes zu gewinnen: Glocken aus Bronze, Gold und Silber, zahllose Kostbarkeiten aus Jade, Ohrringe und anderen Schmuck, Copal, Gummibälle, schöne Vasen, von denen die Taucher Hunderte bargen, vielerlei Keramikgefäße, Korallen, Kristalle und Edelsteine, Schnitzereien aus Muscheln, Ton mit farbigen Malereien, Figuren aus Holz, Stein und Jade. Selbst zwei hölzerne Bänke hatten in den Tiefen des Brunnens die Zeit überstanden. Es sind bemerkenswerte Möbelstücke: Sie haben die Form von Schildkröten, doch von Schildkröten mit Tigerköpfen, die in ihrem Rachen ein Kriegergesicht zeigen. Die beiden Bänke sind zwischen achthundert und zwölfhundert Jahre alt. An keiner anderen Stelle haben sich ähnliche Stücke aus dieser Zeit erhalten. Und dann gab es vor allem Sandalen, meist Kindersandalen aus Gold. Es waren die Sandalen der unglücklichen Opfer. Ein Sack Menschenknochen nach dem anderen wurde geborgen. Als die Anthropologen das Fundmaterial sichteten, stellten sie fest, daß es die Reste von zweihundertfünfzig Opfern waren! Nicht weit vom heiligen Brunnen entfernt fand man bei parallelen Ausgrabungsarbeiten an Land einen Graben mit fünfzig Kinderschädeln. In welchem Zusammenhang diese Stätte mit dem heiligen Brunnen steht, ist noch ungeklärt.

Alle Hände voll zu tun hatte auch der Expeditionsarzt Dr. Sol Heinemann. Während der Kampagne 1960/1961 waren nahezu alle Taucher erkrankt. Sie hatten sich

Infektionen der Ohren, der Nase, des Halses und der Augen zugezogen. Inzwischen war das Wasser des heiligen Brunnens analysiert worden. Es erwies sich als verseuchter als die Abwässer einer Großstadt. Der ständige Einsatz der Filteranlage und einer Menge Medikamente verhinderte diesmal ernste Erkrankungen. Auch ernste Unfälle gab es nicht. Zum Staunen der Abergläubigeren unter den Indianern, die von weither kamen, um den Taucharbeiten zuzusehen, schien es Chac widerspruchslos hinzunehmen, daß man seinen heiligen Brunnen entweihte und ihm seine Opfergaben abnahm. Diese Opfergaben lagerten inzwischen unter dem Schutz des mexikanischen Militärs, bis sie gut bewacht nach Mexiko-City abtransportiert wurden. Dann war die erste Etappe der Forschungskampagne abgeschlossen. Taucher und Archäologen kehrten wieder nach Mexiko-City zurück. Die Arbeit in den Labors und Archiven konnte beginnen. Gleichzeitig begannen die Planungen für die nächste Etappe, denn alle Fachleute sind sich einig in der Vermutung, daß die Hauptmasse des Schatzes des heiligen Brunnens noch unter Tempeltrümmern begraben liegt, dort, wo noch niemand ausgegraben hat.

Doch nun ereignete sich etwas sehr Merkwürdiges. In den folgenden Monaten starb der Leiter der Expedition, Christian. Es starben Alberto Gabilondo, genannt »Le Gitan« der Chef der mexikanischen Taucher, Dr. Eusebio Davalos Hurtado, der Direktor des mexikanischen Nationalinstituts für Anthropologie und Geschichte und Kirk Johnson, der Hauptfinanzier der Forschungen.

Chichén Itza ist nicht der einzige Ort Lateinamerikas, an dem Froschmänner der Wassertiefe Geheimnisse der Vergangenheit entrissen. Kaum zweihundert Kilometer von Chichén Itza entfernt liegen die Ruinen der einzigartigen Stadt Dzibilchaltun.

Seit den vierziger Jahren dieses Jahrhunderts graben sie Archäologen aus, doch sie haben noch nicht viel freigelegt, denn Dzibilchaltuns Ruinen bedecken mindestens zwanzig Quadratmeilen. Die ganze Stadt Chichén Itza

Gefäß der rätselhaften Maya-Kultur aus dem Amatitlán-See

fände leicht in einem Teil dieser Stadt Platz; auch das Rom der frühen Kaiserzeit könnte man in Dzibilchaltun leicht unterbringen. Einzigartig in der Neuen Welt ist auch das Alter von Dzibilchaltun. Als Chichén Itza kurz vor dem Jahr 1000 n. Chr. gegründet wurde, stand Dzibilchaltun schon zwei- bis dreitausend Jahre! Viele Völker bewohnten diese Stadt, als letzte die Maya, die etwa im siebten Jh. n. Chr. in Yukatan einwanderten. Im Zentrum von Dzibilchaltun aber gibt es einen ähnlichen Brunnen wie in Chichén Itza. Ist er ebenfalls ein Opferbrunnen? Thompsons Beispiel ermunterte 1958 Forscher aus den USA, ihn zu erkunden. Und sie bargen in monatelanger Arbeit nicht weniger als sechstausend Fundstücke! Obwohl die Zeugnisse von Menschenopfern fehlen – die Reste von zwei Skeletten scheinen eher auf zufällig Ertrunkene hinzudeuten – läßt die große Zahl der Funde vermuten, daß sie alle Opfergaben waren. Möglicherweise war der von Chichén Itza bekannte Brunnenkult, wenn auch in einer etwas anderen, weniger grausamen Form über die gesamte Halbinsel Yukatan verbreitet.

Als das Volk der Maya in Yukatan einwanderte, war es bereits hochzivilisiert. Die Maya kamen aus Städten, die Chichén Itza weder an Größe noch an Pracht nachstanden. Von einem Tag auf den anderen verließ das gesamte Volk diese Orte, die fast alle im Bergland südwestlich der Halbinsel Yukatan und im heutigen Staat Guatemala lagen, und machte sich auf nach Yukatan. Was die Maya zur Auswanderung trieb, ist noch ungeklärt. Viele Forscher vermuten, es seien Bodenerschöpfung und Hungersnot gewesen.

Im vulkanischen Hochland von Guatemala, im Gebiet des Alten Reiches der Maya, liegt der Amatitlán-See. Seit dem Jahre 1955 schwimmen guatemaltekische Froschmänner unter der Leitung von Gelehrten durch seine Fluten. Das flache Uferwasser bringt reiche Funde aus der Zeit, in der der Spiegel des Sees niedriger war und ein breiter Streifen, den heute Wasser bedeckt, trocken lag und besiedelt wurde. In größerer Tiefe aber gilt es zahllose kostbare Opfergaben der Maya zu heben.

Bei einer Forschungsaktion unter Leitung von Dr. Stephan de Borhegyi, dem Direktor des Milwaukee Public Museums, fanden die Taucher viele wunderbar erhaltene

Weihrauchgefäße, häufig als Plastiken von Maya-Göttern kunstvoll gestaltet. Ein Kultgefäß enthielt noch Quecksilber, Zinnober, Graphit und Jade-Ohrgehänge, ein anderes Teile eines Mädchenschädels. Manche Gefäße hatten die Mayas am Ufer abgestellt, um den Vulkan Pacaya, der über dem See aufragt, zu besänftigen. Der Lavastrom aber hatte sie in den See getragen. Insgesamt entdeckten die Froschmänner bis jetzt neun Opferstätten, die fast alle in der Nähe heißer Quellen lagen, die gewiß einst von den Mayas verehrt wurden. Einen Hinweis darauf gibt ein heute noch geübter Brauch. Jedes Jahr am 3. Mai kommen Pilger aus dem weitem Umkreis zum See, versammeln sich in der Kirche St. Juan zum Gebet und tragen von dort aus ein hölzernes Heiligenbild in einer festlichen Prozession zu einer blumengeschmückten Barke. Eine ganze Flottille von Ruderbooten begleitet die Barke zu einer Stelle im See, wo nach einer frommen Legende einst ein steinernes Götterbild im See versank und unter gewaltigem Donnern der Schutzheilige der Provinz aus den Wellen aufstieg. Singend und betend werfen die Pilger an dieser Stelle Blumen- und Früchteopfer in den See.

Die Namen Chichén Itza, Dzibilchaltun und Amatitlán bezeichnen nur drei der wichtigsten Forschungsstätten der Unterwasserarchäologie in Lateinamerika. Noch viele Orte wären zu nennen wie der Chapala-See in Mexiko, der Guija-See zwischen Guatemala und El Salvador, der Ixpaco-See in Guatemala und viele andere Seen. Noch unerforscht sind schließlich auch die vielen Seen Südamerikas. Um manchen von ihnen, vor allem im alten Inkareich in den Anden, spinnen sich uralte Sagen und Märchen. Was mag an ihnen Wahres sein?

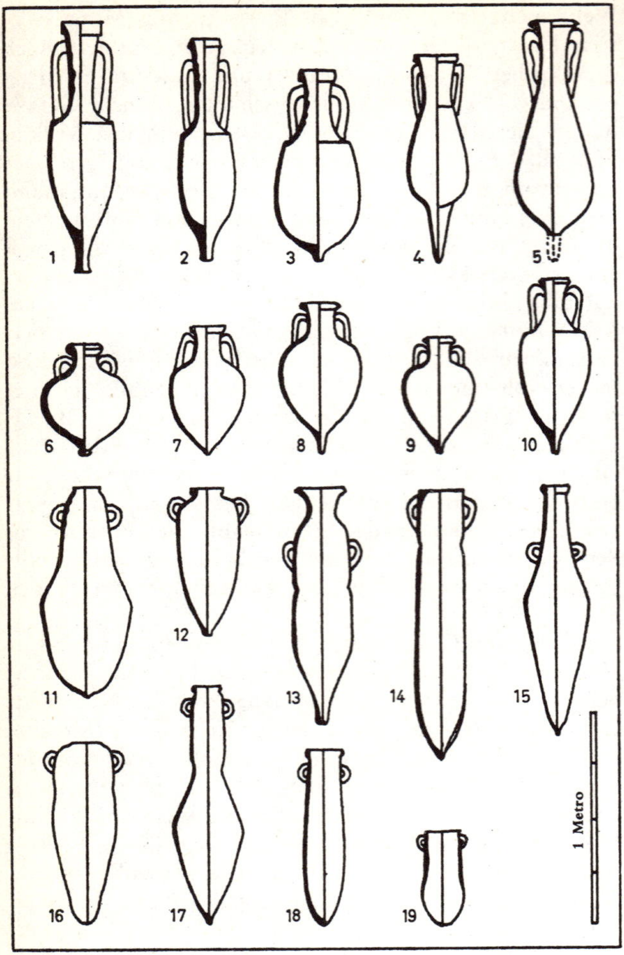
1
2
3
4
5
6
7
8
9
10
11
12
13
14
15
16
17
18
19
1 Metro

Antike Amphoren zur Aufbewahrung von Handelsgütern

Die Tabelle von Dressel wurde mit bedeutenden Ergänzungen 1950 vom Direktor des Museums von Ibiza, José-Maria Maña, vervollständigt.

Typ 1: italienisch, 1. Jh. v. Chr.
Typ 2: italienisch, 2. Jh. v. Chr.
Typ 3: italienisch, 1. Jh. v. Chr.
Typ 4: spanisch, 1. Jh. n. Chr.
Typ 5: wahrscheinlich spanisch, 2. Jh. n. Chr.
Typ 6: griechischer Typus aus Marsiglia, zwischen 6. und 4. Jh. v. Chr.
Typ 7: griechischer Typus aus Marsiglia, zwischen 5. und 4. Jh. v. Chr.
Typ 8: griechisch-italienisch, ca. 3. Jh. v. Chr.
Typ 9: leichte Variante von Typ 8, ca. 3. Jh. v. Chr.
Typ 10: griechisch-italienisch, ca. 2. Jh. v. Chr.
Typ 11: wahrscheinlich aus Karthago, zwischen 5. und 3. Jh. v. Chr.
Typ 12: wahrscheinlich aus Karthago, ca. 6. oder 5. Jh. v. Chr.
Typ 13: wahrscheinlich karthagisch-iberisch, ca. 3. oder 2. Jh. v. Chr.
Typ 14: wahrscheinlich karthagisch-iberisch, ca. 4. oder 5. Jh. v. Chr.
Typ 15: wahrscheinlich karthagisch-iberisch, ca. 4. oder 3. Jh. v. Chr.
Typ 16: iberisch, ca. 3. Jh. v. Chr.
Typ 17: wahrscheinlich punisch, ohne weitere Datumsangabe
Typ 18: noch nicht identifiziert
Typ 19: noch nicht identifiziert

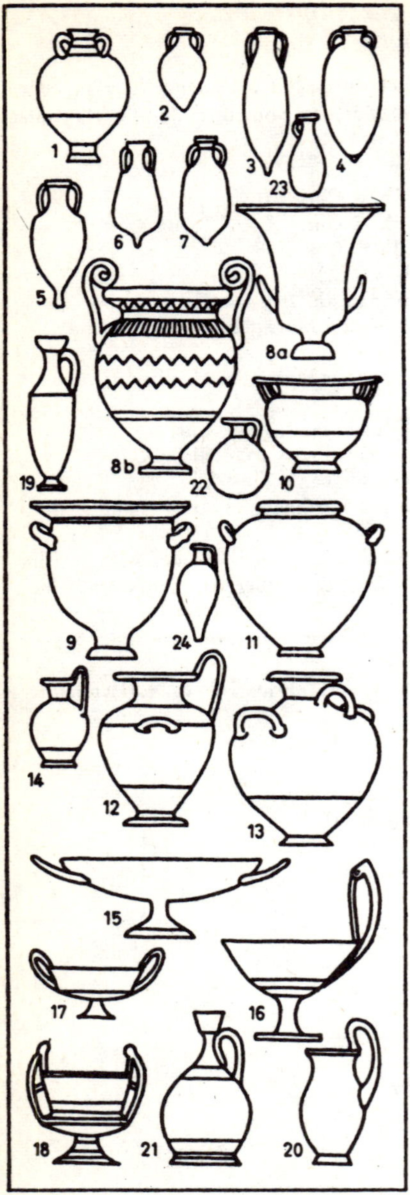
1
2
3
4
23
5
6
7
8a
8b
19
22
10
9
24
11
14
12
13
15
17
16
18
21
20

Antike Ziergefäße und Tafelgeschirr

Typ 1: Gefäß mit zwei Griffen, entspricht den gewöhnlichen Amphoren, hat jedoch meistens einen Fuß. Die Form kann unendlich verändert werden. Die Variationen gehen vom einfachen *Anforidion,* der als Hausgeschirr benutzt wurde, bis zur bodenlosen Amphore, die reich verziert war und ein reines Kunstobjekt darstellt.
Typ 2: Amphore als Tischbehälter, zwischen 4. und 5. Jh. v. Chr.
Typ 3: Amphore für Wein, ca. 2. Jh. v. Chr.
Typ 4: Amphore für Öl, ca. 2. Jh. v. Chr.
Typ 5: Amphore für Wein, ca. 2. Jh. v. Chr.
Typ 6: Amphore für Öl, zwischen 2. und 1. Jh. v. Chr.
Typ 7: Amphore für Öl, ca. 1. Jh. v. Chr.
Typ 8: Gefäß für das Mischwasser zum Wein; eine Variante von Typ 7
Typ 9: *Oxybyphon,* eine weitere Variante von Typ 7
Typ 10: *Kelebes:* Hausgefäß
Typ 11: *Stamnos:* Hausgefäß
Typ 12: *Idria,* eine Vase mit eher dickbäuchigem Körper und mit drei Griffen
Typ 13: der *Kalpis* unterscheidet sich vom *Idria* nur durch den tiefer gelegenen Griff; *Idria* ist ein Vasentyp, der häufig dekoriert wurde.
Typ 14: *Oinochoe:* altgriechische Weinkanne mit Henkel
Typ 15: *Kylix:* griechische Trinkschale
Typ 16: ein *Kylix* mit nur einem einzigen Griff. Der *Kylix* ist eine der hübschesten Vasen der Griechen. Die Varianten sind unzählig und fast immer verziert
Typ 17: *Kantharos:* griechischer Becher mit zwei geschweiften hochgezogenen Henkeln; auch dieser Typus hat wunderschöne Verzierungen
Typ 18: *Karchesion,* könnte eine Variante des Typ 17 sein
Typ 19: *Lekythos,* Gefäß für Duftflüssigkeiten. Wurde wie *Olpe* (Typ 20) und *Lekythos ariballico* (Typ 21) zur Aufbewahrung von wertvollen Flüssigkeiten wie Parfüm und Balsam verwendet
Typ 22: *Ariballos* mit Kugelform
Typ 23: *Bombylios,* eine Variante von Typ 22
Typ 24: *Kotyliskos,* eine Variante von Typ 22